이규보 연보

이규보 연보

김용선 지음

일조각

차례

머리글

　역사학이란 학문은 무엇보다도 엄격한 고증을 통한 역사적 사실의 재구성에 바탕을 둔다. 이러한 점에서 이 책『이규보 연보』는 함께 만들어진『생활인 이규보』의 고증편이라고 할 수 있다. 아울러『생활인 이규보』가 일반 독자를 위해 통사적通史的인 입장에서 쓰인 것이니만큼, 이규보의 생애나 작품에 더 많은 관심을 가진 독자나 전문연구자들에게 이 책은 유용한 길잡이가 되어주리라 믿는다.

　두 책이 나오기까지 많은 분들의 도움을 받았지만, 이 책에 대해서는 특히 다음의 몇 분에 대해 감사를 드리고자 한다.

　한림대학교 사학과 대학원의 권영규 군은 작품의 원제목을 한자로 입력하는 데 많은 도움을 주었다. 지루한 작업을 견디어 준 그의 도움에 우선 고마움을 표한다. 다음으로 일조각 편집부의 이주연 씨는 번역문과 원문과 출전과 각종 부호들이 넘나드는 복잡한 내용을 보기 좋게 정리해 주었다. 일목요연一目瞭然이라는 말은 바로 이런 때에 쓰는 것이 아닌가 한다.『생활인 이규보』에 이어 훌륭한 작품을 표지사진으로 제공해 준 울산대학교 미술대학의 유형택 교수에게도 감사를 드린다. 조각가로서 돌과 금속을 즐겨 다루는 그가 아마 역사를 전공하였더라면 뛰어난 금석학자가 되었으리라는 덕담으로 깊은 우정을 대신한다.

　모쪼록『이규보 연보』라는 이 기초 위에서 앞으로 이규보에 관한 다양한 연구가 이루어지기를 기대한다. 이규보는 역사 속을 살다 간 '생활인'이자 시공을 뛰어넘는 천재문학가이기도 하기 때문이다.

2013년 11월

김용선

제1장 _ 『이규보 연보』 만들기

(1)

연보年譜는 한 사람이 일생 동안 이룩한 업적이나 그에게 일어난 일을 연대순으로 정리한 것이다. 이러한 점에서 연보는 평생의 자취를 그대로 드러내 주는 개인의 연대기이자 삶의 간단한 이력서라고 할 수 있다. 그러므로 한 인물이 자리 잡았던 역사적 사회적 시공간의 좌표를 찾으려 할 때, 그 생애를 정확하게 정리하여 작성한 연보는 가장 기본적인 나침반 구실을 해준다. 작가의 경우에도 어떤 작품을 언제 썼는가를 밝히는 일과 함께 그에게 언제 어떤 일이 생겼는가를 찾아보는 일은 작품의 저작 동기나 배경, 저술 의도 등을 말해 줄 뿐 아니라, 그의 체험이 작품 속에 어떻게 녹아들어 있는가를 말해 주는 가장 중요한 단서가 된다. 전기傳記를 포함한 모든 역사학적 연구는 충실한 연보의 작성에서부터 비롯한다고 하여도 과언은 아닐 것이다.

고려 중기 최고의 문인 중의 한 명으로 꼽히는 이규보李奎報(1168~1241)를 이해하고자 할 때도 이 점은 그대로 적용된다. 특히 그는 74년이라는 긴 세월을 살면서 많은 글을 지었는데,[1] 그의 문집인 『동국이상국집東國李相國

---

[1] 이규보는 자신이 평생 지은 시가 8,000여 수는 될 것이라고 말한 바 있다(「유승단 시랑에게 주는 편지[與兪侍郞升旦手簡]」, 『동국이상국집』 전집 권27, 書). 그러나 그중에는 남들이

集』에 실려 전해지는 시만 하더라도 2,000여 수가 넘는다.[2] 그러므로 그의 생애나 작품을 검토하기 위해서는 무엇보다도 이토록 많은 글들이 언제 어떠한 상황에서 쓰였는가 하는 연보부터 정리할 필요가 있다.

잘 알려진 대로 『동국이상국집』은 1241년에 간행되었다. 이규보는 70세 되던 해에 아들 이함李涵의 도움을 받아 자신의 작품을 시詩·기記·서書·비명碑銘·묘지墓誌·잡문雜文 등 부문별로 정리하여, 41권으로 된 『동국이상국문집東國李相國文集』이라는 이름을 붙인 원고로 만든 바 있다.[3] 그런데 74세이던 1241년에 병이 급해지자 당시 집권자인 최우崔瑀(최이崔怡)가 이규보가 살아 있을 때에 문집을 만들어 주고자 작업을 독려하여 간행하게 한 것이다. 이규보의 아들 이함이 이 작업을 도맡으면서, 『동국이상국문집』에 빠졌거나 새로 지은 작품 800여 편을 모아 만든 후집 12권을 덧붙여 총 53권으로 된 최종본 『동국이상국집』이 완성되었다. 그러나 이규보는 자신의

가져가서 돌려주지 않은 것도 있고, 잃어버린 것도 있으며, 또 스스로 불살라 버린 것도 있어서 생전에 남아 있는 시는 열 중에서 두셋밖에 되지 않았다고 한다(『동국이상국집』 후집, 序).

2 시의 장르를 어떻게 정의하는가에 따라 연구자들 간에 조금씩 차이가 있는데, 최저 2,077수, 최고 2,094수로 보는 견해가 있다(김경수, 『이규보 시문학연구』, 아세아문화사, 1986, 22∼34쪽 참고).

3 「아들 함이 나의 시문을 편집하였기에 그 위에 짓다[兒子涵編予詩文 因題其上]」(『동국이상국집』 후집 권1, 고율시)라는 시는 이규보가 70세 되던 정유년(1237), 8∼9월 사이에 지은 시다. 이 시 두 수 앞에는 「부질없이 짓다─정유년 8월[漫成 丁酉八月]」라는 시가, 바로 뒤에는 「병중에─정유년 9월[病中 丁酉九月]」라는 시가 각각 실려 있기 때문이다. 또 『동국이상국집』 전집 권18은 고율시가 실려 있는 마지막 권인데, 이 권18은 70세에 지은 시들로 편집을 마감하고 있다. 이러한 점을 보면 이규보가 70세 되던 해에 일단 문집의 편집을 완성한 것은 분명하다. 그러나 자신의 글을 모아 문집을 편찬하려는 생각은 이미 50대 후반 무렵부터 가지고 있었던 것으로 보인다. 이규보는 「유승단 시랑에게 주는 편지[與兪侍郎升旦手簡]」(『동국이상국집』 전집 권27, 서)에서 아들 함이 모은 자신의 시 1,000여 수를 윤색해 달라는 부탁을 하였는데, 유승단은 이규보가 50대 후반 때에 시랑직에 있었기 때문이다(「동년 유승단 시랑이 처음으로 등석연에 시종함을 축하하다[賀同年兪侍郎升旦初侍燈夕宴]」, 『동국이상국집』 전집 권16, 고율시). 이후 참지정사에 오른 유승단은 고종 19년(1232) 8월에 사망하였는데(『고려사절요』 권16, 고종 19년 8월), 이때 이규보의 나이는 65세였다.

문집의 출간을 보지 못하고 그해 9월에 사망했는데, 책은 12월에 간행되었다.[4]

아들 이함은 문집을 만들면서 연보도 함께 작성하여 책머리에 붙여 놓았는데, 이「연보」의 서문을 다음과 같이 썼다(혼동을 피하기 위해 이함이 만든 것을「연보」로 표기하기로 한다).

> 아들 함이 아버님의 전후 문집을 만든 뒤에, 잇달아 공이 손수 지은 가장家狀에 따라 또 연보를 만든다. 함이 옛 사람의 문집과 연보를 보니 각기 연보 중에 글을 지은 본말과 사유를 자세하게 적어 서로 참고하도록 하였으나, 대개 옛 사람의 시집에는 모두 저술한 연월은 반드시 적어 놓지는 않았으니 무엇에 근거하여 실었는지 자세한 것을 알지 못하겠다. 지금 아버님의 문집에도 연월을 표시하지 않은 것이 또한 많다. 그러므로 각각 그 연대를 따라 싣되, 일일이 표시하지 못하고 다만 10분의 1, 2 정도만 적었을 뿐이다. 그렇다고 하더라도 공이 지은 것은 비록 한 해치이건 한 달치이건 어찌 빠뜨릴 수가 있겠는가(『동국이상국문집』 연보 서).

이 서문에서 우선 주목해야 할 점은 이규보의 글 중에서 지어진 연대를 확실하게 알 수 있는 것은 전체의 10분의 1, 2 정도밖에 되지 않는다고 밝힌 점이다. 이들은 대부분 제목이나, 작품 본문, 또는 협주를 통해 연대가 밝혀져 있는 것들인데, 문장의 주어가 '나[予]'로 되어 있는 것이 상당히 많은 것을 볼 때 이 연대들도 대부분은 이규보 자신이 밝혀 둔 것으로 보인다. 그러므로 이들을 제외한 나머지 글들의 연대를 비정해야 할 필요성이 생겨나게 되는 것이다. 그렇다면 이함은「연보」를 만들면서 이 문제를 어떻게 해결하려 했던가.

---

4 『동국이상국집』의 편찬과 간행에 대해서는 김태욱, 「고려무인정권기 『동국이상국집』의 편찬과 간행」, 『아시아문화』 12, 한림대학교 아시아문화연구소, 1996 참고.

(2)

이와 관련하여 「연보」 서문에서 이함이 문집의 기본적인 편찬 방침을 밝히고 있는 것을 주목할 필요가 있다. 즉 지어진 연월을 알 수 있는 작품은 비록 그 양이 얼마 되지 않지만, 나머지 작품들도 빠짐없이 모두 수록하되 지어진 해에 따라 배열하는 것을 원칙으로 삼았다는 것이다.

이에 따라 이함은 「연보」를 만들면서 각 해마다 부친에게 일어난 일을 간단하게 적는 한편 그해에 지어진 글 중에서 주요한 것 몇 편을 소개하는 형식을 취하였는데, 「연보」 중에서 간단하게 세 해의 사례를 들어 보면 다음과 같다.

▶ 신해 대금大金 명창明昌 2년 공의 나이 24세

   8월에 부친상을 당하자 천마산에 우거해 살면서 스스로 백운거사白雲居士라고 칭하다. '천마산天磨山' 시詩를 지었는데, 잃어버려 전집에는 싣지 못했으나 뒤에 추가로 찾아서 후집 첫째 권에 실었다. 〈중략〉 그 뒤에도 늘 이 산에 와서 놀면서 시를 지었는데, 「북산잡제北山雜題」, 「거듭 북산에서 놀며[重遊北山]」 같은 시가 그것이다.

▶ 을축 태화太和 5년 공의 나이 38세

   이 해에 「최선 상국에게 올리는 글[上崔相國詵書]」을 지어 벼슬을 구했다.

▶ 정해 공의 나이 60세

첫 번째 사례인 신해년을 보면, 우선 24세가 되던 그해 8월에 부친상을 당한 일, 이후 천마산에 우거하며 스스로 백운거사라고 부른 사실 등을 언급했다. 이와 아울러 이 해에 '천마산' 시를 지었으나 작품이 뒤에 발견되어 전집에는 싣지 못하고 후집 제1권에 실었다는 점 등도 밝혔다. 그런데 이 '천마산' 시를 후집 권1에서 찾아보면, 「천마산에 우거하면서 짓다[寓天磨山有作]」라는 제목 뒤에 나는 신해년에 이 산에 오래 머물면서 스스로 백운거사라 칭하기에 이르렀는데, 이때 이 시를 지었다.

라는 협주가 달려 있다. 이 문장의 주어가 '나'이므로, 이것은 이규보 자신이 적었음이 분명하다. 이에 따라 이함은 이 협주의 기록을 전거로 삼아「연보」의 해당 연도에 추가로 실었을 것이다.

두 번째 사례인 을축년의 경우에는 '이 해에「최선 상국에 올리는 글」을 지어 벼슬을 구했다'라고 간단하게만 적었을 뿐이다. 이 해에 이규보에게 어떤 일이 일어났는지는 기록되어 있지 않다. 세 번째 사례인 정해년 조에는 작품은 물론이고 일어난 일에 대해 아무런 기록이 없이 빈칸으로만 남겨 두었다.

이와 같이「연보」의 어떤 해에는 자세한 사실을 적었지만 어떤 해에는 간단하거나 또는 아무것도 적지 않았다는 사실은, 거꾸로 이함이 작품이 지어진 연대를 나름대로 철저하게 고증하여「연보」를 정확하게 만들고자 노력했다는 점을 말해 준다. 또 이와 같이 시기가 확실한 것들을 기준으로 삼아 그것을 연대순으로 배열한다는 원칙을 세웠으므로, 이함은「연보」의 서문에서 '연대를 따라 실었다'라고 밝히게 되었을 것이다.[5]

그렇다면 연대가 정확한 작품들 사이사이에 수록되어 있는 글들이 지어진 연대도 어느 정도 추정할 수 있는 토대가 만들어지는 것이 아닌가 한다. 즉, 이함은 전체 글 중 연대가 분명한 '10분의 1, 2 정도'를 제외한 나머지 글에 대해서도 사실상 그 글이 지어진 시기를 추정할 중요한 해답을 다 주고 있는 셈이다. 지어진 연대가 분명한 두 글 사이에 배열되어 있는 글들도, 원

---

5 고율시를 제외한 雜著 등에는 '글은 유형에 따라 붙였으므로, 저술 연대순으로 나열하지 않았다'라는 주가 여러 군데 나온다. 이러한 점은 결국 연대고증이 가능한 다른 글들은 저술 연대순으로 수록했다는 사실을 뜻한다.

칙적으로는 그 사이에 지어진 것이라는 사실을 말해 준다는 것이다.[6]

물론 세부적으로 들여다보면 이 원칙이 반드시 지켜진 것만은 아니라는 점도 분명하게 알 수 있다. 같은 해에 지은 것이라 할지라도 계절이 서로 뒤바뀌어 배열된 것도 있고, 또 어떤 경우에는 어느 해에 지어졌는지 전혀 분간할 수 없을 정도로 몇 해 동안의 작품이 뒤섞인 채 혼란스럽게 배열된 부분도 있다.

예컨대, 『동국이상국집』 권1에서 제일 첫 번째 시로 실려 있는 「장자목 시랑에게 드리다─일백운[呈張侍郞自牧 一百韻]」은 「연보」에 26세에 지었다고 하였는데, 이 해 4월에 지었다는 「동명왕편」은 권3의 첫머리에 실려 있다. 편찬 원칙을 고수한다면 이 두 작품 사이에 실려 있는 시들은 모두 26세에 지었다고 볼 수밖에 없다. 그러나 그렇게 되면 25세 이전에 지은 작품은 문집의 다른 곳에서 찾아지는 몇 개를 제외하고는 거의 수록되어 있지 않다는 결론이 나오게 된다. 이 점은 자연스럽게 받아들이기에는 상당한 난점이 있다.[7] 이규보가 주로 소년시절에 지은 시 300여 수를 스스로 불태워 버렸다고 고백한 사실을 감안하더라도,[8] 26세 이전의 시가 문집에 거의 실려 있지 않은 반면에 26세에 지은 시는 80~90편이나 되기 때문이기도 하다.

또 권13을 보면 「설날에 길 위에서 스님을 만나 구점으로 희롱 삼아 주다[正旦路上逢山人 口占戱贈]」라고 하여 정월 초하루에 지은 시가 실려 있는데,[9] 이 시 바로 두 수 뒤에는 「정묘년 12월에 처음으로 한림에 들어가 밤에 숙

---

6 위의 각주 5참조. 그러나 시를 제외한 賦·書·說·表 등등 나머지 부문의 글을 배열할 때에는 이러한 원칙을 적용할 의도는 가지고 있지 않았다는 점은 분명하게 언급해 두어야 할 것 같다.

7 박창희, 「『동국이상국집』 작품 연보 고」, 『이화사학연구』 5, 1970, 3쪽에서도 이러한 점을 지적한 바 있다.

8 「시 원고를 태우며─300여 수를 태우다[焚藁 焚三百餘首]」(『동국이상국집』 전집 권13, 고율시)

9 『동국이상국집』 전집 권13, 고율시.

직하면서 지어 금중의 제공들에게 보이다[丁卯十二月初 入翰林夜直有作 示禁中諸公]」라고 하여 정묘년(희종 3, 1207) 12월에 지은 시가 나온다. 그런데 40세 때인 정묘년에 지은 이 시의 불과 세 수 뒤에는 「기사년 등석-한림에서 지어 올리다[己巳年燈夕 翰林奏呈]」라는 42세 때인 기사년(희종 5, 1209) 2월 보름의 등석날에 지은 시가 실려 있다. 또 권14에 실려 있는 「눈이 침침해짐에 느낌이 있어 전이지에게 주다[眼昏有感 贈全履之]」[10]라는 시에는 자신의 나이가 44세라고 밝혔으므로 1211년(희종 7년)에 지은 시가 분명하다. 그런데 이 시 바로 뒤에는 「강종대왕 만사-한림에서 지어 올리다[康宗大王挽詞 翰林奏呈]」가 실려 있는데, 강종은 이규보가 46세이던 1213년 8월에 사망했다.[11] 따라서 이러한 배열만 놓고 보면, 40~42세에 지은 시는 불과 몇 수 되지 않고, 또 45세에 지은 시는 한 편도 없는 셈이 된다. 그러나 만일 배열이 잘못되어 있다면, 이때 지은 시들은 문집의 어딘가 다른 곳에 실려 있다고 할 수밖에 없다.

이와 같이 문집 중에는 지어진 연대가 들쑥날쑥하게 배열되어 있는 곳이 꽤 있다. 이러한 사실을 보면 이함 자신이 과연 스스로 정한 원칙을 제대로 지키고 있는지 의심이 들게 한다.[12] 그러나 이것은 원칙이 지켜지지 않은 것

---

10 『동국이상국집』 전집 권14, 고율시.

11 『고려사』 권21 세가 강종 2년(1213) 8월 계유.

12 박성규는 『동국이상국집』이 '당시 집권자였던 崔怡의 명에 의해 갑작스럽게 만들어졌기 때문에 문집 편찬의 형식적인 측면이나 내용 배열에 있어서 粗率한 느낌을 떨칠 수 없다. 따라서 연보도 간략하게 기술되어 있어 이규보의 정체성을 담보하지 못하고 있다'라고 하였다(박성규, 「이규보 연보 연구 (4)」, 『한자한문연구』 2, 고려대학교 한자한문연구소, 2006, 23쪽). 이함이 작성한 「연보」나 그가 편찬을 주도한 『동국이상국집』의 작품 배열이 연대기적으로 완벽하지 않다는 점은 인정하지만, 박성규의 이 견해는 다소 오해에 기인하고 있지 않은가 한다. 『동국이상국집』의 '간행' 자체는 이규보의 병이 위중해진 가운데 74세 때 급하게 서두르기는 했지만, 문집의 본격적인 '편찬'은 이규보가 70세 되던 해부터 이미 이루어졌기 때문이다. 또 그 사전작업으로 이함은 1232년에 강화로 천도하기 이전, 즉 이규보의 나이 65세가 되기 이전에 이미 부친의 작품들을 수집하고 정리했기 때문이기도 하다[「유승단 시랑에게 주는 편지」, 『동국이상국집』 권27 서, 이 편지가 언제 쓰였는지

이 아니라, 여러 가지 다른 이유가 있었기 때문이었을 것이다. 수십 년에 걸쳐 쓰인 작품들을 한데 모으다 보면 여러 가지 혼란이 생겨나는 것도 어떤 의미에서는 오히려 자연스러운 일이 아닌가 한다. 실상 우리도 몇 년 전은 고사하고 불과 몇 달 전에 일어난 일의 순서도 제대로 기억하지 못하는 일이 흔하지 않은가? 더구나 이규보는 문집을 편집하기 전인 1232년에는 65세의 나이에 급작스럽게 강화도로 천도하는 혼란을 겪기도 했다.

이러한 점에서 약간의 혼란은 인정하거나 감수할 수밖에 없다고 생각한다. 문제는 커다란 틀에서 그 원칙이 제대로 지켜지고 있는가 하는 점이다. 바로 이러한 원칙상의 문제를 살리면서 세부적인 문제를 엄밀하게 검토해 나가는 것이 이규보의 작품 연보를 새로 만들 때 크게 고려되어야 할 사항이 아닌가 한다. 우리가 해야 할 일은 글의 내용에 보이는 전반적인 정황을 참작하여 이들이 지어진 연대를 적절하게 비정해 내는 것이다.

(3)

작품의 연대를 비정할 수 있는 큰 원칙은 정해졌다고 하더라도, 문제는 이 함이 나름대로 비정해 놓은 연대는 과연 어느 정도 믿을 수 있으며, 또 고의건 아니건 그가 간과하거나 빠뜨린 사실을 어느 정도 보충할 수 있는가 하는 점이다.

첫 번째 문제와 관련하여, 검증이 가능한 다른 사료가 없는 한 「연보」의 기록을 그대로 받아들일 수밖에 없다는 사실은 새삼 언급할 필요가 없다. 그러나 상호 검증이 가능한 기사가 있을 때에는 문제가 달라진다. 앞에서 두 번째 사례로 든 을축년의 경우, 「연보」에는 38세에 「최선 상국에게 올리는 글」을 썼다고 했다. 그러나 문집에서 이 글을 찾아 읽어 보면 그 글의 내

는 확실하지 않지만, 유승단은 1232년에 사망하였다(『고려사』 권 102 열전 유승단전). 각주3 참고.

용 중에 자신의 나이가 37세라고 밝히고 있다.[13] 그러므로 작품 본문의 내용을 중시한다면, 이 「연보」의 기사는 사실은 한 해 전인 갑자년, 37세로 고쳐져야 한다.[14] 고려시대에 관리의 정기 인사가 12월에 이루어지는 것이 일반적이었다는 점도 고려해야 할 것이다. 이와 같이 「연보」의 기사들에 대해서도 일단은 엄밀한 검증을 거쳐야 하지 않을까 한다.

두 번째로, 「연보」에 언급되어 있지 않은 사실에 대한 문제이다. 앞에서 보았듯이 세 번째 사례인 정해년, 즉 60세 때의 「연보」에는 아무것도 적지 않은 채 빈칸으로 남겨 두었다. 그런데 이 해의 사건을 『고려사』 등의 사서에서 찾아보면, 이 해 9월에 『명종실록』의 편찬이 완성되었다는 기록이 나온다.[15] 이와 관련하여 이규보의 작품을 찾아보면 권20에 「노극청전盧克淸傳」이 실려 있는데, 이 글에는 제목 뒤에 다음과 같은 협주가 달려 있다.

내가 『명종실록』을 편찬할 때 이 전을 지었는데, 욕심 많게 다투는 자들에게 격려시킬 만하므로 이를 붙였다(「노극청전」, 『동국이상국집』 전집 권20, 전).

그러므로 이 글을 통해 이규보의 「연보」의 60세 기록에 『명종실록』 편찬에 참여했다는 사실과 「노극청전」을 늦어도 이 해에는 지었을 것이라는 기사를 추가할 수 있게 된다. 그 밖에 「유경현이 감시의 시원을 사양하는 것을 허락하지 않는 비답[庾敬玄讓監試試員不允批答]」이라는 글도,[16] 유경현이 고종 14년 3월에 시행된 국자감시의 좌주가 되었다는 『고려사』의 기록을 참고하

---

13 「최선 상국에게 올리는 글[上崔相國讀書]」(『동국이상국집』 전집 권26, 서). 이 글은 12월에 쓴 것이다.

14 만일 이것을 '滿 나이'로 이해하면 간단할 것 같지만, 그렇게 간단하게 해결될 문제가 결코 아니다. 「연보」도 그러하고 문집의 다른 글에 적힌 나이는 모두 태어난 해부터 한 살로 치는 '세는나이'로 되어 있기 때문이다.

15 『고려사』 권22 세가 고종 14년 9월 경진.

16 『동국이상국집』 전집 권33, 비답.

면,[17] 바로 60세가 되던 이 해에 지었다는 사실도 알 수 있다.

이런 식으로 이규보의 작품을 다른 기록들과 대조해 보면, 많은 작품들의 연대를 분명하게 비정할 수 있거나 새로운 사실들을 추가할 수 있게 된다. 이규보의 연보를 만들면서 유념해야 할 두 번째 사항이 바로 이것이다.

(4)

이함의 「연보」가 큰 원칙은 제시해 주지만 세부적인 면에서 소략한 점이 많기 때문에, 이규보의 연보를 보충하거나 새롭게 만들어 보고자 하는 노력은 선학들이 시도한 바 있다.

박창희는 「『동국이상국집』 작품 연보 고」(『이화사학연구』 5, 1970)에서 이 문집의 편성 방침을 검토하여 제작 연대순으로 싣는 것을 원칙으로 했다는 점을 재확인하고, 이 원칙에 따라 몇몇 작품의 연대 비정을 시도했다. 필자도 저작 시기별 배열이라는 원칙에는 적극 찬동하는 바이지만, 이 논고가 종합적 검토를 통한 작품 연보의 전면적 재구성이 아니라 몇몇 작품의 연대를 비정하는 데 그쳤다는 점은 아쉬움으로 남는다.

한편 박성규는 「이규보 연보 연구」(『한국한문학연구』 34, 2004; 『한국 한문학 연구의 새 지평』, 소명출판사, 2005)와 「이규보 연보 연구 (2)」(『한문교육연구』 24, 2005), 「이규보 연보 연구 (3)」(『퇴계학연구』 19, 단국대학교 퇴계학연구소, 2005), 『이규보 연보 연구 (4)』(『한자한문연구』 2, 고려대학교 한자한문연구소, 2006)를 통해 이규보 연보를 종합적으로 검토하고자 했다. 이함이 만든 「연보」의 체제를 기본으로 하되 그것을 수정·보완하는 형식으로 행해진 이 연구는, 「이규보 연보 연구」에서는 31세까지, 「이규보 연보 연구 (2)」에서는 32세에서 41세까지, (3)에서는 42세에서 49세까지, (4)에서는 50세에서 61세까지의 시기를 다루고 있다. 이규보 평생의 연보를 재구성한다는 목표로

---

17 『고려사』 권74 선거지 2 국자감시 고종 14년 3월.

『고려사』 등 사서의 기록도 다수 이용하고 각주도 세심하게 붙이는 등 야심차게 시작한 연구라고 생각된다. 이 연구는 특히 『동국이상국집』의 「연보」가 갑작스럽게 만들어진 만큼 작품배열의 편년체 원칙도 제대로 지켜지지 않는 등 조솔粗率하다는 입장을 취하고 있다. 다만 여러 해가 지나도록 후속 연구가 나오지 않고 있으므로, 현재로서는 중간에 멈추어 버린 미완성의 작업이라고 평가할 수밖에 없다.

이러한 점에서 이규보의 연보를 새로 만드는 일은 걸음마는 떼었으되 아직 본격적인 행보가 시작된 것은 아니라고 할 수 있다. 이규보 연보를 본격적으로 만들게 된 이유도 바로 여기에 있다.

(5)

이제 『이규보 연보』를 새로 만들면서 필자는 특히 다음과 같은 점에 유의했다.

1) 앞에서 언급하였듯이, 이함의 「연보」를 대체적인 기준으로 삼되 『고려사』 등의 사서나 다른 자료와의 상호 검증을 통해 가능한 한 저작 연대를 바로잡으려고 했다. 단, 『동국이상국집』에 수록된 작품 중 집필 연대의 고증이나 추정이 불가능한 것들은 모두 이 『연보』에서 제외하였다.

2) 작품 중에는 필자가 나름대로 연대를 새롭게 추정한 것도 있다. 물론 이 경우 필요한 대목마다 각주를 달아서, 그 이유를 설명해 두었다.

3) 연보 형식에 충실하기 위해 연령순으로 지어진 작품을 소개하되 시詩·서書 등 장르별로 나누어 싣고, 그에 앞서 이규보 개인에게 일어난 일이나 그 밖에 참고가 되는 고려 사회에 일어난 중요한 일들도 연보의 매해 첫머리에 적어 두었다.

4) 작품 목록은 번역한 제목을 먼저 제시하고, 그 뒤에 원문 제목을 달아 두었다. 아울러 인명은 가능하면 성명을 모두 밝혀 둠으로써, 이용과 이해에 도움을 주고자 했다. 예컨대 「答全·朴兩友生自京師致問手書」(『동국이상국집』 전집 권 27, 서)라는 원래의 제목을 「전이지·박환고 두 친구가 서울에서 문안한 것에

답하는 편지」라고 번역한 것이 그러하다.

5) 제3장에서는 원문 제목 항목을 따로 만들어, 특정한 작품이 언제 쓰였는지 보다 쉽게 찾아볼 수 있게 했다. 또 제목에 보이는 인명이나 지명, 사물명, 기타 중요한 용어를 뽑아 일반 항목 색인도 만들어 이 책의 제일 뒤에 붙여 두었다.

6) 『동국이상국집』은 엄밀하게 말해 『동국이상국전집東國李相國集全集』 41권(서序·연보年譜 포함), 『동국이상국후집東國李相國後集』 12권(서序·종권終卷·발미跋尾 포함)으로 이루어져 있는데, 전거의 편의상 앞의 것을 『전집』, 뒤의 것을 『후집』이라 불러 두기로 한다.

7) 이 연보의 대본으로는 『영인표점 한국문집총간』(1·2권, 민족문화추진회, 1996 재판본)을 이용했다. 작품의 제목은 필자 나름으로 새 번역을 시도하였지만, 『국역 동국이상국집』(전 7책, 고전국역총서 166~172, 민족문화추진회, 1980)에서 많은 도움을 받았음을 밝혀 둔다.

이 『이규보 연보』가 이규보를 본격적으로 이해하는 데에 적으나마 도움이 되기를 바라고, 미진한 점에 대해서는 아낌없는 질정을 기다린다.

제 2 장 _ 연보

▶ **1168년**(의종 22, 무자), **출생**

- 12월 16일에 태어나다. 본관은 황려현黃驪縣(지금의 경기도 여주시).
- 초명은 인저仁氐였으나, 22세 때에 네 번째로 국자감시國子監試(司馬試)에 응시하면서 규보奎報로 개명했다. 자는 춘경春卿. 24세 때에 백운거사白雲居士라는 호를 스스로 지어 사용했다(「연보」 무자).
- 아버지 이윤수李允綏는 관직이 호부낭중에 올랐다. 증조부 이은백李殷伯은 황려현의 향리였고, 조부 이화李和는 교위校尉였다.[1] 어머니는 금양군金壤郡(지금의 강원도 통천군) 출신으로, 과거에 급제하고 울진현위를 역임한 김중권金仲權(뒤에 施政으로 개명)의 딸이다(「연보」 무자).

---

1 「이규보 묘지명」, 『고려묘지명집성』(제5판, 이하 『집성』으로 표기함), 김용선 편, 한림대 출판부, 2012, 373쪽. 「이규보 묘지명」은 『동국이상국집』 종권에 실려 있는데, 지석이 발견되어 국립중앙박물관에 소장되어 있다. 내용은 거의 차이가 없으나 다른 부분이 약간 있으므로, 이를 종합한 『집성』의 명문을 이용하기로 한다.

▶ 1169년(의종 23, 기축), 2세

• 출생 후 석 달 만에 악성종기가 온몸에 퍼져 사경을 헤매다가 겨우 나았
는데, 이에 대해 「연보」에는 다음과 같이 적혀 있다.

　공이 태어난 지 석 달 만에 악성 종기[惡腫]가 온몸에 번졌는데, 여러 약으로도
낫지 않았다. 부친이 화가 나서 송악의 사우祠宇로 가서 산가지를 던져 생사를
점을 쳤더니 산다고 했다. 다시 약을 쓸 것인가의 여부를 물었더니 약을 쓰지 말
라고 했다. 이로부터 다시 약을 쓰지 않으니 피부가 모두 헐어서 얼굴을 구분할
수 없었다. 유모가 늘 흰 가루를 양쪽 어깨에 뿌린 뒤에 안고 다녔는데, 하루는
유모가 안고 문밖으로 나가자 한 늙은 노인이 지나가다가 말했다. "이 아이는 천
금의 값이 나가는 아들인데 어찌 이렇게 버려두는 거요? 마땅히 잘 보호해서 기
르시오." 유모가 달려와 부친에게 말하니 부친이 그가 신인神人인가 의심하고
사람을 보내 쫓아가게 했다. 길이 세 갈래여서 세 명을 보내 쫓았으나 모두 찾지
못하고 돌아왔다(「연보」 무자).

• 두 살 때부터 항상 책을 가지고 노는 것을 즐기고 손가락으로 글자를 짚
어 가며 읽는 시늉을 하다.[2]

---

2 「'사마온 공이 항아리를 깨뜨리는 그림' 뒤에 쓰다[書司馬溫公擊甕圖後]」(『전집』 권22, 잡
문).

▶ 1170년(의종 24:명종 즉위년, 경인), 3세

• 8월에 정중부鄭仲夫 등이 무신난을 일으켜 의종을 폐위하고 명종을 즉위
  시키다.[3]

---

3 『고려사』권19 세가 의종 24년 8월 정축.

▶ 1171년(명종 1, 신묘), 4세

- 성주成州(지금의 평안남도 성천군)의 수령으로 부임하는 아버지를 따라 함께 내려가다(「연보」 신묘).

▶ 1174년(명종 4, 갑오), 7세

- 아버지가 내시內侍로 불리어 오게 되자, 함께 서울로 오다(「연보」갑오).
- 9월에 서경유수 조위총趙位寵이 난을 일으키자 서북방의 40여 성이 호 응하다.[4]

---

4 『고려사절요』권12, 명종 4년 9월.

▶ 1176년(명종 6, 병신), 9세

- 글을 읽게 되다.[5]
- 6월에 윤인첨과 두경승이 서경을 함락시키고 조위총을 죽이다.[6]

---

5 『백운소설』 및 「『동국이상국문집』 서」. 30세에 쓴 「조영인 태위에게 올리는 글[上趙太尉書]」
(『전집』 권26, 서)에도 '나는 아홉 살 때부터 비로소 책을 읽는 것을 알게 되었는데, 지금까
지 손에 책을 놓지 않고 있습니다'라는 구절이 있다.
6 『고려사절요』 권12, 명종 6년 6월.

▶ 1178년(명종 8, 무술), 11세

- 숙부인 이부李富 직문하성이 이규보의 글 솜씨를 자랑하여 성랑들 앞에서 직접 글을 짓게 하자, 이규보가 지은 대구對句를 보고 성랑들이 기동奇童이라고 탄복하다. 이때 지은 구는 '종이 결에는 모 학사가 길게 다니고, 술잔 가운데에는 늘 국 선생이 있네[紙路長行毛學士 盃心常在麴先生]'이다(「연보」무술).[7]

---

7 그러나 「연보」 기록과는 달리 『고려사』에는 이부가 직문하성이 된 것은 명종 11년 5월로 되어 있다(『고려사』 권20 세가 명종 11년 5월).

▶ **1179년**(명종 9, 기해), **12세**

- 4월에 서북면 지병마사인 숙부 이부가 이 해 1월에 다시 재봉기한 조위 총의 잔당을 토벌하다.[8]
- 9월에 경대승慶大升이 정중부를 죽이고 집권하다.[9]

8 『고려사』 권20 세가 명종 9년 4월 경술.
9 『고려사절요』 권12, 명종 9년 9월.

▶ 1181년(명종 11, 신축), 14세

- 최충崔冲이 세운 학교인 성명재誠明齋에 입학하여 문헌공도文憲公徒가 되다(「연보」 신축).
- 하과夏課의 급작急作에서 잇달아 일등을 차지하므로 선비들이 뛰어나게 여기다(「연보」 신축).

▶ 1182년(명종 12, 임인), 15세

- 6월에 하과의 급작에서 「궁궐의 옥당에서 숙직하다[內直玉堂]」라는 주제로 시를 지었는데, 함순咸淳 선달 등이 모두 탄복하여 이 시를 일등으로 뽑다(「연보」 임인). 10
- 오세재吳世才가 50세의 나이에 예부시에 급제하다. 11

10 함순은 죽림고회의 한 명이었는데, 뒷날 이규보도 오세재의 소개로 이 모임에 참여했다.
11 『파한집』에는 '오세재가 50세에 과거에 급제했다[年至五十得一第]'라는 기록이 있다(『파한집』 하22, 天下之事). 이규보가 18세 되던 1185년에 오세재가 53세였으므로(「오덕전 선생 애사[吳先生德全哀詞]」, 『전집』 권37, 애사), 오세재가 50세 되던 해는 1182년(명종 12)가 된다. 이 해의 과거에 대해 『고려사』에는 '(명종) 12년 6월에 정당문학 韓文俊이 지공거가 되고, 우산기상시 李知命이 동지공거가 되어 진사를 뽑았는데, 許徵 등 30명과 명경 4명에게 급제를 주었다'(『고려사』 권73 선거지 1 과목 1 선장, 명종 12년 6월 조)라고 했다.

▶ 1183년(명종 13, 계묘), 16세

- 봄에 아버지 이윤수가 수주水州(경기도 수원시)의 수령으로 나갔으나, 이규보는 서울에 남아 5월에 시행된 국자감시國子監試(司馬試)에 응시하다. 이때 시험을 준비하면서 과외교습을 받기도 하였으나, 불합격하자 가을에 수주로 가서 어버이를 모시다(「연보」 계묘).
- 7월에 경대승이 죽다.[12]

___

12 『고려사절요』 권12, 명종 13년 7월.

▶ 1184년(명종 14, 갑진), 17세

• 2월에 이의민李義旼이 정권을 잡다.[13]

---

13 『고려사절요』 권13, 명종 14년 2월.

▶ 1185년(명종 15, 을사), 18세

- 봄에 수주에서 서울로 올라와 5월에 시행된 국자감시에 응시했으나, 다시 낙방하자 가을에 수주로 되돌아가다(「연보」 을사).
- 53세인 오세재吳世才와 망년우忘年友가 되어 교유하다.[14]

---

14 「오덕전 선생 애사吳先生德全哀詞」(『전집』 권37, 애사).

▶ 1186년(명종 16, 병오), 19세

- 봄에 임기가 끝난 아버지를 따라 서울로 올라오다(「연보」 병오).
- 친구들과 어울리며 온갖 풍류를 즐기고 시 짓기에 몰두하던 수주에서의
  생활을 훗날 「강남에서 예전에 놀 때[江南舊遊]」(『전집』 권1)라는 시를 통해
  회상하다.
- 오세재가 죽림고회竹林高會의 모임에 항상 데리고 가다.[15]

---

15 「七賢說」(『전집』 권21, 설).

▶ 1187년(명종 17, 정미), 20세

- 7월에 시행된 국자감시에 응시했으나 다시 낙방하다(「연보」정미).
- 「연보」에는 '지난 4~5년간 술에 쏠려 멋대로 놀면서 마음을 단속하지 않고 오직 시짓기만 일삼아, 과거에 대한 글은 조금도 연습하지 않아서 계속 응시했어도 합격하지 못했다'고 낙방 이유를 적었다(「연보」정미).
- 오세재가 경주로 내려가다.[16]

---

16 이규보는 18세에 오세재와 처음 만나 3년 동안 교유했다(「오덕전 선생 애사吳先生德全哀詞」, 『전집』권37, 애사).

▶ 1189년(명종 19, 기유), 22세

- 5월에 거행된 국자감시의 십운시 분야에 응시하여 1등으로 합격하다. 시제는 '옛날 임금은 수레와 면류관을 만들어 귀천을 나타내도록 하였으나, 아름다움을 구하지는 않았다'였는데, 시험관인 유공권柳公權 우승선이 감탄하여 1등으로 뽑았다.[17]
- 시험에 앞서 이름을 규보奎報라고 바꾸었는데, 이에 대해 「연보」에 다음과 같이 적고 있다.

  공은 처음에 이름을 인저仁氐라고 했다. 기유년(명종 19, 1189)에 사마시에 나아가려고 했을 때, 꿈에 어떤 촌백성인 듯한 노인들이 모두 검은 베옷을 입고 마루 위에 앉아 술을 마시고 있었는데, 옆 사람이 이르기를, "이들은 28수宿다"라고 했다. 공은 깜짝 놀라 황송한 마음으로 두 번 절하고, "내가 올해 과거시험에 합격할 수 있겠습니까?"라고 묻자, 한 사람이 옆에 있는 사람을 가리키면서 "저 규성奎星이 알 것이오"라고 했다. 공은 즉시 그에게 나아가 물었으나 그의 대답을 미처 듣기 전에 꿈을 깨어 그 결과를 듣지 못한 것을 한스럽게 여겼다. 조금 뒤에 또 꿈을 꾸었는데, 그 노인이 찾아와 이르기를, "그대는 꼭 장원을 할 것이니, 염려하지 마시오. 이는 천기이니 만큼 절대로 누설해서는 아니 되오"라고 했다. 그래서 지금 부르는 이름(奎報)으로 고치고 과거에 응시했는데, 과연 제1인으로 합격했다(「연보」 무자).

---

17 이 시험에 대해 『고려사』에는 '(명종) 19년 5월에 우승선 유공권이 지공거가 되어 詩賦에 鄭守剛 등 19인, 十韻詩에 이규보 등 62인을 뽑았다(『고려사』 권74 선거지 2 국자시)'라고 기록되어 있다.

▶ 1190년(명종 20, 경술), 23세

- 5월[18]에 예부시 제술과[禮部試 製述科]에 동진사[同進士]로 합격하다.[19]

  「연보」에는 시험장에서 지은 시의 일부 구절을 소개하면서, 시험장에서의 일화를 다음과 같이 밝히고 있다.

  > 공은 과거에 대한 글을 일삼지 않았으므로 글 짓는 일이 거칠고 서툴러서 격률에 잘 맞지 않았다. 또 시험장 안에서 봉명승선奉命承宣 박순朴純이 좌주座主와 더불어 임금이 내린 술[宣醞]을 받고 공을 불렀는데, 큰 잔으로 한 잔 마시고 곧 취해서 휘갈겨 쓴 글을 찢어 버리려 하자 옆에 있던 손득지孫得之가 빼앗아 올렸다. 그 시제는 '임금을 떠받드는 데는 마치 큰 거북이 큰 산을 머리에 인 것처럼 해야 한다'였는데, 공의 시 중 넷째 글귀, 〈중략〉 다섯째 글귀 〈중략〉를 지공거 이지명李知命이 좋아하여 드디어 물리치지 않았다(「연보」 경술).

- 이규보는 과거의 성적이 낮은 것에 불만을 품고 사양하려 했으나, 아버지가 엄하게 꾸짖고 전례도 없어서 사양하지 못했는데, 이에 대하여 「연보」에는 다음과 같이 적었다.

  > 공은 과거의 성적이 낮은 것을 마땅치 않게 여겨 사양하려고 하였으나 아버지가 엄하게 꾸짖고 또 전례가 없었으므로 사양하지 못했다. 이 때문에 크게 취하여 하객들에게 말하기를, "내가 비록 과거의 성적은 아래이지만 어찌 서너 번 문생을 길러내지 않겠습니까?"라고 하자 좌객들이 입을 가리고 몰래 웃었다(「연보」 경술).

---

18 「연보」에는 6월로 되어 있으나, 『고려사』에는 5월이라고 되어 있어 이를 따른다.

19 이 시험에 대해 『고려사』에는 '(명종) 20년 5월에 정당문학 李知命이 지공거가 되고 좌승선 任濡가 동지공거가 되어 진사를 뽑았는데, 皇甫緯 등 30인, 명경 5인, 은사 7인에게 급제를 주었다(『고려사』 권73 선거지 1 선장)'라고 되어 있다.

- 급제한 뒤 동년들과 통제사通濟寺에 놀러가서 사운시四韻詩를 지었는데,
  이 시가 뒤에 중국 송에 들어가서 큰 호평을 받다.[20]

---

20 「앞서 부친 절구에 차운하여 구양이십구 백호에게 주다[次前所寄絶句韻 贈歐陽二十九伯
虎]」(『후집』 권4, 고율시). 이 시에 대한 일화와 시의 일부는 「『동국이상국후집』 서」와 『백
운소설』에도 실려 있다.

▶ 1191년(명종 21, 신해), 24세

- 1월에 예부시 지공거이던 이지명이 사망하다.[21]
- 8월 20일에 아버지 이윤수가 사망하다.[22]
- 이후 천마산天磨山에 우거하며 스스로 백운거사白雲居士라 칭하다.[23]

〈고율시〉

「천마산에 우거하면서 짓다 ─ 나는 신해년에 이 산에 오래 머물면서 스스로 백운거사라 칭
하기에 이르렀는데, 이때 이 시를 지었다 寓天磨山有作 予辛亥年 久寄此山 至自稱白雲居士 時有
此作」『후집』권1

---

21 『고려사』권20 세가 명종 21년 정월 신해.
22 「南行月日記」(『전집』권23, 기)에 선친의 기일이 8월 20일이라고 했다.
23 천마산은 개경의 북쪽에 있다(『신증동국여지승람』권4 개성부 상, 산천). 당시의 이규보에
   게 이곳은 '잠시 우거하는 곳이지 상주하는 곳은 아니었다'(「白雲居士語錄」,『전집』권20,
   어록).

▶ **1192년**(명종 22, 임자), 25세

- 천마산에 계속 우거하면서 거문고·술·시를 좋아하여 삼혹호선생三酷好先生이라고 호를 짓기도 했으나, 자유롭고 고결한 흰 구름의 기상을 따서 스스로 지은 백운거사라는 호를 고수하다.[24]
- 이 해에 결혼했을 가능성이 크다.[25]

〈어록〉

「백운거사 어록 白雲居士語錄」『전집』권20

〈전〉

「백운거사전 白雲居士傳」『전집』권20

---

24 「백운거사전」(『전집』권20, 전)

25 이규보가 언제 결혼했는지는 알 수 없으나, 26세에 장녀가 태어난 것으로 보아 25세 이전에는 결혼했음이 분명하다. 그런데 장인에게 올린 제문을 보면 '일찍이 아버지를 여의고 나를 가르쳐 줄 이가 없었는데, 공에게 온 뒤로 친히 가르침과 격려를 받았습니다'라는 구절이 있다(「장인 晉昇 대부경 공에게 올리는 제문[祭外舅大府卿晉公文]」(『전집』권37, 제문). 이로 미루어 볼 때, 아마도 이규보는 부친이 사망한 뒤에 결혼했을 가능성이 크다고 생각된다. 장인 진승에 대해서는 대부경을 역임했다는 것 이외에 다른 기록은 없다.

▶ 1193년(명종 23, 계축), 26세

• 장자목張自牧 예부시랑 등이 이규보를 추천한다는 말이 나돌자, 장자목에게 바치는 '백운시'를 지어 구직을 부탁하다.[26]
• 4월에 『동명왕편』을 짓다(「연보」 계축).
• 7월에 경상도 운문雲門 일대에 웅거한 김사미金沙彌 등의 반란군을 토벌하러 관군을 보내 공격하다.[27]
• 이 해에 장녀가 태어나다.[28]

〈고율시〉

「장자목 시랑에게 드리다─일백운 呈張侍郎自牧 一百韻」『전집』권1[29]

「윤세유 사의가 준 시에 차운하여 앉은 자리에서 짓다 次韻尹司儀世儒見贈 坐上作」『전집』권1

---

26 「장자목 시랑에게 드리다[呈張侍郎自牧]」(『전집』권1, 고율시)

27 『고려사절요』권13, 명종 23년 7월.

28 「어린 딸을 애도하며[悼小女]」(『전집』권5, 고율시)에서 이규보는 네 살에 죽은 딸을 애도하고 있는데, 이 시는 1196년 당시에 쓰인 것으로 추정되므로, 역산하면 그 아이는 1193년에 태어난 셈이 된다.

29 『전집』권1의 고율시 중 제일 첫머리에 실려 있는 이 백운시는 「연보」에 명종 23년에 지은 것으로 적혀 있는데, 이하 권1에는 모두 36수, 권2에는 58수의 고율시가 실려 있고, 권3의 첫머리에는 이 해 4월에 지은 장편 서사시 「동명왕편」이 실려 있다. 편집상의 이유로 백운시와 장편 서사시를 권두에 각각 배치한 것으로 생각하지만(박창희, 「『동국이상국집』작품연보 고」, 『이화사학연구』5, 1970, 3쪽), 어쨌든 이 두 시 사이에 실려 있는 작품은 모두 26세에 지은 셈이 된다. 이 시들은 계절도 서로 뒤섞여 있고, 또 『전집』에는 25세 이전에 지은 시가 거의 실려 있지 않다는 점에서, 권1과 권2에 실린 시들을 모두 26세 때의 저작으로 간주하기에는 무리가 있음을 인정할 수밖에 없다. 그러나 이규보가 밝혔듯이 주로 소년시절에 지은 시 300여 수를 스스로 불태워 버린 일도 있었다(「시 원고를 태우며─300여 수를 태우다[焚藁─焚三百餘首]」『전집』권13, 고율시). 아마도 26세 이전의 시가 거의 없는 점도 이러한 사실과 관련이 있지 않을까 한다. 이러한 점을 감안하고, 또 이수가 『동국이상국집』을 편찬한 원칙을 존중하는 입장에서, 잠정적으로 이 시들을 26세의 작품으로 비정해 둔다.

「오덕전이 동경으로 떠난 뒤 돌아오지 않기에 시를 써서 부치다—오세재의 자가 덕전이다 吳德全東遊不來 以詩寄之 吳世才字德全」『전집』권1

「강가에서 우연히 읊다 江上偶吟」『전집』권1

「강남에서 예전에 놀 때 江南舊遊」『전집』권1

「한식날 자추의 고사를 한탄하며 寒食感子推事」『전집』권1

「진 수재의 별서에 쓰다—아이들을 모아 학업을 익히게 했다 題晉秀才別墅 聚冠童隷肄業」『전집』권1

「오덕전을 생각하며 憶吳德全」『전집』권1

「각 선로에게 주다 贈覺禪老」『전집』권1

「과거에 급제하고 고향으로 돌아가는 김 선배를 가을에 보내면서 秋送金先輩上第還鄕」『전집』권1

「붓대를 읊다 詠筆管」『전집』권1

「'잊음'을 읊다 詠忘」『전집』권1

「거듭 북산에서 놀며 2수 重遊北山 二首」『전집』권1

「구산사 방장인 회찬懷璨 스님이 보름날 밤에 달구경을 하면서 '그대에게 100개의 운을 주니 아무 글자나 뽑아서 시율로 지으라'고 하기에, 내가 '율律'자를 고르다 龜山寺璨師[30]方丈 十五夜翫月 以詩律輸君一百籌爲韻 予得律字」『전집』권1

「회찬懷璨 스님에게 차운하다 次韻璨師」『전집』권1

「저물녘에 바라보며 晚望」『전집』권1

「옛일에 부쳐 3수 寓古 三首」『전집』권1

「천수사 문 天壽寺門」『전집』권1

「오동을 읊다 詠桐」『전집』권1

---

30 「회찬 수좌에게 드리는 편지[寄懷璨首座手書]」(『전집』권26, 서)의 회찬과 같은 인물이라고 생각된다.

「매화 梅花」『전집』 권1

「구품사를 두고 짓다 題九品寺」『전집』 권1

「양 교감이 한식날에 술을 마시자고 부르기에 차운하다 次韻梁校勘寒食日邀飮」『전집』 권1

「남쪽 집들을 바라보며 읊다 望南家吟」『전집』 권1

「'술에 취해 부르는 노래'를 지어 전이지에게 주다 醉歌行 贈全履之」『전집』 권1

「석죽화 石竹花」『전집』 권1

「버들의 탄식 장구 3수 柳怨 長句 三首」『전집』 권1

「이양 선배가 과거에 떨어져 동쪽으로 돌아가자 시로 위로하다 李先輩陽下第東歸 以詩慰之」『전집』 권1

「동고자[朴還古]가 두목의 운을 써서 오덕전을 생각하기에 차운하다 次韻東皐子用杜牧韻 憶德全」『전집』 권1

「기홍수[奇洪壽] 상서의 임당에 옛 사람의 운을 빌려 부치다 寄尙書林塘次古人韻」『전집』 권1

「최육재 노장이 부쳐 준 시에 차운하다 次韻崔老育才見寄」『전집』 권1

「민 스님에게 주다 贈敏師」『전집』 권1

「7월 7일에 내리는 비 七月七日雨」『전집』 권2

「취중에 주필로 이청경에게 주다 醉中走筆 贈李淸卿」『전집』 권2

「연복정을 지나며 過延福亭」『전집』 권2

「여름날 즉석에서 짓다 2수 夏日卽事 二首」『전집』 권2

「늙은 무당의 노래─서문을 붙임 老巫篇 幷序」『전집』 권2

「친구가 술로 병이 들어 일어나지 못하기에 희롱 삼아서 戲友人病酒未起」『전집』 권2

「혜문 장로의 '수다사 8영'에 차운하다 次韻惠文長老水多寺八詠」『전집』 권2

   ─「백헌 柏軒」

   ─「죽각 竹閣」

- 「석정 石井」

- 「하지 荷池」

- 「분지 盆池」

- 「송경 松徑」

- 「남간 南澗」

- 「서대 西臺」

「집 동산 장미 아래에서 술을 마시며 전이지에게 주다 飮家園薔薇下 贈全履之」『전집』권2

「윤세유 학록의 '봄날 새벽에 취하여 잠들다'에 차운하다 2수 次韻尹學錄春曉醉眠 二首」『전집』권2

「족암의 종령宗聆 수좌를 찾아가다 訪足庵聆首座[31]」『전집』권2

「종령 공이 화답하므로 다시 차운하여 답하다 聆公見和 復次韻答之」『전집』권2

「아버지의 별장인 서교 초당에서 놀며 2수 遊家君別業西郊草堂 二首」『전집』권2

「안화사의 종실 왕 선사에게 드리다 呈安和寺宗室王禪師」『전집』권2

「다시 서교 초당에서 놀며 復遊西郊草堂」『전집』권2

「강남에 도적이 일어났다는 소식을 듣고 聞江南賊起」[32]『전집』권2

「김회영 수재에게 차운하다 次韻金秀才懷英」『전집』권2

「기홍수 상서의 퇴식재 8영-인문을 붙임 奇尙書退食齋八詠 幷引」『전집』권2

- 「퇴식재 退食齋」

- 「영천동 靈泉洞」

---

31 영 수좌는 宗聆 수좌를 말한다. 「10월 8일에 경복사에서 놀고 이튿날 비래방장을 찾아가처음으로 보덕 성인의 진용을 배알했다. 현판 위에 종령 수좌와 이인로 내한이 지은 시가있었는데, 당두인 늙은 주지가 시를 청하므로 운에 의거해서 그 끝에 쓰다[十月八日 遊景福寺 明日訪飛來方丈 始謁普德聖人眞容 板上有宗聆首座李內翰仁老所題詩 堂頭老宿乞詩依韻書于末云]」(『전집』권10, 고율시) 참조.

32 명종 23년 7월에 金沙彌와 孝心 등이 난을 일으켜 경상도 雲門과 草田 등에 웅거했다(『고려사절요』권13, 명종 23년 7월 조).

- 「척서정 滌暑亭」

- 「독락원 獨樂園」

- 「연묵당 燕默堂」

- 「연의지 漣漪池」

- 「녹균헌 綠筠軒」

- 「대호석 大湖石」

「건성사에서 자면서 당두에게 주다 宿乾聖寺 贈堂頭」『전집』권2

「혜문 장로와 같이 윤세유 학록의 집을 찾아갔는데, 주인과 문 공이 옛사람의 운을 빌려 시를 짓기에 나도 또한 차운하다 同文長老訪尹學錄世儒家 主人與文公次古人韻作詩 予亦次韻」『전집』권2

「또 화답하다 又和」『전집』권2

「취한 채 써서 혜문 장로에게 보이다 醉書示文長老」『전집』권2

「이윤보를 찾아갔다가 이 군의 운을 따서 訪李允甫 次李君韻」『전집』권2

「강남의 정 상인이 솔부채 10자루를 준 것에 감사하면서 謝江南靜上人惠松扇十柄」『전집』권2

「친구가 화답하므로 다시 차운하다 友人見和 復次韻」『전집』권2

「7월 10일 새벽에 느낌을 읊어 동고자[朴還古]에게 보이다 七月十日 曉吟有感示東皐子」『전집』권2

「함자진[함순] 교감의 자석연에 부치다―서문을 붙임 題咸校勘子眞子石硯 幷序」『전집』권2

「술을 보내 준 친구에게 감사하며 謝友人送酒」『전집』권2

「전이지全履之·박환고朴還古 두 친구가 화답하므로 다시 답하다 全·朴兩生見和 復答之」『전집』권2

「봄을 보내며 읊다 送春吟」『전집』권2

「아흐레를 심심하게 보내다가 짓다 九日無聊有作」『전집』권2

「생각나는 대로 適意」『전집』권2

「동산에서 매미소리를 들으며 園中聞蟬」『전집』권2

「월 스님 방장의 그림 족자에 대한 두 노래 月師方丈畫簇二詠」『전집』권2

    –「대나무와 복숭아꽃 夾竹桃花」

    –「여뀌꽃과 백로 蓼花白鷺」

「산 속의 봄비 山中春雨」『전집』권2

「봄날 협객과 함께 노닐며 春日同俠客遊」『전집』권2

「소를 채찍질하지 말라는 노래 莫笞牛行」『전집』권2

「북산에서 성으로 들어오며 自北山入城」『전집』권2

「길을 가다 누각 위의 바둑 두는 소리를 듣고 路中 聞樓上棊聲」『전집』권2

「성북 양응재楊應才의 임원에서 꽃을 감상하며 읊다 城北楊生[33]林園賞花吟」
『전집』권2

「며칠 뒤 다시 가서 놀면서 석대에 올라 달을 감상하다 後數日 復遊登石臺翫
月」『전집』권2

「시골집 3수 村家 三首」『전집』권2

「매서운 추위에 읊다 苦寒吟」『전집』권2

「장자목 학사와 배단 천원에게 바치면서 겸하여 족암의 종령 수좌에게 편
지를 보내다—서문을 붙임 奉寄張學士自牧·裵天院湍 兼簡足庵聆首座 并序」『전집』
권2

「길을 가다 도중에서 눈을 만났는데 안화사에 이르러 당 스님에게 올리다 3
수 路中遇雪 行至安和寺呈幢師 三首」『전집』권2

「종실 왕진 사공의 궁 안에서 지어 올리다 宗室王司空縉宮中有作 奉呈」『전집』
권2

「홍왕사에서 이미수 내한의 아들이 열두 살에 시와 서에 통하고 또 글을 능
히 잘 짓는 것을 보고, 시를 짓게 하고는 칭찬하기를 마다하지 않다가 주다

---

33 이 사람의 이름이 楊應才임은 「通齋記」(『전집』권23, 기)에 밝혀져 있다.

興王寺 見李內翰眉叟子年可十二 通詩書 又能屬文 使之賦詩 嘆賞不已 以贈之」『전집』권2

「종령 수좌를 찾아갔다가 밤에 방장에 누워서 종령 공의 운을 빌려서 2수 訪聆首座 夜臥方丈 次聆公韻 二首」『전집』권2

「유공권柳公權 승선에게 올리다— 2수 내가 문하에서 진사에 올랐다 呈柳承宣 二首 予於門下登進士」『전집』권2

「동명왕편—서문을 붙임 東明王篇 幷序」[34]『전집』권3

〈기〉

「사가재기 四可齋記」[35]『전집』권23

「통재기 通齋記」[36]『전집』권23

---

34 「연보」에는 계축년(명종 23, 1193) 4월에 『구삼국사』를 얻어 동명왕의 기이한 일을 보고 이 시를 지었다고 했다(「연보」계축).

35 본문 중에 「아버지의 별장인 서교 초당에서 놀며[遊家君別業西郊草堂]」(『전집』권2, 고율시)의 한 구절을 인용하고 있는데, 이 시는 1193년에 지은 것이므로 「사가재기」도 같은 해에 쓴 것으로 비정해 둔다.

36 「성북 양웅재의 임원에서 꽃을 감상하며 읊다[城北楊生林園賞花吟]」(『전집』권2, 고율시)를 지을 때에 함께 지은 글이라고 생각되므로, 1193년의 작품으로 분류한다.

▶ 1194년(명종 24, 갑인), 27세

- 이 해에 양온승동정良醞丞同正(정9품)이라는 산직散職을 가지고 있었다.[37]
- 이 해에 당 현종의 고사를 노래한 「개원천보영사시 開元天寶詠史詩」(『전집』 권4, 서)를 짓다(「연보」 갑인).
- 이 해에 앵계 초당鸎溪草堂에 본격적으로 거처를 정한 듯하다.[38]

〈고율시〉

「초당의 세 가지를 읊다 草堂三詠」[39] 『전집』 권3

　－「소금 素琴」

　－「소병 素屛」

　－「죽부인 竹夫人」

「오세문 낭중의 집에서부터 광명사의 혜문 장로를 찾아갔다가 문 공의 시에 차운하다 自吳郞中世文家 訪廣明寺文長老 次韻文公」 『전집』 권3

「하루 동안 술을 마시지 않았으니 희롱 삼아 짓다 一日不飮戲作」 『전집』 권3

---

37 이 해에 지은 「오세문 동각이 조수를 논한 글에 부치는 서[寄吳東閣世文論潮水書]」(『전집』 권26, 서)에서 이규보는 자신의 관직을 양온승동정이라고 적었다.

38 각주 39에서 비정하였듯이, 이 해에 「앵계초당에서 우연히 쓰다[鸎溪草堂偶題]」(『전집』 권3, 고율시), 「초당의 세 가지를 읊다[草堂三詠]」(『전집』 권3, 고율시) 등의 시를 지었고, 이 듬해에는 「앵계에 거처를 정해 살면서 우연히 초당의 한적함을 쓰고, 겸하여 두 집이 오가는 즐거움을 서술하여 서쪽의 이웃인 양 각교에게 주다[卜居鸎溪 偶書草堂閑適 兼敍兩家 來往之樂 贈西隣梁閣校]」(『전집』 권5, 고율시)라는 시를 지어 앵계의 초당에 본격적인 거처를 정했음을 알려 준다. 앵계리는 개경의 5부 중 중부에 속했다(박용운, 『고려시대 개경 연구』, 일지사, 1996, 95쪽 참고).

39 이 시는 『전집』 권3의 「동명왕편」 바로 뒤에 실려 있다. 「동명왕편」은 26세인 1193년(명종 23, 계축) 4월에 지었는데, 이규보 문집을 만들 당시 장편시이기 때문에 저술 연대순 배열이라는 편집상의 기본원칙을 무시하고 일부러 권3의 첫머리에 넣은 것으로 보인다(박창희, 「『동국이상국집』 작품 연보 고」, 『이화사학연구』 5, 1970, 3쪽). 이에 따라 권3에 실린 이 시부터는 27세 때인 1194년의 작품으로 비정해 둔다.

「병에서 일어나자 친구가 술을 들고 찾아와 준 것에 감사하다 病起 謝友人携酒見訪」『전집』권3

「천수사에서 우연히 회문으로 두 수를 쓰다 天壽寺偶書廻文二首」『전집』권3

「잉어 그림을 보고 지은 노래-정득공이 그린 것이다 畫鯉魚行 鄭得恭所畫」『전집』권3

「외원의 가 상인을 찾아갔다가 벽 위의 옛 사람의 운을 써서 訪外院可上人 用壁上古人韻」『전집』권3

「여러 벌레들을 노래하다 8수 群蟲詠 八首」『전집』권3

   - 「두꺼비 蟾」

   - 「개구리 蛙」

   - 「쥐 鼠」

   - 「달팽이 蝸」

   - 「개미 蟻」

   - 「거미 蛛」

   - 「파리 蠅」

   - 「누에 蠶」

「천화사에 놀러가 차를 마시다가 동파 시의 운을 써서 遊天和寺飮茶 用東坡詩韻」『전집』권3

「또 동파 시의 운을 써서 又用東坡詩韻」『전집』권3

「민광효 판관의 집에서 취하여 머무르다가 주인이 시를 청하므로 주필로 써서 주다 留醉閔判官光孝家 主人乞詩 走筆贈之」『전집』권3

「남을 대신하여 침실의 병풍에 사시사를 쓰다 代人書寢屛四時詞」『전집』권3

   - 「봄날 春日」

   - 「여름날 夏日」

   - 「가을날 秋日」

   - 「겨울날 冬日」

「한식날 사람을 기다렸는데 오지 않아서 寒食日待人不至」『전집』권3

「초당에서 비를 노래하다 2수 草堂詠雨 二首」『전집』권3

「개국사 연못가에서 짓다 開國寺池上作」『전집』권3

「기홍수 추밀이 정승이 된 것을 축하하며 賀奇樞密入相」[40]『전집』권3

「최선 비서감에게 올리다 呈崔秘監詵」[41]『전집』권3

「거듭 오덕전을 생각하며 重憶吳德全」『전집』권3

「남쪽 사람이 보내 준 쇠병을 얻어 차를 끓이며 得南人所餉鐵瓶試茶」『전집』권3

「여섯 가지의 어쩔 수 없음 六無奈何」『전집』권3

「양 각교가 화답하므로 다시 앞의 운을 써서 梁閣校見和 復用前韻」『전집』권3

「양 각교가 반낭의 '춘유편'에 화답한 것에 차운하다―장단을 모두 반체에 의했다
次韻梁閣校 和潘閬春遊篇 長短一依潘體」『전집』권3

「앵계 초당에서 우연히 쓰다 鸎溪草堂偶題」『전집』권3

「동년인 문 원외랑이 감로사를 쓴 시에 차운하다 次韻同年文員外題甘露寺」
『전집』권3

「늦은 봄에 강가에서 사람을 보낸 뒤 느낌이 있어 6언 暮春江上 送人後有感 六
言」『전집』권3

「한식 寒食」『전집』권3

「날리는 꽃잎 飛花」『전집』권3

「북산에서 노닐며 遊北山」『전집』권3

「이튿날 떠나면서 옛 사람의 운으로 벽 위에 써서 주인에게 보이다 明日將還
用古人韻 書壁上示主人」『전집』권3

---

40 기홍수는 명종 24년(1194) 12월에 추밀원 부사에 임명됨으로써 재추가 되었다(『고려사』
권20 세가 명종 24년 12월 기묘).

41 비감은 비서감을 말한다. 최선은 적어도 명종 22년 4월부터 명종 24년 4월 사이에 비서감
의 판사직을 가지고 있었음을 사료에서 확인할 수 있다(『고려사』권20 세가 명종 22년 4월
임자 및 『고려사』권73 선거지 1 선장, 명종 24년 4월 조). 이에 따라 이 시를, 앞뒤의 배열
순서를 고려하여, 명종 24년(1194)의 작품으로 비정해 둔다.

「윤위 국자박사가 내 시문을 보고 시를 보내왔기에 차운하되, 그 서에 나를 가리켜 적선이라 하였기에 내가 부인하다 次韻尹國博威見予詩文 以詩寄之 其 序目予爲謫仙 予拒之」『전집』권3

「혜문 장로와 길 위에서 서로 만나 구점한 것을 차운하다 次韻文長老路上相逢 口占」『전집』권3

「호랑이 그림에 붙이다 題畫虎」『전집』권3

「기홍수 상서댁의 미인과 앵무새에 대해 짓다 奇尙書宅 賦美人鸚鵡」『전집』권3

「앵무새가 찾아오는 손님이 오는 것을 가장 잘 맞이하므로 공이 또 짓게 하 다 鸚鵡最善導客來 公又令賦之」『전집』권3

「키 작은 소나무 矮松」『전집』권3

「관직이 없음을 한탄함 無官嘆」『전집』권3

「붉은 오얏을 먹으며 食朱李」『전집』권3

「개원천보영사시 43수 開元天寶詠史詩 四十三首」『전집』권4

- 「금 젓가락으로 강직함을 드러내다 金筯表直」

- 「여지 荔支」

- 「풍류진 風流陣」

- 「목작약 木芍藥」

- 「보련으로 학사를 부르다 步輦召學士」

- 「벽한서 辟寒犀」

- 「월궁 月宮」

- 「금패로 술을 끊다 金牌斷酒」

- 「갈고 羯鼓」

- 「금 조롱 속의 귀뚜라미 金籠蟋蟀」

- 「미인이 입김으로 붓을 녹이다 美人呵筆」

- 「칠보산 七寶山」

- 「수염을 태우다 爇鬚」

- 「의죽 義竹」

- 「대간무 戴竿舞」

- 「나무기와 木瓦」

- 「양귀비가 옥저를 불다 楊妃吹玉笛」

- 「서룡뇌 瑞龍腦」

- 「엄공의 경계 嚴公界」

- 「일을 기억하게 해 주는 구슬 記事珠」

- 「등자를 끊고 채찍을 붙잡다 截鐙留鞭」

- 「꽃의 요정 花妖」

- 「푸른 옷의 사자 綠衣使者」

- 「술을 깨게 하는 풀 醒醉草」

- 「비단으로 오리를 만들고 배를 조각하다 綉鳧鈒舟」

- 「초로 만든 남자종 燭奴」

- 「머리털을 베다 剪髮」

- 「붉은 땀 紅汗」

- 「금함 金函」

- 「부굴 富窟」

- 「총저가 휘장 뒤에서 노래하다 寵姐隔障歌」

- 「염노 念奴」

- 「한을 없애주는 꽃 消恨花」

- 「춤추는 말 舞馬」

- 「설의랑 雪衣娘」

- 「귀비를 보내다 送妃子」

- 「빗방울 雨淋鈴」

- 「응벽지 凝碧池」

- 「계수나무꽃 옥고리 金粟環」

- 「망월대 望月臺」

- 「안록산의 위해 집을 짓다 爲祿山起第」

- 「낙비지 落妃池」

- 「꿈에 대진원에서 놀다 夢遊大眞院」

〈기〉

「초당의 작은 동산을 가꾸며 적은 기 草堂理小園記」[42] 『전집』 권2

〈서〉

「오세문 동각이 조수를 논한 글에 부치는 서 寄吳東閣世文論潮水書」[43] 『전집』
권26

〈제문〉

「이광정 평장사에게 드리는 제문—희 선사를 대신해 짓다 祭李平章光挺文 代希禪師
行」[44] 『전집』 권37

42 이 기의 끝에 '갑인년(1194, 명종 24, 명창 5년) 5월 23일에 적는다'라고 적혀 있다.
43 「연보」에는 이 글을 27세인 갑인년(1194, 명종 24, 명창 5년)에 썼다고 했다(「연보」 갑인).
44 문하시랑평장사 이광정은 명종 24년 9월에 사망했다(『고려사』 권20 세가 명종 24년 9월
경신).

▶ 1195년(명종 25, 을묘), 28세

- 오세문吳世文의 삼백운시三百韻詩에 화답하여 삼백운시를 짓다(「연보」 을묘).
- 삼백운시를 지은 날 아들이 태어나자 아명을 삼백三百이라 짓다.[45]

〈고율시〉

「앵계에 거처를 정해 살면서 우연히 초당의 한적함을 쓰고, 겸하여 두 집이 오가는 즐거움을 서술하여 서쪽의 이웃인 양 각교에게 주다 卜居鸎溪 偶書 草堂閑適 兼敍兩家來往之樂 贈西隣梁閣校」[46]『전집』권5

「양 공이 화답하므로 다시 앞의 운을 써서 梁公見和 復用前韻」『전집』권5

「이 수교가 화답하므로 다시 차운하여 답하다 李讐校見和 復次韻答之」『전집』 권5

「부채를 준 이에게 감사하며 2수 謝人惠扇 二首」『전집』권5

「양문의 집에 작약이 활짝 피었는데, 양 군이 시를 청하므로 시를 짓다 梁文 家芍藥盛開 梁君請詩爲賦之」『전집』권5

「북산 잡제 9수 北山雜題 九首」『전집』권5

「오세문 동각이 고원의 여러 학사에게 드린 삼백운시에 차운하다—서문을 붙임

---

45 「두 아이를 생각하며[憶二兒]」(『전집』권6, 고율시)의 협주에는 이 시를 지은 날에 아들이 태어났으므로 아명을 삼백이라고 지었다고 했다. 한편 「이규보 묘지명」에는 4남 2녀의 자녀 중 장남 관灌이 이규보보다 먼저 사망했다고 적혀 있는데, 관과 삼백이 동일한 인물일 가능성이 크다.

46 이규보가 27세 때인 1194년에 지은 「개원천보영사시」에 이어 권5 첫머리에 이 시가 수록되어 있다. 이 시부터 뒤따라 수록된 시들이 언제 지어졌는지 정확하게 알 수 없으나, 장편시는 저술 연대순 배열이라는 편집상의 기본원칙을 무시하고 일부러 각 권의 첫머리에 넣은 것으로 추정되므로(박창희, 「『동국이상국집』 작품 연보 고」, 『이화사학연구』 5, 1970, 3쪽), 이 시부터는 28세 때인 1195년에 지은 작품으로 비정해 둔다.

次韻吳東閣世文呈誥院諸學士三百韻詩 幷序」[47]『전집』권5

　　–「끝에 붙이는 글 跋尾」

〈기〉

「의왕사에 비로소 아라한전을 창건한 데 대한 기 醫王寺 始創阿羅漢殿記」『전집』권24

〈표〉

「유공권 추밀이 사직을 청원하는 표 柳樞密公權乞辭職表」[48]『전집』권29

　　–「두 번째 표 第二表」

　　–「세 번째 표 第三表」

〈애사〉

「오덕전 선생 애사—서문을 붙임 吳先生德全哀詞 幷序」『전집』권37[49]

---

47 「연보」에는 이 시를 을묘년(1195, 명종 25, 명창 6년)에 지었다고 했다(「연보」 을묘).

48 동지추밀원사 유공권은 명종 25년(1195)에 병으로 사직을 요청하였는데, 세 차례 글을 올린 끝에 겨우 허락을 받았다(『고려사』 권99 열전 유공권전).

49 덕전 오세재가 언제 사망했는지는 분명하지 않다. 명종 25년에 지은 「오세문 동각이 고원의 여러 학사에게 드린 삼백운시에 차운하다[次韻吳東閣世文呈誥院諸學士三百韻詩]」(『전집』 권5, 고율시)의 본문 중에는 '공의 아우 세재는 자가 덕전으로 이름난 선비가 되었으나, 이제는 세상을 떠났다[今卽世]'라는 협주가 달려 있으므로, 이 시를 짓기 전에 이미 사망한 것은 분명하다. 그런데 「거듭 오덕전을 생각하며[重憶吳德全]」(『전집』 권3, 고율시)라는 시는 명종 24년에 지은 것으로 비정되므로, 오세재는 명종 24년과 25년 사이에 사망한 것으로 추정된다. 이에 따라 잠정적으로 이 애사를 명종 25년의 작품으로 비정해 둔다.

▶ 1196년(명종 26년, 병진), 29세

- 이 해 봄에 성동의 봉향리奉香里로 이사한 듯하다.[50]
- 4월에 최충헌崔忠獻이 이의민을 죽이고 집권하다.[51] 이때 큰 매형이 황려로 귀양 가다(이하 「연보」 병진년).
- 5월에 큰 누이를 데리고 황려로 매형을 찾아가다.
- 이 해 봄에 상주尙州 수령인 둘째 매형에게 가 있던 어머니를 문안하려 6월 1일에 황려를 출발하여 상주로 내려가다.
- 6월 14일에 상주로 들어가서 여러 곳을 유람하다. 이 사이 한열병寒熱病에 걸려 몇 달간 고생하였지만, 남쪽의 여러 곳을 여행하며 90여 편의 시를 쓰다.[52]
- 7월에 국자감시 지공거였던 유공권이 사망하다.[53]
- 9월 15일에 상주를 출발하다.
- 9월 29일에 황려를 떠나다.
- 10월 2일에 개경으로 돌아오다.
- 귀경 후 4세 된 딸이 사망하다[54]
- 최선崔詵 등 7명의 내성內省(중서문하성) 낭관에게 구직을 암시하는 시를 지어 올리다.[55]

---

50 이 해 9월에 지은 「집을 생각하며[思家]」(『전집』 권6, 고율시)에는 성동에 집 한 채가 있다고 했다. 그전에 거주하던 앵계리는 개경의 5부 중에서 중부에 속하나, 봉향리는 동부에 속하기 때문이다(박용운, 『고려시대 개경 연구』, 일지사, 1996, 95쪽 참고).
51 『고려사절요』 권13, 명종 26년 4월.
52 이 시들은 『전집』 권6에 일괄하여 수록되어 있다.
53 『고려사』 권20 세가 명종 26년 7월 병신.
54 「어린 딸을 애도하며[悼小女]」(『전집』 권5, 고율시) 및 아래의 각주 57 참고.
55 「내성의 여러 낭관에게 드리다[呈內省諸郎]」(『전집』 권5, 고율시)

〈고율시〉

「옥병을 꿈꾸다—서문을 붙임 夢玉甁 幷序」[56] 『전집』 권5

「동고자 박환고가 눈 속에 찾아왔기에 차운하다 次韻東皐子還古雪中見訪」 『전집』 권5

「어린 딸을 애도하며 悼小女」[57] 『전집』 권5

「내성의 여러 낭관에게 드리다 呈內省諸郎」 『전집』 권5

  -「최선 좌산기상시 左散騎常侍崔詵」

  -「민공규 좌간의대부 左諫議大夫閔公珪」

  -「이공정 급사중 給事中李公靖」

  -「왕의 중서사인 中書舍人王儀」

  -「방응교 기거랑 起居郎房應喬」

  -「백광신 기서사인 起居舍人白光臣」

  -「이순중 좌사간 左司諫李淳中」

「전이지의 집에서 크게 취하여 입으로 시를 부르면서 이지에게 바로 받아 벽에 쓰게 하다 全履之家 大醉口唱 使履之走筆書壁」 『전집』 권5

56 권5의 1195년에 지은 「오세문 동각이 고원의 여러 학사에게 드린 삼백운시에 차운하다[次韻吳東閣世文呈誥院諸學士三百韻詩]」 바로 뒤에 실린 이 시부터 권6 첫머리의 1196년 5월에 지은 「병진년 5월 일에 장차 황려에 가서 놀려고 처음 동문을 나서면서 말 위에서 짓다[丙辰歲五月日 將遊黃驪 初出東門 馬上有作]」 사이의 시가 지어진 연대는 정확하지 않다. 권6에는 이 해 5월부터 10월 사이에 지은 '南遊詩' 90여 수가 수록되어 있는데, 황려와 상주에서 지은 이 시들이 연대순으로 정확하게 배열된 것에 비해, 그 앞에 수록된 이 시들은 꼭 지어진 순서대로 배열된 것이 아니라는 점은 분명하다. 또 권5의 「아들 삼백이 술을 마시다[兒三百飮酒]」의 삼백은 그 전해인 1195년에 태어났으므로 1196년경에 지은 것이 분명하다고 생각된다. 이러한 점을 감안하여 본문의 이 시부터 이후에 수록된 시들을 1196년의 작품으로 비정해 둔다.

57 이 해 9월경에 쓴 시 「두 아이를 생각하며[憶二兒]」(『전집』 권5, 고율시)에서 이규보는 네 살된 딸아이와, 그 전해에 태어난 아들 삼백을 그리워하고 있다. 이 시에 나오는 딸과 이규보가 애도하는 죽은 딸이 같은 아이라면, 이 딸은 이규보가 서울로 돌아온 10월 이후에 사망했다고 보아야 할 것이다.

「양연 스님을 찾아갔다가 가지고 있는 '백학도'에 붙이다 訪養淵師 賦所蓄白
　鶴圖」『전집』권5

「이중민 군이 치마 꿰맨 것을 희롱하다 戲李君中敏縫裙」『전집』권5

「이중민 군이 화답한 것에 차운하다 次韻李君見和」『전집』권5

「희롱 삼아 미인에게 주다 戲贈美人」『전집』권5

「4월 11일에 손님과 함께 동산을 거닐다가 장미를 수풀 사이에서 찾았는데,
　오랫동안 잡풀에 시달려 생기가 매우 미약했다. 내가 바로 풀을 제거하여
　흙을 북돋아 주고 시렁으로 괴어 주었다. 며칠 뒤에 보니 잎이 벌써 무성해
　지고 꽃도 또한 활짝 피었다. 이에 느낀 바가 있어 장단구를 지어서 전이지
　에게 보여 주었다 四月十一日 與客行園中 得薔薇於叢薄間 久爲凡卉所困 生意甚
　微 予卽薙草封植 埋以土撐以架 後數日見之 葉旣繁茂 花亦曄盛 於是因物有感 作長
　短句 以示全履之」『전집』권5

「이튿날 빗속에서 전이지·박환고와 같이 다시 감상하다 明日雨中 與全履之·
　朴還古復賞」『전집』권5

「유충기劉冲基·유승단兪升旦 두 동년과 함께 혜문 장로를 찾아갔다가 온비
　경의 시의 운을 써서 각기 짓다 同劉·兪兩同年 訪文長老 用溫飛卿詩韻各賦」
　『전집』권5

「앞의 운을 써서 동경 막부로 부임하는 윤의 서기를 전별하다 用前韻 餞尹書
　記儀赴東京幕府」『전집』권5

「정공분 수재가 혜문 장로가 임금을 대하여 담론한 것을 축하하는 시에 차
　운하다 次韻鄭秀才公賁賀文長老對御談論」『전집』권5

「아들 삼백이 술을 마시다 兒三百飮酒」『전집』권5

「취하여 김원 군에게 주다—서문을 붙임 醉贈金君瑗 幷序」『전집』권5

「혜문 장로가 귤을 두고 지은 것에 차운하다 次韻文長老賦橘」『전집』권5

「야인이 홍시를 보내오다 野人送紅柿」『전집』권5

「또 귤을 읊다 又詠橘」『전집』권5

「산을 찾았다가 길을 잃다 尋山迷路」『전집』권5

「우연히 산 속에서 놀다가 벽 위에 쓰다 偶遊山中 書壁上」『전집』권5

「병진년 5월 일에 장차 황려에 가서 놀려고 처음 동문을 나서면서 말 위에서 짓다—황려는 곧 내 고향이다 執徐歲五月日 將遊黃驪 初出東門 馬上有作 黃驪 乃吾桑梓鄕也」『전집』권6

「시후관에서 쉬며 憩施厚館」『전집』권6

「임진을 건너며 渡臨津」『전집』권6

「사평진에서 자다 宿沙平津」『전집』권6

「강가에서 배를 기다리며 江上待舟」『전집』권6

「배를 띄우며 泛舟」『전집』권6

「쌍령에서 자다 宿雙嶺」『전집』권6

「처음으로 황려에 들어가다 2수 初入黃驪 二首」『전집』권6

「고향 친척 두세 분과 함께 마암에서 놀며 與鄕黨二三子 遊馬巖」『전집』권6

「취한 채 하령사에서 놀며 醉遊下寧寺」『전집』권6

「이대성 진사가 불러 주어 술을 마시다가 그 자리에서 주필로 써서 주다 李進士大成邀飮 席上走筆贈之」『전집』권6

「현의 수령이 강의 누정에 초대하여 연회를 베풀어 주었으므로 이튿날 바치다 縣宰邀宴江樓 明日奉贈」『전집』권6

「작은 배를 띄우며—향교의 제생들이 나를 위해 배를 마련해서 강에 띄워 주었다 泛小船 鄕校諸生 爲予具船楫泛江」『전집』권6

「6월 11일에 황려를 떠나 상주로 향하면서 근곡촌에서 자다—내 토지가 있는 곳이다 六月十一日 發黃驪 將向尙州 出宿根谷村 予田所在」『전집』권6

「황려 향교의 제생들이 나를 위해 배를 마련해서 달밤에 강에 배를 띄워 주었는데, 5경이 되어서야 파했다. 이때 크게 취하여 긴 시를 지어 후의에 답을 하지 못한지라, 이튿날 상주로 떠나 근곡촌에서 자다가 어제의 놀던 즐거움을 적어서 고향 친척 두세 분에게 감사를 드린다 黃驪鄕校諸生 爲予具船

楫 乘月泛江 至五更方罷 時大醉 不能作長篇以答厚意 明日將向尙州 出宿根谷村 以
記昨日遊賞之樂 以謝鄕黨二三子云」『전집』권6

「말 위에서 짓다 馬上有作」『전집』권6

「요성역의 누각 위에서 쓰다 書聊城驛樓上」『전집』권6

「6월 14일에 처음으로 상주에 들어가다 六月十四日 初入尙州」『전집』권6

「봉두사에서 짓다 題鳳頭寺」『전집』권6

「최정빈 서기에게 차운하다 次韻崔書記正份」『전집』권6

「화개사에 머물면서 당두에게 주다ㅡ이때 병으로 머무르고 있었다 寓花開寺 贈堂頭
時以病寓居」『전집』권6

「화개사에서 친구 혜운 스님이 머물던 용담사에 이르러 머물며 쓰다 自花開
到故人惠雲師所住龍潭寺 留題」『전집』권6

「8월 1일에 당두에게 보여 주다 2수 八月一日 示堂頭 二首」『전집』권6

「8월 2일 八月二日」『전집』권6

「8월 3일 八月三日」『전집』권6

「부질없이 옛사람의 운을 빌려 짓다 漫成次古人韻」『전집』권6

「8월 5일에 도둑떼가 점차 치열해진다는 소식을 듣고 八月五日 聞羣盜漸熾」
『전집』권6

「8월 7일 새벽에 용담사를 떠나서 이튿날 용포에서 배를 띄웠는데 낙동강을
지나 견탄에 정박했다. 이때 밤은 깊어 달은 밝은데 빠른 물결은 돌에 부딪
히고 청산은 물결에 잠겼으나, 물은 극도로 맑아서 뛰는 물고기와 달아나
는 게가 굽어보면 가히 수를 셀 정도였다. 배에 기대어 길게 휘파람을 부니
피부와 머리털이 맑고 상쾌하여 쇄연히 봉래와 영주의 생각이 떠올라 깨
닫지 못하는 중에 묵은 병이 갑자기 나은 듯했다. 강 위에 용원사가 있는데
절의 중이 듣고 강가로 마중을 나와 굳이 절에 들어가기를 청하였으나, 내
가 사양하고 중을 맞아 배 위로 오르게 하여 마주하고 대략 몇 마디를 나눈
다음 인하여 두 수를 지었다 八月七日黎明 發龍潭寺 明日泛舟龍浦 過洛東江泊

犬灘 時夜深月明 迅湍激石 靑山蘸波 水極淸澈 跳魚走蟹 俯可數也 倚船長嘯 肌髮淸

快 洒然有蓬瀛之想 不覺沈痾頓釋 江上有龍源寺 寺僧聞之 出迎於江上 固請入寺 予

辭之 邀僧至船上 相對略話 因題二首」『전집』권6

「배를 타고 가다 舟行」『전집』권6

「다음 날 배를 띄우되 삿대질은 하지 않고 물결을 따라 동쪽으로 내려가니
배가 나는 듯이 가서 밤에 원흥사 앞에 정박했다. 배 안에서 자는데 때는 밤
이 고요하여 사람들은 잠에 빠지고 오직 물속에서 뛰어오른 물고기가 꼬리
치는 듯한 소리만 들려올 뿐이었다. 나 또한 팔을 베고 잠깐 잠들었으나 한
밤의 추위에 오래 자지는 못했다. 고기 잡는 노래와 장사꾼의 피리소리가
멀고 가까운 데서 서로 들려오는데 하늘은 높고 물은 맑으며 모래는 밝고
언덕은 희다. 물결의 빛과 달그림자는 뱃집에 흔들리는데 앞에 있는 기암괴
석은 마치 호랑이가 걸터앉고 곰이 꿇어앉아 있는 듯했다. 나는 두건을 벗
고 비스듬히 기대앉으니 자못 강호의 즐거움을 얻었도다. 아, 강호의 즐거
움이란 비록 병중이라 할지라도 즐겁지 않을 수가 없다. 하물며 날마다 곱
게 단장한 기생을 끼고 붉은 가야금을 타며 마음대로 노니 그러한 즉 이 즐
거움을 어찌 이길 길이 있으랴. 시 두 수를 얻어 적는다 明日放舟不棹 順流東

下 舟去如飛 夜泊元興寺前 寄宿船中 時夜靜人眠 唯聞水中跳出之魚鱍鱍然有聲 予

亦枕臂小眠 夜寒不得久寐 漁歌商笛 相聞于遠近 天高水淸 沙明岸白 波光月影 搖蕩

船閣 前有奇巖怪石 如虎踞熊蹲 予幀徙倚 頗得江湖之樂 噫 江湖之樂 雖病中不可

以不樂 況乎日擁紅粧 彈朱絃 得意而遊 則其樂曷勝道哉 得詩二首云」『전집』권6

「배 안에서 또 읊다 舟中又吟」『전집』권6

「조는 사이에 배가 옮겨갔다 睡次移船」『전집』권6

「또 배를 띄우다 又泛舟」『전집』권6

「또 회문으로 읊다 又吟廻文」『전집』권6

「강 가운데의 노자석 江中鸕鷀石」『전집』권6

「이날 원흥사에 들어가 친구 규 스님을 만나서 주다 是日入元興寺 見故人珪師

「贈之」『전집』권6

「붉은 석류가 익기 시작했는데 규 공이 시를 청하다 紅榴始熟 珪公乞詩」『전집』권6

「달밤에 소쩍새를 들으며 月夜聞子規」『전집』권6

「8월 10일에 규 공이 그 절의 글을 청하므로 한 수를 짓다 八月十日 珪公請題 其院 爲賦一首」『전집』권6

「11일에 일찍 원흥사를 떠나 영산부곡에 도착하다―운을 찾다가 '인人' 자를 얻었다 十一日 早發元興 到靈山部曲 探韻得人字」『전집』권6

「낙동강을 지나며 行過洛東江」『전집』권6

「용암사에 도착하여 벽 위에 쓰다 到龍巖寺 書壁上」『전집』권6

「16일에 중용자의 시의 운을 빌리다 十六日 次中庸子詩韻」『전집』권6

「17일에 대곡사에 들어가다 十七日 入大谷寺」『전집』권6

「처음으로 용궁군에 들어가다 初入龍宮郡」『전집』권6

「현의 수령이 맞아들여 연회를 베푸니 구점으로 한 수를 짓다 縣宰邀宴 口占一首」『전집』권6

「19일에 장안사에 묵으면서 짓다 十九日 寓長安寺有作」『전집』권6

「21일에 하풍강에 배를 띄우다 二十一日 泛舟河豐江」『전집』권6

「이날 길을 잃어 밤에 협촌에 이르러 자다 是日迷路 夜到脇村宿」『전집』권6

「상주로 들어와 동방사에서 묵는데, 박문로 군과 최백환崔伯桓[58]·김지명金之命[59] 두 수재가 기생과 술을 가지고 찾아왔으므로 한 수를 구점하다 入尙

[58] 「이날 서기가 나와 신흥사에서 전별연을 베풀어 주므로 최백환이 첫머리에 쓴 운을 빌려서[是日 書記出餞新興寺 次崔伯桓首題韻]」(『전집』권6, 고율시)에 최 수재의 이름이 백환이라고 밝혀져 있다.

[59] 「18일 말 위에서 지어 동행하는 김지명 도사에게 보이다[十八日 馬上有作 示同行道士金之命]」(『전집』권6, 고율시), 「저물녘에 유곡역에 들어가 김 군과 함께 술을 마시며 주다[暮入幽谷驛 與金君飮酒贈之]」(『전집』권6, 고율시), 「이튿날 또 짓다[明日又作]」(『전집』권6, 고율시)에는 모두 같은 인물이 등장하는데, 그의 이름이 지명인 것은 이 첫 번째 시에 밝혀져

州 寓東方寺 朴君文老 崔·金兩秀才携妓酒來訪 口占一首」『전집』권6

「박문로·최백환 두 군이 화답하므로 다시 차운하여 답하다 朴·崔二君見和 復次韻答之」『전집』권6

「9월 2일에 서기가 공사에서 연회를 열고 불러 주었는데 취하여 한 수를 주다 九日二日 書記開筵公舍見邀 醉贈一首」『전집』권6

「두 아이를 생각하며 2수 憶二兒 二首」『전집』권6

「15일에 여사에서 품은 생각을 쓰다 一十五日 旅舍書懷」『전집』권6

「남창에서 깊게 잠들었는데 꿈에 장안에 이르렀다가 깨어나 적다 南窓熟睡 夢到長安 覺而志之」『전집』권6

「장안을 생각하며 憶長安」『전집』권6

「여사에서 느낌이 있어 옛사람의 운을 빌리다 旅舍有感 次古人韻」『전집』권6

「9일 자복사 주지를 찾아갔다가 머물며 마시다 九日 訪資福寺住老 留飮」『전집』권6

「집을 생각하며 思家」『전집』권6

「9월 13일에 여사에서 손님들과 모였는데 여러 선배에게 보이다 九月十三日 會客旅舍 示諸先輩」『전집』권6

「관기가 비파를 뜯는 것을 듣고 聞官妓彈琵琶」『전집』권6

「다시 봉두사에서 놀다 再遊鳳頭寺」『전집』권6

「9월 15일에 상주를 떠나다 九月十五日 發尙州」『전집』권6

「이날 서기가 나와 신흥사에서 전별연을 베풀어 주므로 최백환이 첫머리에 쓴 운을 빌려서 是日 書記出餞新興寺 次崔伯桓首題韻」『전집』권6

「서기가 명기 제일홍을 시켜 편지를 보내 시를 청하므로 주필로 써 주다 書記使名妓第一紅 奉簡乞詩 走筆贈之」『전집』권6

「이날 날이 저물자 박문로 군이 나를 맞아 주어 한곡의 별장에 가서 잤는데

있다.

「밤에 술자리를 베풀고 짓다 是日日暮 朴君文老邀予往宿漢谷別業 夜歸置酒有作」『전집』권6

「이튿날 박문로 군이 남긴 벽 위의 시를 보고 차운하다 明日 見朴君所留壁上詩 次韻」『전집』권6

「18일 말 위에서 지어 동행하는 김지명 도사에게 보이다 十八日 馬上有作 示同行道士金之命」『전집』권6

「저물녘에 유곡역에 들어가 김지명 군과 함께 술을 마시며 주다 暮入幽谷驛 與金君飮酒贈之」『전집』권6

「이튿날 또 짓다 明日又作」『전집』권6

「길 위에서 또 읊다 路上又吟」『전집』권6

「요성역에서 쉬면서 벽 위의 시의 운을 빌리다 憩聊城驛 次壁上詩韻」『전집』권6

「화봉원에 쓰다 題華封院」『전집』권6

「19일에 미륵원에서 자는데 평소 알지 못하던 스님이나 술과 안주를 마련하여 위로해 주므로 시로써 감사하다 十九日 宿彌勒院 有僧素所未識 置酒饌慰訊 以詩謝之」『전집』권6

「충주를 떠나 황려로 향해 가면서 짓다 發忠州 將指黃驪有作」『전집』권6

「저물녘에 강 머리로 가다 江頭暮行」『전집』권6

「황려로 돌아와 이대성 수재에게 보이다 復黃驪 示李秀才[60]」『전집』권6

「강가의 시골집에서 자다 宿瀨江村舍」『전집』권6

「마암에서 가까운 친구들이 모이자 크게 취하였는데 밤에 돌아와서 본 바를 적어 향교의 제군들에게 보이다 馬巖會賓友 大醉夜歸 記所見 贈鄕校諸君」『전집』권6

「빙정사에서 놀며 주지에게 보이다 遊氷靖寺 示住老」『전집』권6

「황려를 떠나면서 짓다 將發黃驪有作」『전집』권6

---

60 원문에는 季才로 되어 있는데, 秀才의 잘못임이 분명하다.

「29일에 황려를 떠나는데 시골의 친척 여러분들이 남정에 나와서 전송해 주었다. 이대성 수재가 시를 주기에 곧 차운하여 답하다 二十九日 發黃驪 鄕黨 諸公出餞於南亭 李秀才贈以詩 卽次韻答之」『전집』권6

「사평을 건너며 짓다 渡沙平有作」『전집』권6

「10월 2일에 강남으로부터 낙양에 들어와 지은 것이 있어 여러 친구들에게 보이다 十月二日 自江南入洛有作 示諸友生」『전집』권6

「제공의 조롱에 답하다 答諸公嘲」『전집』권6

「10월 19일에 찾아갈 곳이 있었으나 비 때문에 가지 못하고 우연히 짓다 十月十九 有所訪 以雨未果 偶成」『전집』권6

「상주로 가는 친구를 보내면서 '엄嚴' 자를 얻다 送友人之尙州 得嚴字」『전집』권6

「전이지와 혜문 장로가 찾아와 나의『강남집』중의 시의 운을 쓴 것에 차운하다 次韻全履之·文長老見訪 用吾江南集中詩韻」『전집』권6

「못가에서 달을 읊다 池上詠月」『전집』권6

〈표〉

「유공권 공이 석곡환을 하사받아 사은하는 표 柳公謝賜石斛丸表」[61]『전집』권29

---

61 명종 25년, 즉 1295년에 치사한 유공권이 이듬해 병이 들자 왕은 특별히 정당문학 참지정사직을 주었는데, 그해 7월에 65세로 사망했다(『고려사』권20 세가 명종 26년 7월 병신 및 『고려사』권99 열전 유공권전). 이 시의 내용 중에 치사한 뒤 해가 바뀌었다는 구절이 있으므로, 이 시는 이규보가 남쪽으로 떠나던 1296년 5월 이전에 쓴 것임이 분명하다.

▶ 1197년[명종 27년: 신종 즉위년(9월), 정사, 30세

- 9월에 최충헌이 명종을 폐위하고 신종神宗을 즉위시키다.[62]
- 9월에 손에 병이 나다.[63]
- 10월에 최충헌이 동생 최충수를 죽이고 권력을 독차지하다.[64]
- 12월에 조영인 총재 등의 적극적인 추천에도 불구하고 구직이 실패로 돌아가다.

이에 대해 연보에는 다음과 같이 적혀 있다.

> 12월 어느 날 조영인趙永仁 총재, 임유任濡 상국, 최선崔詵 상국, 최당崔讜 상국이 연명으로 차자箚子를 올려 공을 추천하여 지방직에 보임시켰다가 장차 문한의 임무를 맡길 것을 청하자, 임금이 드디어 좋다고 허락했다. 그러나 장주승선掌奏承宣 아무개가 일찍이 조금 감정이 있었는데, 이에 이르러 차자를 빼앗아 천조天曹(吏部)에 붙이지 않고 거짓으로 갑자기 잃어버렸다고 핑계를 대었다. 총재 또한 차자를 붙이지 않았다고 해명하고 곧 다시 문제 삼지 않았다(「연보」 정사).

이 일에 대해 이규보는 부당함을 호소하였으나 받아들여지지 않았다.[65]

〈고율시〉

「귀뚜라미의 탄식 促織歎」『전집』 권7[66]

---

62 『고려사절요』 권13, 명종 27년 9월.

63 「손에 병이 나서 짓다手病有作」(『전집』 권7, 고율시) 및 「중구일에 손에 병이 나서 나가 놀지 못하자重九日 旣以手病未出遊」(『전집』 권7, 고율시).

64 『고려사절요』 권13, 명종 27년 10월.

65 「다시 조영인 영공에게 올림重上趙令公」(『전집』 권7, 고율시) 및 「조영인 태위에게 올리는 글[趙太尉書]」(『전집』 권26, 서) 참조.

66 권6에 수록된 1196년의 '남유시' 90여 수에 이어, 권7의 첫머리에 수록된 시들이 언제 지어졌는지 정확하게 알 수는 없다. 그러나 이 중 다섯 번째와 여섯 번째로 수록된 「중구일에

「찐 게를 먹으며 食蒸蠏」『전집』권7

「희 선사가 쌀을 보내 준 것에 주필로 감사하다 走筆謝希禪師惠米」『전집』권7

「손에 병이 나서 짓다 手病有作」『전집』권7

「중구일에 손에 병이 나서 나가 놀지 못하자 重九日 旣以手病未出遊」『전집』권7

「10월 2일에 예전에 놀던 일을 추억하며 十月二日 憶舊遊」『전집』권7

「회찬懷璨 수좌가 방장에 간직한 노송이 그려진 병풍에 나더러 글을 지어 달
라고 하자 璨首座 方丈所蓄畫老松屛風 使予賦之」『전집』권7

「친구가 갓을 만들자 희롱 삼아 戲友人製冠」『전집』권7

「갓을 만들자 또 짓다 冠成又作」『전집』권7

「갓이 만들어지자 박생의 동산에 술자리를 마련하여 평주로 부임하는 양공
로를 전별하면서 '황黃' 자를 얻다 冠成 置酒朴生園 餞梁平州公老 得黃字」『전
집』권7

「민 수재를 찾아갔다가 옛사람의 운을 써서 訪閔秀才 用古人韻」『전집』권7

「또 차운하다 2수 又次韻 二首」『전집』권7

「양귀비 楊貴妃」『전집』권7

「응 선로가 빗속에서 술을 마시자고 불러 주므로 감사하며 謝應禪老雨中邀
飮」『전집』권7

「다시 화답하다 復和」『전집』권7

「오랜만에 개다 新晴」『전집』권7

「불은사의 운 공을 찾아갔으나 국령으로 승가의 음주를 금지한다는 말을 듣
고 訪佛恩寺雲公 聞國令禁僧家飮」『전집』권7

「양국준 교감이 앵도를 보내 준 것에 감사하다─뒤에 다시 두 수를 지었는데 모두 없어
지고 양이 지은 두 수만 남았다 謝梁校勘國峻送櫻桃 後復經二首 皆亡 梁作二首」『전집』권7

손에 병이 나서 나가 놀지 못하자[重九日 旣以手病未出遊]와 「10월 2일에 예전에 놀던 일
을 추억하며[十月二日 憶舊遊]는 모두 작년의 상주 시절을 생각하며 지은 것이다. 이에 따
라 이 첫머리의 시들을 1197년, 30세 때에 지어진 작품으로 비정해 둔다.

「노영기 수재를 찾아가 백낙천의 운을 써서 함께 짓다 訪盧秀才永祺 用白樂天
韻同賦」『전집』권7

「다시 화답하다 復和」『전집』권7

「길 위에 취해서 누운 중에게 희롱 삼아 戱路上醉臥僧」『전집』권7

「심윤장 천조[吏部]에게 이날 크게 취하여 지은 시를 주다 贈沈天曹允章 是日大
醉作」『전집』권7

「양 참군사를 찾아갔으나 있지 않기에 사위인 이 군을 불러 함께 이야기를
했는데, 갑자기 옥천생이 왔으므로 인하여 술자리를 벌이고 장구를 남기다
訪梁叅軍 梁不在 呼子壻李君與語 俄有玉川生來 因置酒留長句」『전집』권7

「황 낭중이 박 내원의 가분 중 여섯 개를 두고 짓자 최선 상국이 화답한 것에
차운하다 次韻和崔相國詵和黃郎中題朴內園家盆中六詠」『전집』권7

　－「사계화 四季花」

　－「국화 菊花」

　－「상서화 瑞祥花」

　－「석류화 石榴花」

　－「죽 竹」

　－「석창포 石菖蒲」

「11월 14일에 혜문 장로·박환고와 함께 흥성사의 성 선로를 찾아가다가 길
위에서 구점하다 仲冬十四日 同文丈老·朴還古 訪興聖寺成禪老 路上口占」『전
집』권7

「두 사람이 화답하자 다시 답하다 二子見和 復答之」『전집』권7

「날이 저물어 절에 도착했는데 잠깐 마시고 피일휴 시의 운을 써서 각자 짓
다 日晚到寺小酌 用皮日休詩韻各賦」『전집』권7

「또 화답하다 又和」『전집』권7

「원우를 둘러보고 돌아와 석비를 읽었는데 다시 앞의 운을 써서 옛날의 일
을 느껴보다 遍閱院宇 還讀石碑 復用前韻 感舊記事」『전집』권7

「다시 화답하다 2수 復和 二首」『전집』권7

「또 운을 나누어 '악岳' 자를 얻다 又分韻得岳字」『전집』권7

「이튿날 또 박인범 시의 운을 써서 각자 짓다 明日 又用朴仁範詩韻各賦」『전집』
권7

「또 옛 사람의 시의 운을 써서 주필로 벽 위에 쓰다 又用古人詩韻走筆書壁上」
『전집』권7

「조영인 영공에게 올림−인문을 붙임 上趙令公永仁 幷引」『전집』권7

「임유 평장사에게 올림−서문을 붙임 上任平章 幷序」『전집』권7

「최당 평장사에게 올림−서문을 붙임 上崔平章讜 幷序」『전집』권7

「최선 추밀에게 올림 上崔樞密詵」『전집』권7

「다시 조영인 영공에게 올림 重上趙令公」『전집』권7

「최홍윤 이부에게 줌 投崔吏部洪胤」『전집』권7

〈구호〉

「정사년 정월 보름의 등석[67]에 교방에서 올리는 치어와 구호 丁巳年上元燈夕
教坊致語・口號」『전집』권19

〈서〉

「조영인 상국이 차자를 올려 추천하여 준 것을 감사하는 계 謝趙相國上箚子薦
進啓」『전집』권27

---

67 팔관회와 함께 고려 최대의 불교행사였던 연등회가 열리는 날을 '燈夕'이라고도 불렀다
(『보한집』상25, 每歲二月望爲燈夕). 태조 때부터 시작된 연등회는 원래 上元, 즉 1월 15일
에 열렸으나, 현종 때부터 2월 15일로 바뀌었다. 그러나 형편에 따라 1월 보름이나 2월 보
름 또는 다른 날짜에 열리기도 했다(안지원, 「고려 연등회의 기원과 성립」, 『진단학보』 88,
1999;『고려의 국가 불교의례와 문화』, 서울대학교출판부, 2005 참고). 등석날에는 궁궐에
붉은 비단으로 만든 등롱을 걸어 놓고 한림원에 명하여 등롱시를 지어 바치게 했다(『파한
집』상8, 元宵黼座前 設絳紗燈籠).

「조영인 태위에게 올리는 글 上趙太尉書」『전집』 권26

〈표〉

「종실 왕면이 수사도 광릉후를 사양하는 표 宗室沔 讓守司徒廣陵侯表」『전집』
권29

「앞과 같이 (종실 왕면이 수사도 광릉후를) 사은하는 표 同前謝表」[68]『전집』 권29

---

68 왕면은 신종 즉위년, 즉 1197년 11월에 수사공 광릉후 상주국이 되었다(『고려사』 권21 세
가 신종 즉위년 11월 계사).

▶ 1198년(신종 1, 무오), 31세

- 민식閔湜 우산기상시 등 내성의 여러 낭관과 학사들이 이규보의 글을 보고 추천하려 한다는 소문을 듣고 이들에게 시를 지어 올려 구직을 부탁하였으나,[69] 관직을 얻지 못하다.
- 6월 25일에 임춘林椿의 묘지명을 지어 준 꿈을 꾸다.[70]

〈고율시〉

「무오년 2월 9일에 전이지와 함께 박환고가 남쪽으로 가는 것을 전별하는데, '구舊' 자를 얻다 戊午二月九日 同全履之餞朴還古之南 得舊字」『전집』권7

「박환고의 남유시에 차운하다―11수 서문을 붙임 次韻朴還古南遊詩 十一首 幷序」『전집』권7

「앞과 같음―2수 이 두 편은 박환고 군이 모두 방운을 썼으므로 그 운을 따랐다 同前 二首 此二篇 朴君皆押旁韻 故依韻」『전집』권7

「천수사에서 자면서 화답하다 和宿天壽寺」『전집』권7

「봉성에서 자면서 화답하다 和宿峰城」『전집』권7

「덕연원에서 자면서 화답하다 2수 和宿德淵院 二首」『전집』권7

「호숫가에서 손님을 보내면서 화답하다 和送客湖上」『전집』권7

「호숫가에서 우연히 놀면서 화답하다 和湖上偶遊」『전집』권7

「홀로 빈 관에 있으면서 화답하다 和塊居空館」『전집』권7

「즉사에 화답하다 和卽事」『전집』권7

「김자유 대장이 윤세유 학록이 준 붉은 등나무 지팡이를 받고 나에게 글을 지어 줄 것을 청하다 金大丈子由得尹學錄所贈朱藤杖 請予賦之」『전집』권7

---

69 「내성의 제랑에게 올리다呈內省諸郞」(『전집』권8, 고율시).

70 「박환고의 아이를 애도하면서 겸하여 꿈속의 일을 적다悼朴生兒 兼書夢中事」(『전집』권8, 고율시).

「눈 속에서 친구를 찾아갔으나 만나지 못하다 雪中 訪友人不遇」『전집』권8

「박현구 군 집의 '쌍로도'에 짓다 朴君玄球家 賦雙鷺圖」『전집』권8

「골짜기 위에서 우연히 짓다 溪上偶作」『전집』권8

「한계사 주지 각 스님이 머무는 곳에 찾아갔다가 삼료자의 시의 운을 써서
주다 訪寒溪住老覺師旅寓 用叅寥子詩韻贈之」『전집』권8

「또 동파 시의 운을 써서 주다 又用東坡詩韻贈之」『전집』권8

「천태종의 현 스님이 내가 각 공을 찾아가 머무르면서 술을 마신다는 것을
듣고 술을 가지고 와서 위로하기에 앞의 운을 써서 주다 天台玄師聞予訪覺公
留飮 携酒來慰 用前韻贈之」『전집』권8

「훈 장로가 시를 달라기에 또 앞의 운을 쓰다 訓長老乞詩 又用前韻」『전집』권8

「또 운을 나누어 '동動' 자를 얻어 각 공에게 주고 겸하여 현 공에게도 쓰다
又分韻得動字 贈覺公 兼簡玄公」『전집』권8

「희 선사의 방장에서 바둑 두는 것을 보며—임강선 希禪師方丈觀碁 臨江仚」『전
집』권8

「박환고의 아이를 애도하면서 겸하여 꿈속의 일을 적다—서문을 붙임 悼朴生兒
兼書夢中事 幷序」[71]『전집』권8

「혜문 장로와 함께 최승규 수재를 찾아가 옛사람의 운을 써서 각기 짓다 同
文長老訪[72]崔秀才升圭 用古人韻各賦」『전집』권8

「주필로 써서 위 지식에게 주다—이름은 차위인데 스스로 천태종으로 명리를 버리고 입산
했다 走筆贈威知識 名次威 自天台宗 捨名入山」『전집』권8

「안화사의 돈식 선로의 방장에서 밤에 술을 마시다가 동파의 운을 써서 安和
寺敦軾禪老方丈夜酌 用東坡韻」『전집』권8

「다시 화답하다 復和」『전집』권8

---

71 서문에서 무오년(신종 1, 1198) 6월 25일 밤에 꿈을 꾸었다고 적었다.
72 원문에는 '方'이라고 되어 있으나, '訪'이 옳을 것이다.

「이튿날 두세 명과 환벽정에 오르고 또 어실을 구경하다 돌아와 별각에 이르러 한 잔 마시면서 소 공 시의 운을 써서 明日 與二三子登環碧亭 又閱御室 還至別閣小酌 用蘇公詩韻」『전집』권8

「초당에서의 빗속의 낮잠 草堂雨中睡」『전집』권8

「느낌이 있어 우연히 두 수를 읊다 偶吟二首有感」『전집』권8

「내성의 제랑에게 올리다─서문을 붙임 무오년 呈內省諸郎 幷序 戊午年」『전집』권8

　　─「민식 우산기상시에게 올리다 上右散騎常侍閔湜」

　　─「김적후 직문하성에게 올리다 上直門下省金迪侯」

　　─「이계장 좌간의에게 올리다 上左諫議李桂長」

　　─「이세장 우간의에게 올리다 上右諫議李世長」

　　─「고영충 중서사인에게 올리다 上中書舍人高瑩忠」

　　─「윤위 기거랑에게 올리다 上起居郎尹威」

　　─「김충 좌사간에게 올리다 上左司諫金沖」

　　─「최광우 우정언에게 올리다 上右正言崔光遇」

「보광사의 당두 정통 스님이 명아주 지팡이를 가지고 있는데 매우 기이한지라 나에게 글을 지어 달라고 청하다 普光堂頭精通師蓄藜杖甚奇 請予賦之」『전집』권8

「이날 늦도록 마시다가 잠깐 쉬는데, 오직 서너 명만이 마주 앉아 차를 마실 뿐이었다. 한밤중이 되자 오래 앉아 있느라 몸도 피로하여 졸음이 눈가에 와 덮이는데, 스님이 금귤과 모과와 홍시를 가지고 와서 앉아 있는 손님들을 대접하니 한 번 씹자마자 깨닫지 못하는 사이에 수마가 갑자기 사라져 버렸다. 조금 뒤 사미를 불렀으나 사미는 코를 골면서 대답이 없자, 스님이 웃으면서 방으로 들어가 손수 좋은 술 한 병을 가지고 오니 좌객들은 모두 소리 없이 크게 웃었다. 이에 서너 배를 간소하게 마시니 점차 조용한 가운데 즐거움에 빠지게 되었다. 아, 평생에 이렇게 마음에 드는 즐거운 놀이는 다른 날에 다시 있을 것 같지 않다. 그래서 한 편의 글을 지어 하룻밤에 일

어난 일을 기록해 둔다 是日 飮闌小息 唯三四人相對飮茶而已 及夜半 坐久體煩
睡暈著眼 師出金橘木瓜紅柿 餉于坐客 未及一嚼 不覺眠魔之頓去也 俄而喚沙彌 沙
彌鼻鼾不應 師笑入房中 手挈美酒一壺 坐客皆盧胡大笑 於是小酌數四盃 漸引靜中之
樂 噫 平生適意之遊 恐他日不復得也 因著一篇 以記一宵之事爾」『전집』권8

「또 백련사 석대에 대한 글을 보내다—스님이 백련사를 공덕산에 지었는데 앞에 석대가
있다 又寄題白蓮社石臺 師結白蓮社於功德山前 有石臺」『전집』권8

「이튿날 박환고가 시를 지었기에 주필로 화답하다 明日 朴還古有詩 走筆和之」
『전집』권8

「경복사 길 위에서 짓다 景福寺路上作」『전집』권8

「이 이부에게 주다 投李吏部」『전집』권8

「정통 스님의 오래된 피리에 짓다—서문을 붙임 題通師古笛 幷序」『전집』권8

「정통 스님이 머물러 있는 숭교사 방장에서 마시는데, 모인 이가 여남은 명
이었다. 술이 거나해지자 거문고와 비파를 교대로 뜯으면서 광대놀음까지
아울러 벌였다—이때 어전의 큰 광대 두 명이 스님과 함께 따라와서 큰 법회를 열었다가 달려온
것이다—나는 옛 버릇이 솟구쳐 올라 좌객에게 운을 부르게 하고 붓을 달리
는데, 한 사람이 예에 따라 네 운을 부르자 겸하여 스스로 방운까지 붙였다
飮通師所寓崇敎寺方丈 會者十餘人 及酒酣 琴瑟交作 倡戲幷呈 時有御前大倡優二人 與
師隨喜成大藏 故來赴 予舊習津湧 使坐客唱韻走筆 一人例唱四韻 兼自押傍韻」『전집』
권8

「묘엄妙嚴[73] 선로를 찾아가 벽에 걸린 족자의 시의 운을 써서 2수 訪嚴禪老 用
壁上書簇詩韻 二首」『전집』권8

「혜문 장로·한소와 함께 최종번 수재의 서실을 찾아가다 同文長老·韓韶 訪
崔秀才宗藩書室」『전집』권8

---

73 이 嚴禪老와 「묘엄 선로에게 부치는 편지[寄妙嚴禪老手書]」(『전집』권27, 서)의 妙嚴은 같
은 인물이라고 여겨진다.

「늦은 봄에 최보순 박사와 함께 윤세유 주부를 찾아가 술자리를 벌이고 동파 시의 운을 써서 각기 짓다 暮春 同崔博士甫淳 訪尹注簿世儒 置酒用東坡詩韻 各賦」『전집』 권8

「다시 화답하다 復和」『전집』 권8

「또 윤세유 공에게 주다 又贈尹公」『전집』 권8

「감흥 感興」『전집』 권8

「진식 동년의 아우 화가 부친을 따라 동경에 갔다가 형을 생각하고 보낸 시에 대신하여 화답하다 2수 代陳同年湜 和舍弟澕隨父之東京 憶兄見寄 二首」『전집』 권8

「회찬懷璨 수좌의 방장에 짓다 題璨首座方丈」『전집』 권8

「또 나무로 만든 여의에 운자를 골라 짓다 又賦木如意占字」『전집』 권8

「6월 17일에 김철 선달을 찾아갔다가 백 공(白居易) 시의 운을 써서 짓다 六月十七日 訪金先達轍 用白公詩韻賦之」『전집』 권8

「김철 군이 평소 마시는 녹자 술잔에 시를 지어 달라고 하기에 백 공 시의 운을 써서 같이 짓다 金君乞賦所飲綠甆盃 用白公詩韻同賦」『전집』 권8

「초가을에 혜문 장로와 함께 김철을 찾아갔다가 백 공 시의 운을 써서 각기 '초가을의 시'를 짓다 初秋 又與文長老訪金轍 用白公詩韻 各賦早秋詩」『전집』 권8

「또 김철 군에게 주다 又贈金君」『전집』 권8

「또 백 공의 운을 써서 혜문 장로의 짚신에 짓다 又用白公韻 賦文長老草履」『전집』 권8

「종령 수좌가 임 공부에게 보낸 시에 차운하다─서문을 붙임 次韻聆首座寄林工部 幷序」『전집』 권8

「민식 상시의 명령으로 '쌍마도'에 짓다 閔常侍令賦雙馬圖」『전집』 권9[74]

---

74 권9의 첫머리에 실린 시들이 지어진 시기는 정확하지 않다. 이규보가 31세인 1198년에 우산기상시인 민식 등에게 구직을 청하며 올린 글이 이 시에 앞서 권8에 실려 있는데, 이를 감안하여 이 시들을 같은 해에 지은 것으로 비정해 둔다.

「송집광 소경이 조영인 상국을 모시고 성북 유인의 임천에서 술을 마시며 지은 시의 운에 따라 화답하다 依韻 和宋少卿緝光陪趙相國 飮城北幽人林泉」『전집』권9

「조충 아경이 화답한 것을 보고 차운하다―아경은 조영인 상국의 막내아들이다 次韻 趙亞卿冲見和 亞卿 趙相國季嗣」『전집』권9

「천수사의 종의 선사가 시로 초대한 것을 보고 차운하다 次韻天壽寺鍾義禪師 以詩見招」『전집』권9

「칼을 두드리며 부르는 노래 彈鋏歌」『전집』권9

「강남의 친구가 보낸 시에 차운하다 次韻江南友人見寄」『전집』권9

「기홍수 상서댁의 성난 원숭이에 대해 짓다 奇尙書宅賦怒猿」『전집』권9

〈잡저〉

「미쳤다는 것에 대한 변별 狂辨」[75]『전집』권20

〈기〉

「현종원 중창기 懸鐘院重刱記」『전집』권24

〈서〉

「선인을 대신하여 나에게 보내는 글 代仙人寄予書」[76]『전집』권26

「윤위 낭중에게 드리는 글 로尹郎中威書」[77]『전집』권26

---

75 1197년 겨울, 조영인 등의 추천에도 불구하고 관직을 얻지 못한 이규보는 이듬해 내성의 제랑에게 글을 올리는 등 적극적인 구직활동을 벌였는데, 특히 「윤위 낭중에게 드리는 글 [로尹郎中威書]」(『전집』권26, 서)에서 자신을 미치광이로 여기는 소문에 대해 터무니없는 말이라고 강력하게 항변하고 있다. 이와 같은 상황 아래에서 '광변'이라는 이 글이 쓰인 것이 아닌가 추정한다.

76 앞의 각주 75 참고.

77 「내성의 제랑에게 올리다[로內省諸郎]」(『전집』권8, 고율시)와 같은 시기에 쓴 글이 아닌가

「민식 우산기상시에게 올리는 글 上閔上侍渨書」[78]『전집』권26
「종의 선사에게 답하는 글 答鍾義禪師手書」[79]『전집』권27

한다. 단 이 시에는 윤위의 관직이 기거랑(종5품)인데 비하여, 본문의 글에는 낭중(정5품)
이라고 되어 있어 차이가 난다.
78 「내성의 제랑에게 올리다[呈內省諸郞]」(『전집』권8, 고율시)와 같은 시기에 쓴 글이 아닌가
한다.
79 이 편지의 내용과 31세에 쓴 시인 「천수사의 종의 선사가 시로 초대한 것을 보고 차운하다
[次韻天壽寺鍾義禪師以詩見招]」(『전집』권9, 고율시)와 연관이 있다고 생각되므로, 같은
시기에 쓴 것으로 비정해 둔다.

▶ 1199년(신종 2, 기미), 32세

* 5월에 최충헌의 집에 불려 가서 천엽유화千葉榴花를 감상하며 시를 짓다. 이에 대해 「연보」에는 다음과 같이 적혀 있다.

    5월에 상공 지주사 댁—뒤에 진강공이 되었다—에 천엽유화가 활짝 피자 빈객들을 불러 감상하게 하고 인하여 시인 이인로·함순·이담지와 공을 불러 글을 짓게 했다. 그 뒤 하루는 우연히 좌우에게 말하기를, "문유재상 네 명이 아무개를 추천하였는데 뜻을 이루지 못하고 또 차자를 빼앗은 자도 있다고 들었소"라고 했다. 또 인하여 말하기를, "문인들이 서로 시기하는 것이 이와 같소"라고 했다. 이로부터 비로소 공을 등용하려는 뜻을 가지게 되었는데, 6월의 반정頒政 때에 전주목사록 겸 장서기에 보임시켰다(「연보」 기미).

* 6월의 정기 인사頒政 때에 전주목사록 겸 장서기에 임명되다(「연보」 기미).
* 9월 13일에 서울을 떠나다.[80]
* 9월 23일에 전주에 도착하다.[81]
* 11월~12월에 마령군, 진안군, 운제현, 금마군, 변산 등지를 다니며 업무를 수행하다.

〈고율시〉
「기미년 5월 일에 상공[최충헌]—뒤에 진강공이 되었다—지주사 댁에 천엽유화가 활짝 피자 세상에 보기 드문 것이라 특별히 이인로 내한, 김극기 내한, 이담지 유원, 함순 사직과 나를 불러서 운을 골라 시를 짓게 했다 己未五月日 知

---

80 「9월 13일에 장안을 떠나 전주로 부임하며 임진강의 배 위에서 진공도와 한소와 서로 작별하면서[九月十三日 發長安 將赴全州 臨津江船上 與晉公度, 韓韶相別]」(『전집』 권9, 고율시)
81 「9월 23일에 전주에 들어가며 말 위에서 감회를 쓰다[九月二十三日 入全州 馬上書懷]」(『전집』 권9, 고율시)

奏事崔公宅 後爲晉康公 千葉榴花盛開 世所罕見 特喚李內翰仁老·金內翰克己·李留
院湛之·咸司直淳及予 占韻命賦云」『전집』권9

「상공[최충헌] 지주사가 불러서 천엽유화의 시를 지으라 한 것에 감사하다―
서문을 붙임 謝知奏事相公見喚 命賦千葉榴花 幷序」『전집』권9

「전주 막부에 부임하려 할 때 이중민이 보내 준 시에 차운하여 답하였는데,
선사의 방장에 있으면서 지었다 將赴全州幕府 李中敏見贈 次韻答之 在王禪師
方丈作」『전집』권9

「유충기 동년이 화답하므로 차운하여 답하다 劉同年冲祺[82]見和 次韻答之」『전
집』권9

「9월 13일에 장안을 떠나 전주로 부임하며 임진강의 배 위에 진공도와 한소
와 서로 작별하면서 九月十三日 發長安 將赴全州 臨津江船上 與晉公度·韓韶相
別」『전집』권9

「9월 23일에 전주에 들어가며 말 위에서 감회를 쓰다 九月二十三日 入全州 馬
上書懷」『전집』권9

「안부 이경 소경이 부임하는 연회에 참석하게 하고, 이튿날 녹수를 보내 준
것에 감사하다 謝按部李少卿儆許赴華筵 明日以鹿髓見惠」『전집』권9

「11월 20일에 속군인 마령 객사에서 잤는데, 중대 당두가 술을 가지고 찾아
왔으므로 시를 주다 十一月二十日 出宿屬郡馬靈客舍 重臺堂頭携酒來訪 以詩贈
之」『전집』권9

「12월 일에 벌목하러 가면서 처음으로 부령군 변산으로 가다가 말 위에서
짓다 2수 十二月日 因斫木初指扶寧郡邊山 馬上作 二首」『전집』권9

「이날 금동사 당두인 고 스님을 찾아가다 是日 訪金洞寺堂頭枯師」『전집』권9

「이튿날 떠나면서 과객이 남겨 놓은 시의 운을 써서 주다 明日臨行 用過客所
留詩韻贈之」『전집』권9

---

82 『고려사』 등에는 '劉冲基'라고 쓰여 있다.

「부령 객사에서 현판 위에 있는 이순우 제주의 시에 차운하다 扶寧客舍 次板 上李祭酒純佑詩韻」『전집』권9

「전주 효자리 입석에 짓다 題全州孝子里立石」『전집』권9

「지방살이 즐겁다고 이르지 말 것 4수 莫導爲州樂 四首」『전집』권9

「희롱 삼아 태수에게 올리다 戲呈太守」『전집』권9

〈기〉

「과수나무에 접붙이는 것에 대한 기 接菓記」[83]『전집』권23

〈서〉

「회찬 수좌에게 부치는 편지 寄懷璨首座手書」『전집』권26

〈장〉

「전주에 들어가는 날 태수에게 올린 원장 入州日 呈大守遠狀」『전집』권32

「동지를 하례하는 글 冬至賀狀」『전집』권32

　　-「연창후에게 올림 上延昌侯」

　　-「광릉후 廣陵侯」

　　-「창화백 昌化伯」

　　-「조영인 평장사 趙平章永仁」

　　-「기홍수 평장사 奇平章洪壽」

〈제문〉

「신에게 바치는 제문—전주에서 성황에 제사한 치고문으로 운이 없다 祭神文 全州祭城隍致 告文 無韻」『전집』권37

---

83 본문 중에 '부친이 사망한 지 9년이 되었다'는 기록이 있다. 부친인 이윤수는 1191년에 사망하였으므로(「연보」 신해), 이 기를 쓴 해는 1199년이 된다.

▶ 1200년(신종 3, 경신), 33세

- 1월~4월에 전주 객사에 머물면서, 틈틈이 부령군, 변산, 낭산, 만경, 금구, 임피, 보안, 옥야 무송 등지의 속군현屬郡縣을 다니며 업무를 수행하다.
- 5월에 하사표를 받들어 서울로 올라갔다가 6월에 전주로 돌아오다.
- 6월~12월에 틈틈이 남원, 오수, 인월, 순창, 변산, 임피, 고부, 금구 등지를 다니며 업무를 수행하는 한편, 도중에 능가산 원효방과 불사의방장, 경복사 비래방장 등지를 유람하다.
- 12월에 파직되었는데, 그에 대해 「연보」에는 다음과 같이 적고 있다.

    처음 공이 전주를 다스릴 때 통판낭장 아무개가 탐욕스럽고 방자하였는데, 공이 굽히지 않자 공무를 둘러싸고 여러 차례 심하게 노여움을 사게 되었다. 통판은 분함을 이기지 못하고 또 자신이 마음대로 하려고 하여 드디어 교묘하게 중상하는 말을 꾸몄기 때문이다(「연보」 경신).[84]

- 12월 19일에 전주를 떠나다.[85]
- 12월 29일에 광주목 서기로 있던 처형 진공도의 집에서 자며 과세하다 (「연보」 경신).

〈고율시〉
「정월 19일에 다시 부령군에 와서 짓다 正月十九日 復到扶寧郡有」 『전집』 권9
「변산 가는 길 위에서 짓다 邊山路上作」 『전집』 권9
「2월 일에 임기가 차서 서울로 가는 태수를 전별하고 밤에 영령사에서 자다

---

84 「이규보 묘지명」에는 '여러 차례 통판의 불법을 막다가 그 때문에 피소되고 해직되었다'라고 적혀 있다.
85 「12월 19일에 참소를 입고 벼슬을 그만두게 되자, 전주를 떠나던 날 짓다十二月十九日 被讒見替 發州日有作」(『전집』 권10, 고율시)

「二月日 餞太守政滿朝天 夜宿永寧寺」『전집』권9

「낭산현의 창고를 조사한 뒤 짓다 朗山縣監倉後有作」『전집』권9

「선지를 받들어 속군의 억울한 죄수들을 살피다 奉宣旨 省屬郡冤獄」『전집』권9

「전주 객사에서 밤에 자다가 편협한 회포를 쓰다 全州客舍夜宿 書褊懷」『전집』
권9

「머물고 있는 객사 뒤의 죽순을 읊다 詠所居舍後竹笋」『전집』권9

「경신년 5월에 하사표를 받들고 서울로 가면서 삼례역에서 말을 갈아타며
짓다 庚申五月 奉賀赦表朝天 遞馬叅禮驛有作」『전집』권9

「6월 일에 일찍 장안을 떠나 전주로 가다가, 중도에서 상주의 하사표를 가진
선생을 만나 함께 양재역에 이르러 같이 자면서 주다 六月日 早發長安指全州
中路遇尙州持表先生 同至楊材驛 共宿贈之」『전집』권9

「회포를 읊다 詠懷」『전집』권9

「남원으로 가다가 오수역 누각 위에서 벽에 붙은 시에 차운하다 將向南原 獒
樹驛樓上 次壁上詩韻」『전집』권9

「남원에서 원수사에 도착하여 자고, 다시 남원으로 돌아가면서 인월역에 들
려 벽에 붙은 시에 차운하다 自南原到源水寺宿 還指南原 入印月驛 次壁上詩韻」
『전집』권9

「6월 8일에 앵곡역에서 유충기 천원을 만나 술을 조금 마시고 '소축시'의 운
을 써서 각기 짓다 六月八日 鸎谷驛 遇劉天院冲祺小酌 用小畜詩韻各賦」『전집』
권9

「다시 화답하다 復和」『전집』권9

「임실군수에게 주다 贈任實郡宰」『전집』권9

「적성강을 건너며 渡赤城江」『전집』권9

「순창군으로부터 전주로 향하다가 갈담역에 들러 현판 위의 제공의 운을 써
서 自淳昌郡向全州 入葛覃驛 用板上諸公韻」『전집』권9

「천룡사에 머물면서 짓다 寓居天龍寺有作」『전집』권9

「우연히 쓰다 偶書」『전집』권10

「『본초』를 읽으며 讀本草」『전집』권10

「10월 8일에 경복사에서 놀고 이튿날 비래방장을 찾아가 처음으로 보덕 성인의 진용을 배알했다. 현판 위에 종령 수좌와 이인로 내한이 지은 시가 있었는데, 당두인 늙은 주지가 시를 청하므로 운에 의거해서 그 끝에 쓰다 十月八日 遊景福寺 明日訪飛來方丈 始謁普德聖人眞容 板上有宗聆首座李內翰仁老所題詩 堂頭老宿乞詩 依韻書于末云」『전집』권10

「이날 보광사에서 자면서 작고한 왕의 서기가 남긴 시의 운을 써서 당두에게 주다 是日宿普光寺 用故王書記儀留題詩韻 贈堂頭」『전집』권10

「12월 19일에 참소를 입고 벼슬을 그만두게 되자, 전주를 떠나던 날 짓다 十二月十九日 被讒見替 發州日有作」『전집』권10

「길 위에서 지어 조카사위 한소에게 보이다―소가 서울에서 전주까지 와서 맞이해 갔다 路上有作 示甥壻韓韶 韶自京師 至全州迎去」『전집』권10

「29일에 광주에 들어가 진공도 서기에게 주다 二十九日 入廣州 贈晉書記公度」『전집』권10

〈송〉

「윤위 사업이 남원을 안무한 데 대한 송―서문을 붙임 尹司業威安撫南原頌 幷序」『전집』권19

〈서〉

「『십이국사』를 중각한 뒤 서를 쓰다 十二國史重彫後序」[86]『전집』권21

---

[86] 「꿈의 영험에 대한 기[夢驗記]」(『전집』권25, 기)에는 전주에서 파직되던 해에 『십이국사』를 간행하였다고 하였다.

〈장〉

「설날을 하례하는 글 正旦賀狀」『전집』권32

　　– 「연창후에게 올림 上延昌侯」

　　– 「광릉후 廣陵侯」

　　– 「영인백 寧仁伯」

　　– 「조영인 평장사 趙平章」

　　– 「기홍수 평장사 奇平章」

　　– 「최선 참지정사 崔叅政詵」

「염찰사에게 설날을 하례함 賀正廉察使」『전집』권32

「6월에 속군의 감옥을 순시하고 제관에게 답하는 원장 六月 巡屬部監獄 答諸
　官遠狀」『전집』권32

「나무를 베는 행차 뒤에 속군에 답하는 원장 斫木行次 答屬部遠狀」『전집』권32

〈제문〉

「전주에서 용왕에게 비를 비는 제문 全州祭龍王祈雨文」『전집』권37

「전주에서 거듭 보안현 마포대왕에게 드리는 제문 全州重祭保安縣馬浦大王
　文」『전집』권37

▶ 1201년(신종 4, 신유), 34세

- 1월에 서울로 돌아오다(「연보」신유).
- 3월에 전주에서 지은 시문을 정리하고, 「남행월일기南行月日記」를 짓다.[87]
- 4월에 죽주감무로 보임된 매형에게 가 있던 어머니를 모시러 죽주로 내려가다(이하 「연보」신유).
- 5월에 누이와 함께 병든 어머니를 모시고 서울로 돌아오다.
  이후 비방과 조롱을 감수하면서 초당에서 은둔에 가까운 생활을 하다.
- 12월에 미관의 임시직인 축사祝史가 되어 송악에서 동지 제사를 지내고 섣달 그믐에 광릉匡陵에서 숙직하다.[88]

〈고율시〉

「한산을 출발하여 길 위에서 희롱 삼아 지어 한소에게 보이다 發漢山 路上戲作 示韓韶」『전집』권10

「자신을 비웃으며—서울에 돌아온 뒤 지었다 自嘲 入京後作」『전집』권10

「문을 걸고 들어앉다 杜門」『전집』권10

「검은 새끼고양이를 얻다 得黑貓兒」『전집』권10

「초당에서 여러 친구들과 술을 마시면서 왕형공 시의 운을 따서 각기 짓다 草堂與諸友生置酒 取王荊公詩韻各賦之」『전집』권10

「또 화답하다 2수 又和 二首」『전집』권10

「죽주의 만선사에서 놀다가 현판 위의 여러 학사의 시에 차운하다 2수 遊竹州 萬善寺 次板上諸學士詩韻 二首」『전집』권10

---

87 각주 89 참조.

88 「제야에 광릉에서 숙직하며 짓다除夜 宿匡陵有作」(『전집』권10, 고율시)

「죽주에서 어머니를 가마에 모시고 누이와 함께 장안으로 가면서 조카사위 정유에게 보이다 自竹州昇母携姊 將赴長安 示甥壻鄭生柔」『전집』권10

「분행역 누각 위에서 김황문 학사의 시에 차운하다 分行驛樓上 次金學士黃文 詩韻」『전집』권10

「사평원 누각에 짓다 題沙平院樓」『전집』권10

「혜음원에서 임희수 학사의 시에 차운하다 慧陰院 次林學士羲叟詩韻」『전집』 권10

「성동 초당에서 오이넝쿨을 매면서 城東草堂 理瓜架」『전집』권10

「노 동년이 술을 가지고 찾아와 지은 시에 차운하다 次韻盧同年携酒見訪有詩」 『전집』권10

「박 상인에게 차운하다 次韻朴上人」『전집』권10

「신유년 5월에 초당에서 평범하게 별일 없이 지내면서 밭을 매고 마당도 쓰 는 틈틈이 두보의 시를 읽다가 '성도초당시'의 운을 써서 한적한 즐거움을 쓰다 5수 辛酉五月 草堂端居無事 理園掃地之暇 讀杜詩 用成都草堂詩韻 書閑適之 樂 五首」『전집』권10

「또 절구 6수에 차운하다 又次絶句六首韻」『전집』권10

「또 '새로 빌린 초옥의 시'에 차운하다 5수 又次新賃草屋詩韻 五首」『전집』권10

「운 상인이 산으로 돌아가면서 시를 청하기에 雲上人將還山乞詩」『전집』권10

「혜문 장로가 절을 얻은 것을 축하하며 賀文長老得寺」『전집』권10

「거센 비의 노래―쌍운인데 아래는 방운으로 짓기도 했다 苦雨歌 雙韻下犯傍韻」『전집』권10

「7월 3일에 짓다 七月三日作」『전집』권10

「밤에 개자 夜霽」『전집』권10

「앵무새 鸚鵡」『전집』권10

「'배를 두드리며 부르는 노래'로 친구가 홀로 술 마시는 것을 희롱하다 腹皷 歌 戲友人獨飮」『전집』권10

「크게 취하여 주필로 동고자[朴還古]에게 보이다 大醉走筆 示東皐子」『전집』권10

〈기〉

---

89 이 기의 맨 끝에 '辛酉三月日志'라고 하여 3월에 쓴 것이라고 하였으나, 「연보」에는 '六月
作南行記'라고 되어 있어 차이가 난다(「연보」 신유).

〈서〉

「이윤보에게 답하는 편지 答李允甫手書」⁹⁰『전집』권27

「아무개 서기에게 주는 글 與某書記書」⁹¹『전집』권27

〈발〉

「이윤보 사관의 시집의 끝에 붙인 발문 李史館允甫詩跋尾」⁹²『전집』권21

---

90 이 편지의 내용으로 볼 때 이규보가 전주에서 파직되어 서울로 돌아온 뒤 그리 멀지 않은
시기에 쓰인 것이라 판단되어, 1201년의 작품으로 비정해 둔다.

91 전주에서의 행정 경험과 그곳에서 지은 표·전 등을 구하는 모 서기의 부탁으로 볼 때, 이
글은 이규보가 전주에서 돌아온 지 그리 멀지 않은 시기에 지어진 작품이라 생각된다. 이
에 따라 이 글이 지어진 시기를 잠정적으로 1201년으로 비정해 둔다. 비록 파직당하긴 했
지만 전주에서의 이규보의 직급 역시 서기였다는 점도 참고할 필요가 있다.

92 이 해에 지었다고 비정되는 「이윤보에게 답하는 편지[答李允甫手書]」(『전집』권27, 서) 중
에 이윤보가 이규보에게 자신의 시에 대한 평가를 구했다는 내용이 있는데, 이 발문은 혹
시 그와 관련이 있는 것이 아닌가 한다.

▶ 1202년(신종 5, 임술), 35세

* 성동 봉향리의 옛집을 떠나 성남의 안신리 색동安申里 塞洞으로 이사하여 20여 년 거주하다. [93]
* 5월에 어머니 상을 당하다(「연보」 임술).
* 12월에 조정에서 3군을 내어 운문산의 반란군을 토벌할 때에 막부에 자원하여 병부녹사 겸 수제원이 되다. [94] 이에 대해 「연보」에는 다음과 같이 적혀 있다.

> 12월에 동경에서 반란이 일어나 운문산의 적당과 함께 군사를 일으키므로 조정에서 3군을 내어 정벌하게 했다. 군막에서 산관散官인 급제자 등을 핍박하여 수제원으로 삼고자 하여 세 명을 거쳤으나 모두 핑계로 회피하고 나아가지 않았다. 공에게 이르자 개연하게 말하기를, "내가 비록 나약하고 겁이 나기는 하나 또한 국민으로 나라의 어려움을 피하면 사나이가 아니다"라고 하고 드디어 종군했다. 이에 막부에서는 기쁘게 여기고 왕께 아뢰어 병마녹사 겸 수제원으로 삼으니, 대개 그 뜻을 펴 준 것이다(「연보」 임술).

* 부임길에 청주와 상주를 들리다.

〈고율시〉
「이른 봄 早春」『전집』 권10
「빗속의 작은 모란의 노래를 희롱 삼아 짓다 戱作雨中小牡丹歌」『전집』 권10
「가뭄에 밭에 물 대는 것을 보며 旱天見灌田」『전집』 권10
「8월 14일에 달구경을 가자고 객에게 물어보다 八月十四日翫月問客」『전집』

93 「천개동기天開洞記」(『전집』 권24, 기). 이규보는 이곳에서 20여 년 살다가 1223년에 동네 이름을 천개동으로 바꾸었다.
94 「군중에서 안치민 처사에게 답하는 편지[軍中答安處士置民手書]」(『전집』 권27, 서)에는 11월에 종군하라는 명을 받았다고 적혀 있다.

권10

「6월 1일에 안화사에 놀러갔는데 심방문으로부터 환벽정에 오르니―의종이
놀던 곳이다―서글픈 느낌이 들었다. 밤에 당 선로의 방장에서 자면서 140자
를 쓰다 六月一日 遊安和寺 自尋芳門登環碧亭 毅廟遊賞處 悵然有感 夜宿幢禪老方
丈 書一百四十字」『전집』권11

「전이지가 찾아오자 함께 술을 마시고 크게 취하여 주다 全履之見訪 與飮大醉
贈之」『전집』권11

「감로사 甘露寺」『전집』권11

「혜문 장로의 '금전화가 아직 피지 않았다'에 차운하다 次韻文長老未開金錢
花」『전집』권11

「혜문 장로의 월경선에 쓰다 書文長老月傾扇」『전집』권11

「혜문 장로에게 주다 贈文長老」『전집』권11

「각월 스님을 찾아갔다가 동파 시의 운을 써서 각기 짓다 訪覺月師 用東坡詩
韻各賦」『전집』권11

「이튿날 스님이 만류하였으나 급하게 맡은 일 때문에 굳이 사양하고 돌아오
면서 절구 한 수를 쓰다 明日師挽留 迫事幹固還 書一絶」『전집』권11

「10월 5일에 진화가 찾아왔다가 머물러 자면서 술자리를 차리고 소식의 시
의 운을 써서 각기 짓다 十月五日 陳澕見訪 留宿置酒 用蘇軾詩各賦」『전집』권
11[95]

「며칠 뒤에 진 군이 화답한 것을 보고 다시 차운하여 답하다 後數日 陳君見和
復次韻答之」『전집』권11

「진 군이 다시 화답하므로 또 차운하여 주다 陳君復和 又次韻贈之」『전집』권11

---

95 이 시와 그다음 두 수는 진화의 문집인『매호유고』에는 신종 신유년, 즉 이규보가 34세이
던 1201년에 지었다고 하였다(『梅湖遺稿』酬唱). 이 시 중에 진화가 '내시가 되어 궁궐에
들어갔다'는 기록이 있는데, 진화는 1201년에 내시가 되었기 때문이라는 것이다(『梅湖遺
稿』梅湖公小傳).

「혜문 장로가 화답한 것이 많아 아홉 수에 이르렀는데, 매 편마다 모두 아둔함을 경계하고 채찍질하였기에 부지런히 힘써 숫자를 갖추어서 받들어 올리다 文長老見和 多至 九首 每篇皆警策遲鈍 勉强備數奉瀆耳」『전집』권11

「윤의 동년이 화답하므로 다시 차운하여 주다 尹同年儀見和 復次韻贈之」『전집』권11

「밤에 진화의 집에서 자며 크게 취하여 벽 위에 쓰다 夜宿陳澕家 大醉書壁上」『전집』권11

「진화 군이 화답하므로 다시 차운하여 답하다 陳君見和 復次韻答之」『전집』권11

「진화 군이 화답하므로 차운하여 주다─서문을 붙임 陳君復和 次韻贈之 幷序」『전집』권11

「윤의 동년, 진식 동년과 진화가 찾아오자 유 빈객의 시의 운을 써서 각기 짓다 尹同年儀·陳同年湜·陳澕見訪 用劉賓客詩韻各賦」『전집』권11[96]

「이튿날 윤의 군이 다시 화답한 것을 보고 차운하여 답을 부치다 明日尹君復見和 次韻寄答」『전집』권11

「한소가 예부시에 응시했으나 합격하지 못했으므로 시로 위로하다 韓生韶赴禮部試不捷 以詩慰之」『전집』권11

「겸 스님의 방장에서 유신의 '쌀을 꾸어 달라는 글'을 보고 그 뒤에 쓰다─유의 글씨가 지금 제일이다 謙師方丈 觀柳紳乞米書 書其後 柳書今第一」『전집』권11

「기홍수 상서의 퇴식재에서 동파의 운을 써서 절구 한 수를 짓다 奇尙書退食齋 用東坡韻賦一絶」『전집』권11

「기홍수 상서의 수정에서 술을 마시는데 기생이 우연히 오자 이순우 학사가 시를 지으니, 나 또한 받들어 화답하다─공이 상장군으로 상서를 겸했다 飮奇尙書水

---

96 『동국이상국집』에서는 이 시를 35세에 지은 작품 앞에 분류하고 있으나, 진화의 문집인 『매호유고』에서는 이 작품을 신종 갑자년, 즉 이규보가 동경막부에서 돌아온 뒤 37세 때인 1204년(신종 7년: 희종 즉위년)의 작품으로 비정하였다(『梅湖遺稿』酬唱).

亭 有妓偶來 李學士純祐作詩 予亦奉和 公以上將軍兼尙書」『전집』권11

「양국준 장과 바둑을 두어서 졌는데 양이 시로 자랑하므로 차운하다 與梁丈
國峻圍碁見輪 梁以詩誇之 次韻」『전집』권11

「양국준 장이 화답하므로 다시 답하다 梁丈見和復答」『전집』권11

「사계절의 꽃 3수 四季花 三首」『전집』권11

「정통 수좌를 찾아가 극도로 마시고 주필로 쓰다 訪通首座 劇飮走筆」『전집』
권11

「다리 부러진 솥을 조롱하며 嘲折足鐺」『전집』권11

「이청경이 찾아왔으므로 몇 잔 마시고 유우석 시의 운을 써서 같이 짓다 李
淸卿見訪小酌 用劉禹錫詩韻同賦」『전집』권11

「진공도가 동산을 손질하는 것을 보고 동파 시의 운을 따서 주다－진생은 나의
처형인데 이때 한집에 같이 있었다 觀晉生公度理園 取東坡詩韻贈之 晉生予之妻兄 時同在一
家」『전집』권11

「진공도와 함께 구품사에서 놀며 영 승통이 벽 위에 남긴 시에 차운하여 그
뒤에 쓰다 同晉生遊九品寺 次韻潁僧統壁上所留詩 書其後」『전집』권11

「서경 기생 진주에게 주다 寄西京妓眞珠」『전집』권11

「5월 6일에 계림자의 집에서 마시며 五月六日 飮雞林子家」『전집』권11

「임경겸 군의 침실 병풍에 여섯 개의 글을 짓는데 윤의 동년 등 몇 명과 함께
짓다 題任君景謙寢屛六詠 與尹同年等數子同賦」『전집』권11

  －「열자가 바람을 타다 列子御風」

  －「도잠이 술을 거르다 陶潛漉酒」

  －「왕자유가 대규를 찾아가다 子猷訪戴」

  －「왕우군이 글씨를 거위와 바꾸다 右軍換鵝」

  －「화정의 선자화상 華亭船子和尙」

  －「반낭이 삼봉을 향해 가다 潘閬向三峯」

「최선 상국을 모시고 막내아들[崔宗藩] 낭중의 수정에서 술을 마시는데 상국

이 일찍이 지은 시가 있었다. 명을 받아 나도 즉석에서 화답하여 올렸다 陪崔相國詵 飮季嗣郎中水亭 相國曾有詩 命予卽席奉和」『전집』권11

「벼슬에서 물러나 한적하게 지내는 최당 평장사의 운에 따라 화답하여 올리다 依韻奉和崔平章讜致仕閑適」『전집』권11

「민회주가 얼룩무늬 대나무 피리를 가지고 있는데 나에게 글을 지어 주기를 청하다 閔懷珠蓄斑竹笛 請予賦之」『전집』권11

「최종번 천원이 염소고기 포를 보내 주어 병든 어머니께 드린 것을 감사하다 謝崔天院宗藩惠羊羓饋病母」『전집』권11

「송림현을 지나며 過松林縣」『전집』권11

「혜원사에 남긴 글 留題惠元寺」『전집』권11

「7월 3일에 운제현에 큰물이 나서 범람했다는 말을 듣고—서문을 붙임 七月三日 聞雲梯縣爲大水所漂 幷序」『전집』권11

「기러기를 읊다 詠鴈」『전집』권11

「안화사에서 취하여 돌아오다 自安和寺醉迴」『전집』권11

「9월의 세찬 비 九月苦雨」『전집』권11

「지 상인이 시를 청하다 之上人乞詩」『전집』권11

「화롯불을 쬐다가 느낌이 있어 擁爐有感」『전집』권11

「우연히 읊다 偶吟」『전집』권11

「영통사에서 놀며 遊靈通寺」『전집』권11

「취하여 산사의 벽에 쓰다 醉題山寺壁」『전집』권11

「아이들과 동산을 거닐며 與兒輩行園中」『전집』권11

「10월에 크게 우레가 치고 우박이 내리고 바람이 불다 十月 大雷雹與風」『전집』권12

「겨울날 손님과 함께 찬 술을 마시면서 희롱 삼아 짓다 冬日與客飮冷酒 戲作」『전집』권12

「임술년 겨울 12월에 정동 막부에 종군하여 천수사에 행차했다가 술을 마시

던 중에 손님들과 전별하며 주다 壬戌冬十二月 從征東幕府行次天壽寺 飮中贈餞客」『전집』권12

「막중에서 회포를 써서 같은 병영의 제공들에게 보이다 幕中書懷示同營諸公」『전집』권12

「통군 상서의 막에서 김 상인의 초서를 관람하다―공이 내게 명하여 주필로 지었다 統軍尙書幕 觀金上人草書 公命予走筆賦」『전집』권12

「군막에서 느낌이 있어 조위남의 '장안추만' 시의 운을 써서 軍幕有感 用趙渭南長安秋晩詩韻」『전집』권12

「또 조위남의 '심양두교리' 시의 운을 빌려서 又次渭南潯陽杜校理詩韻」『전집』권12

「또 (조위남의) '위진동망' 시의 운을 빌려서 又次渭津東望詩韻」『전집』권12

「또 (조위남의) '한강추만' 시의 운을 빌려서 又次漢江秋晩詩韻」『전집』권12

「밀곡사의 주지가 베바지를 보내 준 것에 감사하며 謝蜜谷住老寄布袴」『전집』권12

〈초소제문〉

「도량재 초소제문―동경초토병마에서 지은 글 道場齋醮疏祭文 東京招討兵馬所製」『전집』권38

   ―「봉은사에서 태조의 진영 앞에 고하는 글 奉恩寺 告太祖眞前文」

   ―「임진과 사평을 오가는 용왕에게 올리는 제문 臨津沙平通行龍王祭文」

   ―「천황에게 초례를 올리는 글 天皇醮禮文」

   ―「황지원의 법화회에서 올리는 글 黃池院法華會文」

   ―「황지원에서 용왕에게 올리는 제문 黃池院龍王祭文」

   ―「부석사의 장육전 앞에 바치는 축원문 浮石寺丈六前願文」

   ―「태일에 올리는 초례문 太一醮禮文」

   ―「기주의 태조 진영 앞에 올리는 제문 基州太祖眞前祭文」

- 「일선진의 용왕에게 올리는 제문 祭—善津龍王文」
- 「지리산대왕 앞에 올리는 축원문—부사 이하가 행했다 智異山大王前願文 副使
  已下行」
- 「상주영을 떠나면서 다시 행하는 제문 更行尙州離營祭文」
- 「천황 전에 따로 올리는 초례문 天皇前別醮文」
- 「공산대왕에게 올리는 제문 祭公山大王文」
- 「개태사의 태조 앞에 바치는 축원문 開泰寺祖前願文」

▶ 1203년(신종 6, 계해), 36세

- 이 한 해 동안 정동 막부征東幕府에 있었는데, 관직은 병마녹사 겸 수제 양온령동정이 되다.[97]
- 7월에 함연수咸延壽 등이 운문산의 반란군 두목 발좌勃佐를 죽이다.[98]
- 박인석朴仁碩 시랑과 함께 양주, 동래, 부계 등지를 다니다.

〈고율시〉

「군막에서의 정을 써서 첨판 박인석 시랑에게 드리다―이때 운문산에 주둔하고 있었다 軍幕書情 呈簽判朴侍郞仁碩 時屯雲門山」[99]『전집』권12

「박인석 시어사의 화답을 보고 다시 차운하여 답을 바치다 朴侍御見和 復次韻奉答」『전집』권12

「다시 화답하다 復和」『전집』권12

「박인석 시어사와 함께 양주로 가면서 황산강에 배를 띄우며 구점하다 同朴侍御將向梁州 泛舟黃山江口占」『전집』권12

「박인석 공과 함께 동래 욕탕지로 가며 구점하다 2수 同朴公將向東萊浴湯池口占 二首」『전집』권12

「동래에 들어가 객사가 웅장하고 화려한 것을 보고 이상하게 여기니 박인석 군이 일찍이 이 군을 다스릴 때에 지었다고 하므로 오랫동안 감탄하다가 인하여 한 편을 지어 받들어 올리다 入東萊 見客舍壯麗異常 朴君言嘗典郡時所構 嘆息良久 因賦一篇奉呈」『전집』권12

---

97 「정동 군막의 도통 상서와 부사 시랑에게 올리는 글[征東軍幕上都統尙書副使侍郞書]」(『전집』권27, 서)에서 이규보는 자신의 직함을 '병마녹사 겸 수제 양온령동정'이라고 적었는데, 양온령동정은 정8품의 산직이다.

98 『고려사절요』권14, 신종 6년 7월.

99 이 시에 이어 수록된 재화답한 두 시의 구절에 '초록색', '2월'이라는 구절이 있으므로, 이 시를 1202년 초봄에 쓴 것으로 비정한다.

「부계현 객사에서 현판 위의 제공의 시에 차운하다 缶溪縣客舍 次韻板上諸公詩」『전집』권12

「다시 용담사에서 놀며─내가 남쪽으로 내려갔을 때 병들자 머물렀던 곳이다 重遊龍潭寺予南行時病寓處也」『전집』권12

「안치민100 처사의 시집을 되돌려 주면서─군막에 있을 때 지었다 迴安處士置民詩卷 在軍幕作」『전집』권12

「또 안치민 처사에게 주다 又贈安處士」『전집』권12

〈찬〉

「안치민 처사의 묵죽에 대한 찬─늘 스스로 호를 기암거사라고 했다 安處士墨竹贊 常自号弃庵居士」101『전집』권19

〈서〉

「정동 군막의 도통 상서와 부사 시랑에게 올리는 글 征東軍幕上都統尙書副使侍郞書」『전집』권27

「군중에서 안치민 처사에게 답하는 편지 軍中答安處士置民手書」『전집』권27

「또 안치민 처사에게 부치는 편지 又寄安處士手書」『전집』권27

「전이지·박환고 두 친구가 서울에서 문안한 것에 답하는 편지 答全·朴兩友生自京師致問手書」『전집』권27

〈도량재 초소제문〉

「도량재 초소제문─동경초토병마에서 지은 글 道場齋醮疏祭文 東京招討兵馬所製」『전

---

100 『보한집』에는 그의 이름이 安淳之라고 적혀 있다(『보한집』중24, 棄菴居士 安淳之).

101 권27의 「군중에서 안치민 처사에게 답하는 편지[軍中答安處士置民手書]」와 「또 안치민 처사에게 부치는 편지[又寄安處士手書]」에는 안처사의 묵죽을 칭찬하는 구절이 있으므로, 이 글을 1203년에 쓴 것으로 비정한다.

- 「정월 초하루에 천황에게 올리는 초례문 正旦行天皇醮禮文」

- 「산과 바다의 신에게 합해서 올리는 제문 山海神合屆祭文」

- 「태일에 올리는 초례문—삼군이 모두 행했다 太一醮禮文 三軍都行」

- 「울주 계변성 천신에게 올리는 제문 蔚州戒邊城天神祭文」

- 「북형산에 올리는 제문 北兄山祭文」

- 「경주 동·서 두 악에 올리는 제문 慶州東西兩岳祭文」

- 「소정방 장군에게 올리는 제문 祭蘇挺方將軍文」

- 「공산대왕에게 말을 바치는 제문 獻馬公山大王文」

- 「질병을 물리치기를 비는 반야법석문 疾疫祈禳般若法席文」

- 「칠귀·오온신에게 올리는 초례문 七鬼五温神醮禮文」

- 「태조 전에 따로 올리는 제문 太祖前別祭文」

- 「천황에게 따로 올리는 초례문 天皇別醮文」

- 「동경 서악에 올리는 제문 東京西岳祭文」

- 「동악에 올리는 제문 東岳祭文」

- 「계변성 천신에게 감사하며 올리는 제문 戒邊大[102]神謝祭文」

- 「계변성 천신 앞에 다시 올리는 제문 戒邊天神前復祭文」

- 「동·서 양악에 합쳐서 올리는 제문 東西兩岳合祭文」

---

102 원문에는 大라고 되어 있는데, 天이 옳을 것이다.

▶ 1204년(희종 즉위년, 갑자), 37세

* 1월에 신종이 왕위를 물려주어 희종熙宗이 즉위하다.[103]
* 3월에 경주의 반란이 진압되고 서울로 돌아왔으나, 논공행상에서 제외 되다(「연보」 갑자).
* 12월에 최선 상국과 그의 사위이자 절친한 친구인 조충에게 각각 글을 올려 구직을 청하다.[104]

〈서〉

「박인석 잡단에게 답하는 편지 答朴雜端仁碩手簡」[105] 『전집』 권27

「군막에서 돌아온 뒤 병마유후사 박인석 낭중에게 부치는 편지 軍還後 寄兵 馬留後朴郎中仁碩手書」 『전집』 권27

「박인석 낭중에게 답하는 편지 答朴郎中仁碩手書」[106] 『전집』 권27

「최선 상국에게 올리는 글 上崔相國誐書」[107] 『전집』 권26

「조충 낭중에게 주는 글 投趙郎中冲書」[108] 『전집』 권26

---

103 『고려사절요』 권14, 신종 7년 1월.
104 아래의 각주 107과 108 참고.
105 잡단은 종5품, 낭중은 정5품의 벼슬이다. 따라서 이 편지는 낭중인 박인석에게 보낸 편지 보다 앞서 쓴 것으로 생각된다.
106 신종 7년(희종 즉위년) 5월에 안찰사 박인석이 경주의 남은 적인 김순 등 20여 명을 사로잡 았는데(『고려사절요』 권14, 신종 7년 5월), 편지 내용 중에는 이 일에 대한 언급이 있다.
107 12월에 지은 이 글 중에서 이규보는 자신의 나이가 37세라고 적고 있는데, 이 해는 1204 년이 된다. 「연보」에는 이 글을 1205년에 지었다고 하였으나 착오라고 여겨, 1204년의 작품으로 비정한다.
108 조충은 최선의 사위이다. 이 글에서 이규보는 구직을 원하는 자신의 뜻을 장인에게 전해 달라고 간곡하게 부탁하고 있으므로, 이 글도 앞서 최선 상국에게 올리는 글과 같은 시기 에 쓴 것으로 비정한다.

〈도량재 초소제문〉

「도량재 초소제문—동경초토병마에서 지은 글 道場齋醮疏祭文 東京招討兵馬所製」『전
집』권38

 -「정월 초하루에 천황에게 올리는 초례문 正旦行天皇醮禮文」

 -「공산대왕에게 감사를 올리는 제문 公山大王謝祭文」

▶ 1205년(희종 1, 을축), 38세[109]

• 5월에 최충헌이 남산리 집에 모정茅亭을 짓다.[110]

〈고율시〉

「서울로 돌아온 뒤 을축년 3월에 정동 군막의 옛 동료를 만나 주다 復京後乙
丑三月 遇征東軍幕舊寮贈之」『전집』권12

「상마목—세속에서는 마우목이라고도 한다 相磨木 俗云磨友木也」『전집』권12

「옛일에 부쳐 寓古」『전집』권12

「정통 수좌의 방장에서 술이 거나하여 지잠 상인에게 두목 시의 운을 부르
게 하고 주필로 짓다 通首座方丈酒酣 使智潛上人唱杜牧詩韻 走筆」『전집』권12

「길덕재 수재 집의 연회에서 기생이 꽃을 올리는데 내가 받은 한 가지에는
잎만 있고 꽃은 없는지라 짐짓 기쁘지 않은 척하며 머리에 꼽지 않으면서
인하여 희롱하였더니 좌객들이 시를 청하므로 즉시 절구 한 수를 구점하다
吉秀才德才家筵 有妓獻花 予所得一枝 有葉無花 佯不悅而不插 因以戲之 坐客請爲
詩 卽口占一絶云」『전집』권12

「이튿날 서릉 학록에게 긴 시를 주다 明日以長篇贈徐學錄陵」『전집』권12

「서릉 학록이 화답하므로 다시 차운하여 답하다 徐學錄見和 復次韻答之」『전
집』권12

「다시 서릉 공에게 답하다 復答徐公」『전집』권12

「다시 답하다—서문을 붙임 復答 幷序」『전집』권12

「최종련 태학박사가 서릉 학록에게 화답하여 준 것을 서 군이 나에게 보여

109 「연보」에는 이 해에 「최선 상국에게 올리는 글」을 지어 벼슬을 구했다고 하였으나(「연보」
　　을축), 이 글은 그보다 1년 전에 썼다고 여겨지므로 이 해의 연보에서 삭제하기로 한다.
　　1204년의 연보 각주 107 참고.
110 『고려사절요』권14, 희종 1년 5월.

주었는데, 시 가운데에 언급한 뜻을 저버릴 수 없어서 다시 차운하여 최 군에게 주다 崔大博宗連和贈徐學錄 徐君傳示於予 詩中有及意 不可孤負 復次韻贈崔君」『전집』권12

「최종련 태학박사가 다시 화답하므로 운에 의하여 답을 올리다 崔大博復和 依韻奉答」『전집』권12

「다시 최종련 태학박사에게 답하다 復答崔大博」『전집』권12

「양공로 학유가 화답하므로 차운하여 답하다 梁學論公老見和 次韻答之」『전집』권12

「오백윤 선달이 화답하므로 다시 답하다 吳先達伯胤見和 復答之」『전집』권12

「김남수 선달이 화답하므로 주필로 답을 올리다 金先達南秀見和 走筆奉答」『전집』권12

「산 속에서 山中」『전집』권12

▶ 1206년(희종 2, 병인), 39세

- 3월에 최충헌을 진강후晉康侯로 봉하고, 흥령부興寧府를 세우다.[111]
- 이 해에 양온승동정(정9품)이라는 산관직에 있었으나[112], 심한 가난에 시달리다.[113]

〈고율시〉

「옷을 전당 잡히고 느낌이 있어 최종번 군에게 보이다 典衣有感 示崔君宗藩」[114] 『전집』 권12

「남전에 살러 가는 친구를 보내며 送友人之南田居」 『전집』 권12

「온 사람을 풍간하는 시 諷百詩」 『전집』 권12

「원앙을 두고 희롱 삼아 짓다 鴛鴦戲作」 『전집』 권12

「건성사 제석전주인 겸 스님이 머무는 누각에 포도 넝쿨을 올려 햇볕을 막으니 글을 지은 이가 많았는데, 스님이 나에게도 청하므로 차운하다 乾聖寺 帝釋殿主謙師所居樓 架蒲桃遮陽 賦者多矣 師請予次韻」 『전집』 권12

「반딧불이 螢」 『전집』 권12

「또 又」 『전집』 권12

「늙은 과부의 탄식 孀嫗嘆」 『전집』 권12

「중구일에 국화를 읊다 重九日詠菊」 『전집』 권12

---

111 『고려사절요』 권12, 희종 2년 1월 및 『고려사』 권129 열전 최충헌전.

112 「장자목 학사에게 드리는 제문[祭張學士自牧文]」(『전집』 권37, 제문).

113 「옷을 전당 잡히고 느낌이 있어 최종번 군에게 보이다[典衣有感 示崔君宗藩]」(『전집』 권12, 고율시) 참고.

114 이 시는 3월에 지어졌지만 연대는 정확하게 알 수 없다. 이 시 바로 앞에 실린 권12의 시들을 1205년에 지은 것으로 비정하였고, 이 시 뒤에 실린 작품 중에는 39세에 지은 것도 있다(「중구일에 국화를 읊다[重九日詠菊]」). 이러한 점을 참작하여, 이 시를 1206년 봄에 지은 것으로 비정한다.

「북악에 올라 도성을 바라보다 登北岳望都城」『전집』권12

「김대년에게 묻다 問金大年」『전집』권12

「산사에서 절을 읊다 山寺詠月」『전집』권12

「산 속에 우거하면서 3수 山中寓居 三首」『전집』권12

「목필화 木筆花」『전집』권12

「희롱 삼아 미인에게 주다 戱贈美人」『전집』권12

「미인을 대신해 답하다 代美人答」『전집』권12

「'귀양 온 신선에게 묻는 노래'를 이미수 내한에게 앉은 자리에서 지어 주다
　問謫仙行 贈內翰李眉叟坐上作」『전집』권13

〈제문〉

「장자목 학사에게 드리는 제문 祭張學士自牧文」[115]『전집』권37

---

115 장자목에게 바친 이 제문에는 이규보의 관직이 양온승동정(정9품)이라고 밝혀져 있다. 이와 관련하여 권37의 이 글 바로 뒤에 실려 있는 「종의 선로에게 드리는 제문」에는 이규보의 관직이 양온령동정(정8품)이라고 하였고, 신종 6년(1203년)에도 양온령동정이었다는 기록도 있다(「정동 군막의 도통 상서와 부사 시랑에게 올리는 글」, 『전집』권27, 서). 즉 이규보는 적어도 1203년 당시에는 정8품의 양온령동정으로 승진해 있었다고 할 수 있는데, 그는 이후 희종 3년(1207)에 직한림원이 되면서부터 散職에서 벗어나서 實職 관리가 되었다(「연보」정묘). 문제는 장자목의 사망시기인데, 해동기로회의 구성원이었던 그는 희종 2년(1206)에 78세의 최연장자로 그 모임에 참석했다는 기록이 남아 있다(『졸고천백』권1, 「해동후기로회 서」). 이러한 사실은 그에게 제문을 바칠 당시의 이규보의 관직과는 서로 맞지 않게 된다. 장자목이 언제 사망하였는지 정확하게 알 수 없는 상태에서 이와 같은 문제가 생기기는 하지만, 『졸고천백』의 기사를 감안하여 위의 글이 쓰인 시기를 잠정적으로 희종 2년(1206)으로 비정해 둔다.

▶ 1207년(희종 3, 정묘), 40세

- 3월 10일에 거처하던 초당을 지지헌止止軒이라고 이름 지어 자신의 불우한 처지와 낙담한 심사를 역설적으로 표현하다.[116]
- 5월에 최충헌의 모정에 불려가 「모정기茅亭記」를 짓다.[117]
- 12월에 권직한림이 되다. 이에 대해 「연보」에는 다음과 같이 적고 있다.

12월에 권직한림에 보임되었다. 공은 이미 세상에 묻혀서 문을 닫고 들어 앉아 나다니지 않았다. 그러나 해마다 사관·한원·국학 등에서 유관들이 사람을 추천하면 항상 공이 첫째가 되었고, 또 좌우에서 칭찬하여 치켜세워 주는 이들이 많았다. 진강후[최충헌]가 여러 사람의 뜻을 거듭 위반하다가 등용할 생각을 가졌으나 계기가 없는 것을 안타깝게 여겼다. 이때 마침 모정을 짓게 되자 이인로·이원로·이윤보와 공에게 명하여 기를 짓게 하고 유관 재상儒官 宰相 네 명에게 등급을 매기게 하였는데, 공이 첫째가 되어 홀로 현판에 새겨 벽에 걸었다. 12월에 이르러 이 관직에 보임된 것이다(「연보」 정묘).

〈고율시〉
「설날에 길 위에서 스님을 만나 구점으로 희롱 삼아 주다 正旦路上逢山人 口占戲贈」『전집』 권13
「김연수 동년의 집을 찾아갔다가 옛 사람의 시의 운을 써서 訪金同年延脩家 用古人詩韻」『전집』 권13
「정묘년 12월에 처음으로 한림원에 들어가 밤에 숙직하면서 지어 금중의 제

116 「止止軒記」(『전집』 권23, 기). 그러나 이 「지지헌기」에는 성동 봉향리의 초당을 지지헌이라고 불렸다고 했는데, 「천개동기」(『전집』 권24, 기)에서는 35세인 1202년에 봉향리에서 안신리로 이사했다고 하여, 두 기록이 서로 어긋난다. 둘 중의 하나는 착오이겠지만, 「천개동기」의 '안신리로 이사 온 지 몇 해 뒤에 한림이 되었다'고 했다는 내용을 보면 「지지헌기」의 기록에 문제가 있는 것으로 보인다.
117 「晉康侯茅亭記」(『전집』 권23, 기) 및 각주 119 참조.

공들에게 보이다 丁卯十二月初 入翰林夜直有作 示禁中諸公」『전집』권13

「제공들이 화답하므로 차운하다 次韻諸公見和」『전집』권13

「명성 낚는 것을 풍자하며 釣名諷」『전집』권13

〈명〉

「지지헌에 대한 명─해설은 '지지헌기'에 있다 止止軒銘 解在止止軒記」『전집』권19

〈기〉

「지지헌기 止止軒記」[118]『전집』권23

「진강후[최충헌] 모정기 晉康侯茅亭記」[119]『전집』권23

〈제문〉

「종의 선로에게 드리는 제문 祭鍾義禪老文」[120]『전집』권37

118 이 기의 끝에 정묘년(희종 3, 1207) 3월 10일에 쓴다고 적혀 있다. 각주 116 참고.

119 『고려사절요』에는 최충헌이 희종 1년(1205) 5월에 南山里 집에 茅亭을 짓자, 문사를 불러 雙松詩를 짓게 하고 白光臣이 심사하여 鄭公賁의 시가 1등이 되었는데, 이규보도 기를 지어 그 아름다움을 찬미했다고 했다(『고려사절요』권14, 희종 1년 5월). 그러나 『고려사』최충헌전에는 쌍송시에 대한 기사는 나오지만 이규보가 기를 지었다는 기록은 나오지 않는다. 「연보」의 기록을 중시한다면, 아마도 희종 3년에 최충헌은 다시 이규보 등을 불러 모아 잔치를 베풀고, 기를 짓게 한 것이 아닌가 한다. 그렇다면 『고려사절요』의 기록은 이 두 가지 사실을 합쳐서 적은 것이라고 이해하는 편이 무난할 듯하다.

120 이 글에는 이규보의 관직이 양온령동정(정8품)이라고 되어 있다. 이 글 바로 앞에 실려 있는 「장자목 학사에게 드리는 제문」에는 양온승동정(정9품)이라고 하였으므로, 비록 산직이기는 하지만 그동안 그가 승진하였음을 말해 준다. 그런데 이규보는 희종 3년(1207) 12월에 직한림원에 권보되면서 산직관리 생활을 마감했는데(「연보」정묘), 이러한 점을 감안하여 이 글이 쓰인 시기를 그가 實職을 받기 직전인 희종 3년이라고 잠정적으로 비정해 둔다. 각주 115 참조.

▶ 1208년(희종 4, 무진), 41세

- 6월에 권직한림에서 직한림이 되다(「연보」 무진).
- 이 해에 장인인 진승晉昇이 사망하다.[121]

〈고율시〉

「임금께서 진강후[최충헌] 집의 모정에 행차하여 지은 운에 의거하여 우러러
화답하다—금내의 여러 유신들과 함께 같이 지어 바쳤다 依韻仰和駕幸晉康侯第亭御製 與
禁內諸儒 同作進呈」[122]『전집』권13

「다시 앞의 운을 써서 진강후[최충헌]에게 올리다—금내의 여러 유신이 같이 지었다
復用前韻 上晉康侯 禁內諸儒同作」『전집』권13

「초당에서 함자진[함순]을 맞이하여 먼저 시를 주다 草堂邀咸子眞 以詩先之」
『전집』권13

「함자진[함순]이 우군판관이 되어 지은 시에 차운하다 次韻咸子眞拜右軍判官有
作」『전집』권13

「영통사에서 임금의 행차를 호종하며 아무개 한림원[天院] 관리에게서 자주
색 관복을 빌려 입었다가 시와 함께 돌려주다 扈駕靈通寺 借某天院紫衣 以詩
奉還」『전집』권13

「각월[123] 수좌가 조충 시랑에게 준 시에 차운하다 次韻月首座贈趙侍郎冲」『전

---

121 「장인 진승 대부경 공에게 올리는 제문[祭外舅大府卿晉公文 葬所行]」(『전집』권37, 제
문). 각주 130 참조.

122 '희종 4년 3월에 왕이 최충헌의 모정에 행차하여 밤새 연회를 베풀었다'(『고려사』권21
세가 희종 4년 3월 임신)라는 기록이 있으므로, 이 시를 이때 지은 것으로 비정한다. 그러
나 진강후이던 최충헌은 희종 3년 12월에 진강공이 되었는데(『고려사절요』권14, 희종 3
년 12월), 이 시와 바로 다음에 실린 시에서는 최충헌을 진강후라고 부르고 있어 차이가
난다.

123 월 수좌는 覺月과 같은 인물이라고 생각되는데(박윤진, 「이규보의 불교관에 대한 일고
찰」, 『사총』53, 고대사학회, 2001), 『해동고승전』을 지은 覺訓으로 잘 알려져 있다(김상

집』권13

　– 「이것은 조충 시랑에게 준 것이다 右贈趙侍郎」
　– 「이것은 각월 수좌에게 준 것이다 右贈月首座」

〈구호〉

「진강후[최충헌]의 저택에서 성가의 행차를 맞아들일 때의 교방의 치어와 구
　호 晉康侯邸迎聖駕次 敎坊致語口號」[124]『전집』권19

〈서〉

「진강후[최충헌]에게 직한림을 제수해 줌을 감사하며 올리는 계 上晉康侯謝直
　翰林啓」[125]『전집』권27

〈표〉

「금의琴儀 비서감이 한림시독학사를 사양하는 표 琴祕監讓翰林侍讀學士表」
『전집』권29

「앞과 같이 (금의 비서감이 한림시독학사에 제수됨에) 사은하는 표 同前謝表」[126]
『전집』권29

「금의 간의가 동지공거를 사양하는 표 琴諫議讓同知貢擧表」『전집』권29

「앞과 같이 (금의 간의가 동지공거를) 사은하는 표 同前謝表」[127]『전집』권29

현,「각훈」,『한국사시민강좌』13, 일조각, 1993).

124 각주 122와 같음.

125 1208년 6월, 이규보는 직한림원이 되었다(「연보」무진).

126 금의가 언제 한림시독학사에 제수되었는지 분명하지는 않다. 그러나 권29의 이 글 다음
　에 잇달아 나오듯이 그가 동지공거가 된 것은 희종 4년, 즉 1208년 윤4월이다(『고려사』
　권73 선거지 1 선장, 희종 4년 윤4월). 이러한 배치 순서를 고려하여 잠정적으로 이 글을
　희종 4년의 작품으로 비정해 둔다.

127 금의가 동지공거가 된 것은 희종 4년, 즉 1208년 윤4월이다(『고려사』권73 선거지 1 선
　장, 희종 4년 윤4월).

「진강후[최충헌]가 왕이 모정의 곡연에 행차하여 어제시를 내려 준 데 대해
사은하는 표 晉康侯謝駕幸茅亭曲宴次 賜御製表」[128]『전집』권30
「금내의 문유6관이 선사에 사은하는 표─한림에 있을 때 지었다 禁內文儒六官謝宣
賜表 在翰林作」[129]『전집』권30

〈제문〉
「장인 진승晉昇 대부경 공에게 올리는 제문─장지에서 지었다 祭外舅大府卿晉公文
葬所行」[130]『전집』권37

128 각주 122의 시를 지을 때에 같이 지은 것으로 비정한다.
129 각주 122와 같음.
130 「이규보 묘지명」에는 장인이 대부경 晉昇이라고 하였는데, 그가 언제 사망했는지는 정확
하게 알 수 없다. 그러나 이 제문에는 이규보의 관직이 직한림이라고 되어 있는데, 그는
희종 4년(1208) 6월에 이 관직에 보임되었다(「연보」 무진). 이 점을 감안하여, 이 글이 쓰
인 시기를 잠정적으로 1208년으로 비정해 둔다.

▶ 1209년(희종 5, 기사), 42세

• 5월에 최선이 사망하다.[131]

〈고율시〉

「기사년 등석 —한림에서 지어 올리다 己巳年燈夕 翰林奏呈」『전집』권13

　　－「문기장자시 2수 文機障子詩 二首」

　　－「등롱시 4수 燈籠詩 四首」

「진화 학정의 '거문고를 듣고'에 차운하다 2수 次韻陳學正澕聞琴 二首」[132]『전집』권13

「운봉의 주지인 규 선사가 조아차를 얻어 보여 주자 내가 '유차孺茶'라고 이름을 붙였는데, 스님이 시를 청하므로 짓는다 雲峯住老珪禪師 得早芽茶示之 予目爲孺茶 師請詩爲賦之」『전집』권13

「다시 앞의 운을 써서 주다 復用前韻贈之」『전집』권13

「손득지 옥당·이윤보 사관·왕숭 사관·김철 내한·오주경 사관이 화답하므로 다시 차운하여 답하다 孫玉堂得之·李史館允甫·王史館崇·金內翰轍·吳史館柱卿見和 復次韻答之」『전집』권13

「손득지 한장이 다시 화답하기에 차운하여 주다 孫翰長復和 次韻寄之」『전집』권13

「방연보 장원이 화답하므로 차운하여 답하다 房狀元衍寶見和 次韻答之」『전집』권13

「손득지 한장의 집에서 봄눈을 읊으며 옛사람의 운을 쓰다 孫翰長家詠春雪 用

---

131 『고려사절요』권14, 희종 5년 5월.
132 진화의 『매호유고』에는 희종 기사년, 즉 이규보가 42세이던 1209년에 진화가 학정이 되었을 때 이 시를 지었다고 하였다(『梅湖遺稿』 酬唱). 이에 따라 이 시부터 다음의 시 몇 수를 이규보가 42세 때에 지은 작품으로 비정한다.

古人韻」『전집』 권13

「기홍수 평장사의 만사―한림에서 지어 올리다 奇平章挽詞 翰林奏呈」[133]『전집』 권13

「산호전으로 내도량의 혜 수좌 방장을 찾아갔다가 자모란을 두고 짓다 2수
山呼殿訪內道場惠首座方丈 賦紫牡丹 二首」『전집』 권13

「다시 화답하다 復和」『전집』 권13

「봄날 호협의 집에 들려 술을 마시며 짓다 春日 入豪俠家飮有作」『전집』 권13

「또 쌍비파를 들으면서 구점하다 又聞雙琵琶口占」『전집』 권13

「책상 위의 세 가지를 읊다 案中三詠」『전집』 권13

   ―「작은 화분에 담긴 석창포 小盆石菖蒲」

   ―「녹자 연적 綠瓷硯滴子」

   ―「대나무 벼룻집 竹硯匣」

〈송〉

「진강후[최충헌]의 별제에서 성가의 행차를 맞이할 때 교방에서 서물의 치어
를 올림―서문을 붙이고 송 한 수를 각각 바친다 晉康侯別第迎聖駕次 敎坊呈瑞物致語 幷
序 各頌一首」[134]『전집』 권19

   ―「이것은 신령스러운 거북이 그림을 지고 와서 성수만년을 바친 것이다
     右神龜負圖 奉聖壽萬年」

   ―「이것은 용마가 글을 물고 와서 천수무강을 바친 것이다 右龍馬銜書 奉
     天壽無疆」

133 기홍수는 희종 5년 6월에 62세로 사망했다(『고려사』 권21 세가 희종 5년 6월 경신 및 『고
려사』 권101 열전 차약송 전부 기홍수).

134 희종 5년 3월에 희종은 최충헌의 유정동의 집으로 이어했다(『고려사』 권21 세가 희종 5
년 3월 정유).

〈표〉

「기홍수 평장사가 벼슬에서 물러나기를 청하는 표 奇平章乞辭位表」[135]『전집』
권29

- 「두 번째 표 第二表」

---

135 희종 4년 윤3월에 문하평장사였던 기홍수는 이듬해 5년 6월에 문하시랑 동중서문하평장
사로 사망하였는데(『고려사』권21 세가 희종 4년 윤3월 을해 및 희종 5년 6월 경신), 그가
치사한 시기를 잠정적으로 희종 5년, 즉 1209년으로 비정해 둔다.

▶ 1210년(희종 6, 경오), 43세

- 아들을 낳다.[136]

<hr />

136 이 아들은 11살에 출가하여 法源이라는 이름을 얻었는데, 13세에 사망했다(「(승)이법원 묘지명」, 『전집』 권35, 묘지명). 한편 「이규보 묘지명」에는 이규보가 4남 2녀를 두었다고 하여 아들과 사위의 이름을 밝히고 있으나, 출가한 이 아들에 대한 기록은 없다.

▶ 1211년(희종 7; 강종 즉위년, 신미), 44세

- 봄에 죽림고회 7현의 한 명이었던 함순咸淳이 사망하다.[137]
- 9월에 최당이 사망하다.[138]
- 12월에 내시 왕준명王濬明 등이 최충헌을 암살하려다가 실패하자, 희종은 폐위되고 강종康宗이 즉위하다.[139]

〈고율시〉

「눈이 침침해짐에 느낌이 있어 전이지에게 주다 眼昏有感 贈全履之」[140]『전집』
　권14

〈표〉

「조충 국자제주가 지제고를 사양하는 표 趙祭酒冲謝三字表」[141]『전집』권29
「왕후가 책봉을 받은 뒤 태후에게 사은하는 표 王后受冊後謝大后表」[142]『전집』
　권30

---

137 咸淳(1155~1211)은 字가 子眞으로 뒤에 이름을 咸脩로 바꾸었다. 「함수 묘지명」, 『집
　성』, 301~302쪽 참고.
138 『고려사절요』 권14, 희종 7년 9월.
139 『고려사절요』 권14, 희종 7년 12월.
140 이 시에서 이규보는 나이가 44세라고 하였으므로, 1211년의 작품으로 비정한다. 그러나
　이 시 바로 뒤에 실린 것은 「강종대왕 만사」인데, 강종은 1213년 8월에 사망했다(『고려
　사』 권21 세가 강종 2년 8월 계유). 이와 같이 권14에 실린 시들은 지어진 연대가 정확하
　지 않은 채 들쑥날쑥하게 배열되어 있으므로, 글의 내용에 보이는 전반적인 정황을 참작
　하여 적당하게 연대를 비정해 둔다.
141 국자제주였던 조충은 희종 7년, 즉 1211년에 지제고가 더해지면서 대사성 보문각학사 지
　제고가 되었다(「조충 묘지명」, 『집성』, 335쪽).
142 희종 7년 4월에 元妃 任氏를 咸平宮主로 책봉했다(『고려사』 권21 세가 희종 7년 4월 계
　미).

▶ 1212년(강종 1, 임신), 45세

- 1월에 천우위녹사 참군사가 되어 한림원에서 나오다(「연보」임신).
- 3월에 예부시의 동지공거인 임유가 사망하다.[143]
- 6월에 본직을 그대로 가진 채 겸 직한림원으로 복직하다(「연보」임신).
- 시 원고 300여 수를 불태우다.[144]

〈고율시〉

「설날 조회에서 물러 나오며 느낌이 있어—이때 천우위 참군사가 되었다 元日朝會退來有感 時爲千牛衆軍」『후집』권1

「예성강에서 우연히 읊다—2수 내가 천우위 참군사로 조운 선박의 업무를 맡았다 禮成江上偶吟 二首 予以千牛衆軍課漕舡」『전집』권13

「시 원고를 태우며—300여 수를 태우다 焚藁 焚三百餘首」『전집』권13

「응 선사의 방장을 찾아갔다가 訪應禪師方丈」『전집』권13

「다시 옥당에 들어가게 되자 지어 벽 위에 쓰다 再入玉堂有作 書壁上」『전집』권13

「이인로 낭중과 손득지 한림이 화답하므로 다시 앞의 운을 써서 李郎中仁老·孫翰林得之見和 復用前韻」『전집』권13

「진화 한림이 지은 '시장가에 있는 묘정자의 대은루'에 차운하다 次韻陳翰林題苗正字大隱樓 在市邊」『전집』권13

「백분화 천원의 집에서 해당화 시를 지었는데, 백낙천 시의 운을 쓰다—이 수재도 같이 지었다 白天院賁華家賦海棠 用樂天詩韻 李秀才同賦」『전집』권13

「6월 20일에 오래 내리던 비가 갑자기 개자 손님과 함께 동산을 거닐며 본

---

143 『고려사』권21 세가 강종 1년 3월 경신.
144 「시 원고를 태우며—300여 수를 태우다 焚藁—焚三百餘首」(『전집』권13, 고율시). 시의 본문에 의할 때, 아마도 불사른 시들은 대부분 소년 시절에 썼던 것이라고 짐작된다.

것을 적다 六月二十日 久雨忽晴 與客行園中記所見」『전집』권13

「7월 10일에 대안사에서 놀며 남긴 시 七月十日 遊大安寺留題」『전집』권13

「8월에 배꽃이 갑자기 핀 것을 보고 2수 八月見梨花忽開 二首」『전집』권13

「초당에 해가 저물자 거문고를 타는 손님을 맞이하여 술자리를 베풀다 草堂
日暮 値琴客置酒」『전집』권13

「눈을 읊다 詠雪」『전집』권13

「수세 守歲」『전집』권13

〈표表 · 전牋 · 장狀〉

「공주가 결혼하면서 사은하는 표 公主謝下嫁表」[145]『전집』권30

「공주가 왕후에게 사은하는 표 公主謝王后表」『전집』권30

「하원백이 동궁에게 사은하는 전 河源伯謝東宮牋」『전집』권30

---

145 강종의 딸 壽寧宮主는 강종 1년(1212)에 宮主로 책봉되고, 河源公 璵과 결혼했다(『고려
사』권91 공주전 강종 수령궁주).

▶ 1213년(고종 즉위년, 계유), 46세

- 8월에 강종이 사망하고 고종高宗이 즉위하다.[146]
- 12월에 사재승이 되다.[147] 이 관직의 제수에 대해 「연보」에는 다음과 같이 적혀 있다.

> 밤중에 상국[최우崔瑀, 뒤에 최이崔怡로 개명함]이 이르기를 "그대가 문장을 잘 한다는 소문은 들었으나 아직 보지는 못하였으니, 오늘 한번 시험해 보는 것이 어떻겠소?"라고 하고, 이인로를 시켜 운을 부르게 했는데, 40여 운에 이르렀다. 촛불을 시제로 삼고 이름난 기생에게 먹을 갈도록 했다. 시가 완성되자 상국은 탄복하여 마지않았다. 다음 날 상국은 그 시를 가지고 부府로 나아가 진강후[최충헌]에게 여쭙고 공을 불러들여 재주를 시험해 보라고 했다. 진강후가 처음에는 쾌히 승낙하지 않다가 두세 번 여쭌 후에야 공을 불러들이도록 했다.
>
> 공이 부에 이르자 상국이 진강후에게 여쭈기를, "이 사람은 술을 마시지 않으면 시를 제대로 짓지 못한다고 합니다"라고 하고, 바로 빠른 자를 시켜 집으로 가서 술을 가져오도록 했는데, 술이 미처 이르기 전에 진강후는 벌써 술상을 차려 놓고 함께 마시고 있었다. 상국은 또 말하기를, "이 사람은 취한 다음이라야 시를 짓습니다"라고 하고 술잔을 번갈아 가면서 취하도록 마시게 한 뒤에 이끌고 진강후 앞으로 나아갔다. 진강후 바로 앞에 필갑이 있고, 붓이 열 자루가 넘었는데 상국이 친히 그중에서 좋은 붓을 골라서 공에게 주었다.
>
> 이때 마침 뜰에서 오락가락하는 공작이 있기에 진강후가 이 공작을 시제로 삼고 금의琴儀 상국을 시켜 운을 부르게 했는데, 40여 운에 이르도록 잠시도 붓을 멈추지 않으니 진강후는 감탄하여 눈물까지 흘렸다. 공이 물러나오려

---

146 『고려사절요』 권14, 강종 2년 8월.
147 「이규보 묘지명」에는 그 전해인 1212년(강종 1, 임신) 12월에 7품을 거치지 않고 사재승이 되었다고 하여, 이 「연보」 기록과 차이가 난다.

할 때 진강후가 이르기를, "그대가 만약 벼슬을 희망한다면 뜻대로 이야기하시오"라고 하자, 공이 대답하기를, "제가 지금 8품에 있으니 7품만 제수하시면 됩니다"라고 했다. 상국이 여러 번 눈짓을 하면서 바로 참관叅官을 희망하게 하려고 했다. 그날 상국은 집으로 돌아와 공을 불러 꾸짖으며, "그대가 벼슬을 희망하는 것이 왜 그리 낮소? 무슨 이유로 참관을 희망하지 않은 거요?"라고 하나, 공이 대답하기를 "제 뜻이 그러할 뿐입니다"라고 했다. 12월 인사 발령 때에 이르러 7품을 넘어 사재승(종6품)이 되었다(「연보」계유).

〈고율시〉

「혜문 선로가 숯을 보내 준 것을 주필로 감사하다 走筆謝文禪老惠炭」[148] 『전집』권13

「이른 봄에 임진강 가에서 본사로 돌아가는 혜문 선로를 보내며 강가에서 구점하다 早春臨津江上 送文禪老還本寺 江上口占」 『전집』권13

「혜문 선사가 화답한 것을 보고 다시 차운하여 답하다 文禪師見和 復次韻答之」 『전집』권13

「상원일 등석의 문기장자와 등롱시―한림에서 지어 올리다 上元燈夕 文機障子·燈籠詩 翰林奏呈」 『전집』권13

　－「문기장자 文機障子」

　－「등롱시 燈籠詩」

「김대년이 기생에게 준 시에 차운하다―서문을 붙임 次韻金大年贈妓 幷序」 『전집』권13

「칠석에 친구네 집에서 술을 마시며 七夕飮友人家」 『전집』권13

---

148 권13의 이 시 바로 앞에는 섣달그믐에 지은 「수세」라는 시가 있고, 바로 뒤에는 이른 봄에 지어진 시가 나온다. 그 뒤에 칠석날에 지은 시가 실려 있기는 하지만 또 몇 수 뒤에 계유년(1213) 1월 17일에 지은 시가 나오므로, 이러한 점을 참작하여 이 시와 그다음의 시들을 1213년에 지은 것으로 비정해 둔다.

「연 수좌의 방장에서 정득공이 그린 물고기 족자를 보며 淵首座方丈 觀鄭得恭 所畫魚蔟子」『전집』권13

「또 족자에 쓰여 있는 시의 운을 빌려서 주다 又次書蔟子詩韻贈之」『전집』권13

「다시 화답하다 復和」『전집』권13

「손득지 한장이 화답하므로 다시 앞의 운을 빌려서 孫翰長得之見和 復次前韻」 『전집』권13

「계유년 1월 17일에 진화 한림과 함께 밤에 임원간 수재의 집에서 크게 취했다. 임 군이 장편 율시를 주필로 써 보여 주기를 청하므로 내가 진 공에게 운을 부르게 하고 지었는데, 글에 하나도 고친 곳이 없고 한 식경도 지나지 않았다―이날 운서가 없어서 진 군이 직접 불렀으므로 음에 순서가 없다 癸酉孟春十七日 與陳翰林澕夜飮林秀才元幹家大醉 林君請觀長篇律詩走筆 予使陳公唱韻賦之 文不加點 不容一瞥 是日無韻書 陳君直唱 故音無次第」『전집』권13

「임원간 군이 또 반송이 그려진 병풍에 고시를 주필로 써 주기를 청하므로, 다시 진화 군에게 운을 부르게 하여 짓다 林君又以畫盤松屛風 請古詩走筆 復使陳君唱韻賦之」『전집』권13

「거울을 보고 양 교감에게 주다 2수 覽鏡 贈梁校勘 二首」『전집』권13

「양 교감이 화답하므로 다시 앞의 운을 써서 梁校勘見和 復用前韻」『전집』권13

「꾀꼬리 소리를 들으며 聞鶯」『전집』권13

「흥천사 강가에서 우연히 읊다 2수 興天寺江上偶吟 二首」『전집』권13

「노는 물고기 游魚」『전집』권13

「봄날 산사를 찾아 春日訪山寺」『전집』권14

「옛일에 부쳐 寓古」『전집』권14

「꾀꼬리 소리를 들으며 3수 聞鶯 三首」『전집』권14

「천수사 문밖에서 읊다 天壽寺門外吟」『전집』권14

「친구의 '닥풀 黃蜀葵'에 화답하다 和友人黃蜀葵」『전집』권14

「천천히 걸으면서 사람을 기다리다 晚步待人」『전집』권14

「구품사에서 노는데 갑자기 날이 저물자 遊九品寺迫晩」『전집』 권14

「혜문 장로의 '친구의 거문고 소리를 듣고'에 차운하다 次韻文長老聞友人彈琴」『전집』 권14

「대나무에 물주기 灌竹」『전집』 권14

「오얏꽃에 붙여 題李花」『전집』 권14

「여름날 개국사에 스님을 찾아갔다가 만나지 못하고 못가에서 짓다 夏日 開國寺尋僧不遇 池上作」『전집』 권14

「혜문 장로와 박환고가 무궁화를 논한 시에 차운하다—서문을 붙임 次韻文長老·朴還古論槿花 幷序」『전집』 권14

「부채를 잃고 失扇」『전집』 권14

「취한 뒤 큰 소리로 어지럽게 지어 혜문 장로에게 보이다 醉後亂導大言 示文長老」『전집』 권14

「어부 4수 漁父 四首」『전집』 권14[149]

「이백의 시를 읽고 讀李白詩」『전집』 권14

「친구네 집에서 순나물을 먹고 友人家食蓴」『전집』 권14

「친구가 귤을 읊은 것에 화답하다 和友人詠橘」『전집』 권14

「돌샘에 쓰다 題石泉」『전집』 권14

「강종대왕 만사—한림에서 지어 올리다 康宗大王挽詞 翰林奏呈」[150]『전집』 권14

---

149 『전집』 권14에 수록된 시들이 배열된 순서는 매우 혼란스럽다. 이 시 바로 앞의 시 두 수는 37년 전에 귀법사의 하과에 참석한 일을 회고한 것인데, 이규보는 14·15세 때 하과에 참석했으므로, 50~51세에 지은 것이 분명하다. 그러나 권14의 후반부에는 44세에 지은 「눈이 침침해짐에 느낌이 있어 전이지에게 주다眼昏有感 贈全履之]라는 시에 이어바로 그 뒤에는 강종의 만사가 나오는데, 강종은 이규보가 46세인 1213년에 사망했다. 그러므로 권14의 시들은 수록된 시들의 앞뒤 정황과 내용을 고려하여 임의로 시기를 비정해 두기로 한다.

150 강종은 재위 2년 만인 1213년 8월에 사망했다(『고려사』 권21 세가 강종 2년 8월 계유).

〈기〉

「최우 승제의 십자각에 대한 기—진강후[최충헌]의 맏아들이다 崔承制十字閣記 晉康侯
元嗣」[151] 『전집』 권24

「또 (최우 승제의) 대루기를 짓다 又大樓記」 『전집』 권24

「개천사의 청석탑에 대한 기명 開天寺靑石塔記銘」 『전집』 권24

〈표〉

「왕사를 책봉하면서 지은 글—칙명을 받고 지었다 王師册封修製 受勅述」[152] 『전집』 권
30

　　－「왕사로 책봉됨을 사양하는 첫 번째 표 初度讓封王師表」

　　－「세 번째로 사은하는 표 三度謝表」

　　－「다섯 번째로 봉숭하는 글에 대해 사은하는 장—신이라는 칭호를 제거한 뒤 글
　　　을 지었다 五度謝封崇狀 除臣後以狀行」

　　－「물품을 내려 준 것에 사은하는 장 謝物狀」

　　－「조계종을 대신하여 왕사에게 하례하는 전—사적인 부탁으로 지었다 代曹溪
　　　宗賀王師牋 私請作」

「강종대왕의 기신에 위로를 올리는 표 康宗大王忌晨慰表」 『전집』 권30

「새로 보위에 오르신 뒤에 3만 명의 중에게 공양한 것에 하례하는 표—조계종
을 대신해 지었다 賀新登寶位後 三萬僧齋表 代曹溪宗行」 『전집』 권30

151　이 기의 끝에는 이규보의 직함이 직한림원으로 적혀 있는데, 이규보는 1212년 6월에 직
　　한림원이 되었다(「연보」임신). 그러나 최우가 그 이듬해 12월에 야연을 베풀면서 이규보
　　를 참석시켜 그의 글재주를 시험해 본 일을 감안하면(「연보」계유), 이 기는 1213년경에
　　썼다고 보는 것이 타당하지 않을까 한다.

152　강종 2년 6월에 至謙을 王師로 책봉했다(『고려사』권21 세가 강종 2년 6월 갑신). 지겸은
　　고종 4년(1217)에 華藏寺로 下山하였는데 이때 하산을 허락해 주기를 바라는 글도 이규
　　보가 대신 지었고(「王師乞下山狀」및 「謝下山狀」, 『전집』권30, 장), 고종 16년(1229)에
　　사망하고 靜覺國師로 추봉되자 고종 19년에 이규보는 그의 碑銘도 지었다(「故華藏寺住
　　持王師定印大禪師追封靜覺國師碑銘」, 『전집』권35, 비명).

〈장〉

「왕사봉책객주왕래장—칙명을 받고 지었다 王師封册客主往來狀 受勅述」『전집』권32

  – 「왕사가 책사에게 올리는 글 王師呈册使狀」

  – 「책사가 답하는 글 册使答狀」

  – 「책사를 잔치에 모시는 글 上册使屈宴狀」

  – 「물품을 드리는 글 贈物狀」

  – 「세 번째로 책사에게 올리는글 三度册使上遠狀」

  – 「책사가 답하는 글 册使答狀」

  – 「잔치에 모시는 글 屈宴狀」

  – 「물품을 드리는 글 贈物狀」

  – 「다섯 번째로 책사가 먼저 왕사에게 드리는 글—이미 봉숭한 뒤이므로 책사가
     먼저 글을 올렸다 五度册使先呈王師狀 已封崇後 册使先呈狀」

  – 「부사가 먼저 왕사에게 올리는 글 副使行同前狀」

  – 「왕사가 책사에게 답하는 글 王師答册使狀」

  – 「부사에게 답하는 글 答副使狀」

  – 「책사를 잔치에 모시는 글 册使上屈宴狀」

  – 「부사를 잔치에 모시는 글 副使上同前狀」

  – 「책사에게 물품을 드리는 글 使上贈物狀」

  – 「부사에게 물품을 드리는 글 副使上同前狀」

〈제문〉

「강종대왕에게 올리는 제문—임금[고종]이 한림원에서 짓도록 했다 祭康宗大王文 主上行
  翰林所製」『전집』권37

▶ 1214년(고종 1, 갑술), 47세

〈고율시〉

「등석 燈夕」『전집』권14[153]

   – 「문기장자시 文機障子詩」

   – 「등롱시 燈籠詩」

「꽃샘바람 妬花風」『전집』권14

「진화의 집에서 술을 마시며 꽃을 감상하다가 취한 뒤에 주필로 陳澕家置酒
賞花 醉後走筆」『전집』권14

「곡령에 올라 짓다 登鵠嶺有作」『전집』권14

「이정 교서가 미나리를 보내며 쓴 시에 차운하다─2수 이정은 바로 미수 이인로의 아
들이다 次韻李程校書惠芹 二首 李程 是李眉叟子也」『전집』권14

「거미줄 蛛網」『전집』권14[154]

「차 가는 맷돌을 준 이에게 감사하며 謝人贈茶磨」『전집』권14

「최종번 원외랑의 비망록에 쓰다 書崔員外宗蕃備忘錄」『전집』권14

「전원균 사공댁에서 취하여 돌아오다가 야경꾼에게 걸리다 自田司空元均宅
醉迴犯夜」『전집』권14

「최 수재가 임금과 감과를 준 것에 감사하며 2수 謝崔秀才惠林檎甘瓜 二首」『전
집』권14

「도잠 시를 읽고 讀陶潛詩」『전집』권14

---

153 권14의 시의 배열이 시간상으로 매우 혼란스럽다는 점은 앞 46세 연보의 각주 149 참조.
154 이 시로부터 6번째 뒤에는 「처음으로 정언이 되어 짓다[初拜正言有作]」가 수록되어 있다.
    이규보는 48세에 처음 정언이 되었으므로(「연보」을해), 이 사이의 5수의 시는 47세 때
    지은 것으로 비정해 둔다.

〈방榜〉

「창복사에서 담선을 하는 데 대한 방 昌福寺談禪榜」『전집』권25

〈표〉

「진강공[최충헌]의 두 비를 택주로 봉책하면서 지은 글—칙명을 받고 지었다 晉康 公二妃封册修製 受勅述」[155]『전집』권30

  - 「진강공이 두 비를 택주로 봉책한 것에 사은하는 표 晉康公謝册二妃爲宅 主表」

  - 「왕씨가 태후전에 사은하는 표 王氏謝大后殿表」

  - 「임씨가 태후전에 사은하는 표 任氏行同前表」

  - 「왕씨가 별선에 대해 사은하는 표 王氏行謝別宣表」

  - 「임씨가 물품을 하사한 데 대해 사은하는 장 任氏謝物狀」

「성절일을 하례하는 표—조계종을 대신해 지었다 賀聖節日表 代曹溪宗行」[156]『전집』권 30

155 고종 1년(1214)에 최충헌의 처 任氏를 綏成宅主로, 王氏를 靜和宅主로 책봉했다(『고려 사』권129 열전 최충헌전).

156 명종 22년(1192) 1월 태어난 고종은 즉위한 이듬해인 원년(1214) 1월에 자신의 생일을 慶雲節이라고 했다(『고려사』권22 세가 고종 1년 1월).

▶ 1215년(고종 2, 을해), 48세

• 7월에 우정언 지제고가 되다. 「연보」에는 이에 대해 다음과 같이 적혀 있다.

　　6월에 공이 시를 지어 참직叅職의 품계를 구하자, 진강후[최충헌]가 그 시
를 그 부府의 전첨인 송순宋恂에게 보여 주며 말했다. "이 사람은 뜻이 높은
자라서 응당히 품계를 바라지 않을 터이나, 임시로 뜻을 굽혀 말한 것이오. 만
일 임금에게 아뢰어 바로 참직을 제수해 준다면 그의 뜻에 무엇이라고 생각할
것 같소?" 송순이 말했다. "그렇게 하면 그 기쁨을 말로 다하지 못할 것 같고,
여러 사람들도 바랄 것입니다." 이에 비批를 내려 우정언 지제고로 삼았다(「연
보」 을해).

• 이 해에 친하게 지내던 각훈覺訓이 『해동고승전』을 짓다.[157]

〈고율시〉

「처음으로 정언이 되어 짓다 初拜正言有作」『전집』 권14

「송이버섯을 먹으면서 食松菌」『전집』 권14

「국화를 읊다 2수 詠菊 二首」『전집』 권14

「진구사 주지 겸 공이 명주솜을 주어 감사하다 謝珍丘住老謙公惠綿」[158]『전집』
　권14

「꿈속의 시를 이어 짓다 續夢中作」[159]『후집』 권1

---

157 김상현, 「각훈」, 『한국사시민강좌』 13, 일조각, 1993.
158 이 시 중에서 이규보는 자신의 직함을 省郞이라고 밝히고 있다. 성랑, 즉 郞舍는 중서문
　　하성의 산기상시(정3품)에서부터 정언(습유, 종6품)까지를 이르는데, 이규보는 48세 때
　　에 처음 정언이 되었다(「연보」 을해). 이를 참작하여 이 시와 앞의 3수를 48세의 작품으
　　로 비정한다. 각주154 참고.
159 이 시의 서문에 을해년(1215, 48세) 3월 어느 날에 꿈을 꾸었다고 했다.

「처음으로 서대를 두르고 짓다 初帶犀作」[160]『후집』권1

〈송〉

「성황조가 대묘에 제사를 드린 데 대한 송─서문을 붙임. 을해년 聖皇朝享大廟頌 幷

序 乙亥年」[161]『전집』권19

〈표〉

「우정언 지제고를 사은하는 표 謝右正言知制誥表」『전집』권31

〈교서〉

「김원의 문하평장사 상장군이 치사하기를 청하였으나 허락하지 않는 교서

門下平章上將軍金元義乞致仕不允教書」[162]『전집』권33

「고 정극온 참지정사를 신종대왕에게 배향하는 교서 故叅知政事鄭克溫配享神

宗大王教書」[163]『전집』권33

〈묘지명〉

「정극온鄭克溫 묘지명 金紫光祿大夫叅知政事判禮部事鄭公墓誌銘」『전집』권35

---

160 이 해 이규보는 7월에 우정언에 임명되어 6품직에 올랐는데, 고려시대에 犀帶는 6품 이
상 관리가 띠고, 7품 이하는 黑帶, 재추는 玉帶를 띠었다.

161 고종 2년 10월에 대묘에 제사를 지냈다(『고려사』권22 세가 고종 2년 10월 을미). 이 글
의 서문에서 이규보는 우습유, 즉 우정언으로 이 행사에 호종했다고 밝히고 있는데, 이
해 7월에 우정언이 되었다.

162 김원의는 고종 2년(1215)에 거듭 청원한 끝에 마침내 치사했다(「김원의 묘지명」, 『집성』,
317쪽).

163 정극온은 고종 2년(1215) 2월에 사망했는데(『고려사』권22 세가 고종 2년 2월 및 「정극
온 묘지명」, 『전집』권35, 묘지명), 신종은 1204년 1월에 사망했다. 정극온을 신종 묘정에
배향하기로 결정지은 시기는 알 수 없지만, 그의 사망 시기가 신종 사후 11년이나 지났다
는 점을 감안하여 이 글이 쓰인 연대를 잠정적으로 그의 묘지명이 지어진 고종 2년으로
비정해 둔다.

▶ 1216년(고종 3, 병자), 49세

• 8월에 몽고에게 쫓긴 거란의 유민이 고려의 서북계를 침입하다.[164]

〈교서教書・비답批答〉

「유광식이 금자광록대부 지문하성사 상서우복야 판삼사사를 사양한 것을 허락하지 않는 교서 柳光植讓金紫光祿大夫知門下省事尙書右僕射判三司事不允 教書」[165] 『전집』 권33

「채정이 추밀원부사 좌산기상시 한림학사승지를 사양하는 것을 허락하지 않는 교서 蔡靖讓樞密院副使左散騎常侍翰林學士丞旨不允教書」[166] 『전집』 권33

「이득소가 중대부 국자제주 지제고를 사양하는 것을 허락하지 않는 비답 李 得紹讓中大夫國子祭酒知制誥不允批答」[167] 『전집』 권33

「임영령이 동지공거를 사양하는 것을 허락하지 않는 비답 任永齡讓同知貢舉 不允批答」[168] 『전집』 권33

---

164 『고려사절요』 권14, 고종 3년 8월.

165 유광식은 고종 3년(1216)에 금자광록대부 지문하성사 상서우복야 판삼사사가 되었다 (「유광식 묘지명」, 『집성』, 338쪽).

166 추밀원부사 채정은 고종 3년 5월에 시행된 예부시의 지공거가 되었다(『고려사』 권73 선 거지 1 선장, 고종 3년 5월). 이에 따라 그가 추밀원부사 등의 직을 사양한 시기를 잠정적 으로 고종 3년으로 비정해 둔다.

167 이득소는 적어도 고종 3년 3월부터 고종 6년 5월 사이에 국자제주 직에 있었음을 확인할 수 있다(『고려사』 권74 선거지 2 국자감시, 고종 3년 3월 및 『고려사』 권73 선거지 1 선 장, 고종 6년 5월). 이에 따라 이 비답이 작성된 시기를 잠정적으로 고종 3년으로 비정해 둔다.

168 임영령은 고종 3년 5월에 시행된 예부시의 동지공거였다(『고려사』 권73 선거지 1 선장, 고종 3년 5월).

▶ 1217년(고종 4, 정축), 50세

- 2월에 우사간 지제고가 되고 자금어대를 받았으나, 최충헌의 정책을 비판했다는 오해를 받아 잠시 면직되었다가 회복되다.[169]
- 7월에 김취려가 거란군과 박달재에서 싸워 크게 승리하다.[170]

〈고율시〉

「처음으로 사간이 되고 겸하여 금자를 받으면서 희롱 삼아 김 정언에게 주다 初除司諫兼受金紫 戲贈金正言」[171] 『전집』 권14

「봄날 내성에서 짓다 春日內省有作」 『전집』 권14

「서경 수령 유충기 사인이 보내온 시를 보고 차운하다 2수 次韻西京倅劉舍人沖祺見寄 二首」[172] 『전집』 권14

「귀법사 시냇가에서 느낌이 있어—관동들이 해마다 하과를 하는 곳인데, 나도 소년이었을 때에 자주 와서 놀았다 歸法寺川上有感 冠童趁歲夏課處也 予少年時亦慣遊」[173] 『전집』 권14

「이튿날 하과의 제생이 지은 시의 운을 빌려서 明日次夏課諸生韻」 『전집』 권14

「관군이 오랑캐와 싸워 이겼다는 말을 듣고—거란과 싸웠다 聞官軍與虜戰捷 與契丹戰」[174] 『전집』 권14

---

169 「진강공에게 올리는 글上晉康公書」(『전집』 권27, 서) 중에 '관직이 정지된 지 또한 며칠 되었다가 회복되었다'는 구절이 있다.

170 『고려사절요』 권15, 고종 4년 7월.

171 이규보는 1217년 2월에 우사간 지제고가 되고 자금어대를 하사받았다(「연보」 정축).

172 이 시의 협주에 유충기가 오랑캐를 막는 데 고생이 심하다고 하였는데, 고종 3년 8월 거란이 고려에 침략했다가 고종 5년 12월의 강동성 전투에서 이들이 격파되었다. 이 시 바로 두 수 앞에 수록된 시가 고종 4년에 지어졌다는 점을 감안하여, 이 시를 같은 해에 지어진 것으로 비정해 둔다.

173 이규보는 14세에 성명재에 입학하였는데, 그해 여름과 이듬해에 하과에 참석했다(「연보」 신축 및 임인 참조). 그로부터 37년째이면 50세가 되므로, 이 시를 50세(고종 4년)에 지은 작품으로 간주한다.

174 고종 3년 8월에 거란 유종이 침입한 이후 고려군의 부분적인 승전이 있었으나, 고종 4년

「또 又」『전집』 권14

〈서〉
「진강공[최충헌]에게 올리는 글 上晉康公書」『전집』 권27

〈표〉
「왕사가 하산하기를 비는 장 王師乞下山狀」『전집』 권30
「하산을 허락해 준 것을 사은하는 장─거주하던 곳에서 하산했다 謝下山狀 依所住下
山」[175]『전집』 권30

〈석도소〉
「상부가 거란 군사를 물리치기 위해 크게 신중도량을 소집하는 소 爲相府禳
丹兵大集神衆道場疏」『전집』 권41
「앞과 같이 (상부가) 거란병을 물리치기 위해 제석천재를 올리는 소 同前攘丹
兵天帝釋齋疏」[176]『전집』 권41
「앞과 같이 (상부가) 육정신에게 올리는 초례문 同前六丁神醮禮文」『전집』 권41
「또 거란 군사를 물리치기 위해 제석도량에 올리는 글 又丹兵祈禳帝釋道場
文」『전집』 권41
「진강공[최충헌]을 위해 순천사를 중수하고 화엄장소를 경찬하는 법석을 여

7월에 박달재 대첩에서 승리한 이후 고려군이 승기를 잡기 시작했다. 이러한 점을 감안
하여 이 시를 고종 4년에 지은 것으로 비정해 둔다.
175 강종 2년(1213) 王師로 책봉된 至謙은 光明寺에 머물다가, 고종 4년(1217)에 華藏寺로
하산했다(「故華藏寺住持王師定印大禪師追封靜覺國師碑銘」,『전집』 권35, 비명).
176 거란의 유종이 처음 고려를 침략해 온 것은 고종 3년 8월이었다. 그런데 이 글의 내용 중
'이와 같이 흉악한 적들이 조금도 버티지 못할 줄 알았으나, 해를 넘겨 관군에게 저항하
고 있습니다'라는 구절이 있으므로, 권41의 이 소들을 고종 4년에 지어진 것으로 비정해
둔다.

는 소 爲晉康公重修順天寺慶讚華嚴章疏法席疏」[177]『전집』권41

「앞과 같이 (순천사의) 약사여래에 점안하는 소 同前寺藥師如來點眼疏」[178]『전집』권41

177 순천사 주지 등의 침탈에 견디지 못해 거란에 항복하여 향도가 된 양수척 등이 고종 4년 3월에 순천사 주지 등을 죽이면 거꾸로 나라를 돕겠다고 하는 방을 붙이자, 순천사 주지가 도망을 가는 일이 일어났다(『고려사절요』 권15, 고종 4년 3월). 순천사를 중수한 것과 이 사건이 관련이 있지 않을까 하여, 이 소가 쓰인 시기를 고종 4년으로 비정해 둔다.
178 위와 같음.

▶ 1218년(고종 5, 무인), 51세

- 1월에 좌사간으로 옮겼는데, 나머지 겸직은 그대로 보유하다(「연보」무인).

- 이 해의 팔관회에서 임금을 모시고 연회가 열렸는데, 예식이 아직 반도 지나지 않았는데 재상 한 명이 서둘러 파하게 하자 공이 격식대로 해야 한다고 반대하다.[179]

〈고율시〉

「금의 상국이 외손자를 얻어 기뻐하며 최홍윤 평장사에게 준 시에 차운하다 次韻琴相國喜得外孫有作 寄崔平章洪胤」『전집』권14

「최홍윤 상국이 금의 상국이 중서의 벽 위에 쓴 시에 화답한 것을 차운하여 두 재상에게 받들어 올리다 次韻崔相國洪胤和琴相國題中書壁上之什 奉呈兩相」『전집』권14

「만보전에서 초제를 지내는 밤에 萬寶殿醮夜」[180]『전집』권14

「또 금의 상국이 벽에 쓴 시의 운을 빌려서 받들어 올리다 又次琴相國題壁詩韻奉呈」[181]『전집』권14

「금의 상국이 임영령 대사성이 다시 결혼하면서 경축연을 베풀지 않은 것을 희롱한 시에 차운하여 임 공에게 드리고, 이것을 상국에게 전해 드려 볼 수

---

179 「이규보 묘지명」. 이 묘지명에는 무인년(고종 5, 1218)의 이 일 때문에 유배를 가게 되었다고 적혀 있다.

180 권41에는 거란과의 전쟁에서 승리를 기원하며 고종 4년과 5년에 지어진 것으로 짐작되는 석도소들이 실려 있다. 이를 감안하여 이 시를 이때 같이 지은 것으로 비정하되 잠정적으로 고종 5년으로 분류하고, 또 이 시의 앞뒤에 수록된 금의와의 화답시들도 이 시기에 지어진 것으로 비정해 둔다.

181 시의 마지막 구절에 '금년에 문하시랑이 되었다'라고 하였는데, 금의는 고종 5년(1218)에 문하시랑이 되었다(「금의 묘지명」, 『전집』권36, 묘지명).

「있게 해 주실 것을 엎드려 바라다 次韻琴相國以任大司成永齡重娶不開慶宴戲贈
之什 呈任公 伏希傳獻相國垂覽」『전집』권14

「동문 밖에서 들판을 보며 東門外觀稼」『전집』권14

「벼포기 사이에서 고기를 잡다 稻畦魚」『전집』권14

「오랑캐가 강동성에 들어가 버티고 있다는 말을 듣고 성중에서 짓다 聞胡種
入江東城自保 在省中作」[182]『전집』권14

「이미수 시랑이 권경중 박사에게 준 '벽곡을 나무라는 시'에 차운하다 3수 次
韻李侍郎眉叟寄權博士敬仲責辟穀 三首」『전집』권14

「무더위에 성중에서 짓다 苦熱在省中作」『전집』권14

「안화사의 당 선사를 찾아갔는데 스님이 시 한 편을 청하다 訪安和寺幢禪師
師請賦一篇」『전집』권14

「선명도를 얻다―올벼를 일컬어 선명도라 한다 得蟬鳴稻 早稻謂之蟬鳴稻」『전집』권14

「이미수 시랑이 시랑의 아들 균의 '겨울날' 시에 화답하여 내 아들 함에게
화답할 것을 명하고, 또 함을 시켜 나를 맞아 오게 하여 같이 지으라고 하기
에 차운하여 받들어 올리다 李侍郎眉叟和郎子囷冬日詩 命愚息涵和之 又使涵邀
予同賦 故次韻奉寄」『전집』권14

〈묘지명〉

「전원균田元均 묘지명 金紫光祿大夫守司空尙書左僕射太子賓客田公墓誌銘」『전
집』권35

〈제문〉

「광릉공[왕면]에게 드리는 제문―다른 사람을 대신해 지었다 祭廣陵公[王沔]文 代人

---

182 고종 5년 12월에 몽고군과 연합한 고려군은 거란이 웅거하고 있던 강동성을 공격하여,
이듬해 1월에 강동성을 함락시켰다. 이 시를 본격적인 강동성 전투가 벌어지기 전의 고
종 5년에 지은 시로 비정해 둔다.

行」[183]『전집』권37

⟨석도소⟩

「최우 상국이 거란군사를 물리치기 위해 관음상을 그려 점안하는 소[184] —진강 공[최충헌]의 맏아들인데, 이하 19수는 모두 상국의 요청에 따라 대신 지은 것이다[185] 崔相國攘丹 兵畫觀音點眼疏 晉康公元嗣也 此下 十九首 皆相國所請代作」『전집』권41

「앞과 같이 (최우 상국이 거란군사를 물리치기 위해) 선을 설하기를 청하는 글 同 前願請說禪文」『전집』권41

「앞과 같이 (최우 상국이 거란군사를 물리치기 위해) 신중법석의 첫 7일에 기원 하는 소 同前願神衆法席一七日疏」『전집』권41

「앞과 같이 (최우 상국이 거란군사를 물리치기 위해) 선회를 열어 선을 설하기를 청하는 글 同前禪會請說禪文」『전집』권41

---

183 廣陵公 王洶은 고종 5년 5월에 사망했다(『고려사』권22 세가 고종 5년 5월 갑신).

184 고종 5년 3월에 최충헌은 70세가 되었다는 이유로 치사를 허락해 줄 것을 청하였으나, 고 종은 이 요청을 받아들이지 않았다(『고려사절요』권15, 고종 5년 3월). 최충헌은 이듬해 인 고종 6년 9월에 사망하는데 아마 이 치사 요청을 계기로 하여 후계자인 최우의 집정이 본격화되지 않았을까 추정되므로, 권41의 이 소와 이하 몇 개의 소를 고종 5년의 작품으 로 비정해 둔다.

185 권41에는 이하 19수의 석도소가 실려 있는데 그중에는 갑오년(1234, 고종 21)에 지은 글 도 있는 등, 지어진 연대가 다른 것들이 많다. 연대가 확실한 글들은 모두 해당 연도에 분 류해 두었다.

▶ 1219년(고종 6, 기묘), 52세

- 1월에 여몽연합군이 거란군이 웅거해 있던 강동성江東城을 함락시키고, 몽고군은 2월에 철수하다.[186]
- 4월에 탄핵을 받고 면직되다. 이에 대해 「연보」에는 다음과 같이 적혀 있다.

  봄에 공이 탄핵을 받고 면직되었다. 지난해 12월에 지방에서 팔관회를 축하하는 표를 올리지 않은 자가 있어 이규보가 탄핵하려 하자 금의 상국이 굳게 말린 일이 있었다. 이 달에 이르러 진강후[최충헌]가 그 사유를 조사하여 상국과 공을 탄핵하였는데, 상국은 용서를 받고 공만 면직되었다가 4월에 계양도호부사 병마검할桂陽都護府使 兵馬鈐轄이 되어, 5월에 계양에 부임했다 (「연보」 기묘).

- 9월에 최충헌이 사망하자 아들 최우崔瑀[최이崔怡]가 집권하다.[187]

〈고부古賦〉
「조강부 祖江賦」『전집』 권1

〈고율시〉
「궁궐에서 숙직하다가 느낌이 있어 수구원 우습유에게 보이다 內直有感 示右
拾遺水丘源」[188]『전집』 권14

---

186 『고려사절요』 권15, 고종 6년 1월 및 2월.
187 『고려사절요』 권15, 고종 6년 9월. 최우는 뒤에 최이崔怡로 개명했는데 그 시기를 정확하게 알 수 없으므로, 이 책에서는 최우로 계속 쓰기로 한다.
188 시 중에 액원, 즉 중서문하성에 들어온 지 5년이 되었다는 구절이 있다. 이규보는 고종 2년(1215)에 중서문하성의 우정언이 되었으므로, 이 시를 고종 6년(1219)에 지은 것으로 비정한다.

「공적인 일로 관직에서 파직되어 한가하게 지내는데, 이원주 선달·황보관 장원·김신정 장원·박응귀 아원이 술을 들고 와 위문하기에 시로 감사하다 以公事免官閑居 李先達元冑·皇甫狀元瓘·金狀元莘鼎·朴亞元應貴攜酒見唁 以詩謝之」[189]『전집』권14

「오몽림 습유가 시로 위문하므로 차운하다 2수 次韻吳拾遺夢林以詩見唁 二首」 『전집』권14

「박연폭포에 짓다─옛날 박 진사라는 이가 연못가에서 피리를 불자 용녀가 반하여 자신의 남편을 죽이고, 박 진사를 데리고 가 결혼했으므로 박연이라고 불렀다 題朴淵 昔有朴進士者 吹笛於淵上 龍女感之 殺其夫 引之爲壻 故號朴淵」『전집』권14

「술 취한 중이 밤에 일어나 얼음 깨무는 것을 조롱하며 嘲醉僧夜起嚼氷」『전집』권14

「기묘년 4월 일에 계양의 수령이 되어 조강을 건너면서 짓다 己卯四月日 得桂陽守 將渡祖江有作」『전집』권14

「공무를 마치고 퇴근하니 할 일이 하나도 없다 7수 退公無一事 七首」『전집』권15

「통판 정 군에게 보이다 2수 示通判鄭君 二首」『전집』권15

「태수가 어르신들에게 보이다 太守示父老」『전집』권15

「어르신들이 태수에게 답하다 父老答太守」『전집』권15

「조롱 안의 새의 노래로 강남의 명령을 바라다 籠中鳥詞 望江南令」『전집』권15

「술이 없다 無酒」『전집』권15

「현 상인이 복숭아를 보내왔으므로 시로 감사하다 玄上人饋桃 以詩謝之」『전집』권15

「현 상인과 함께 만일사에서 놀다가 벽 위의 운을 빌려서 與玄上人遊萬日寺 次壁上韻」『전집』권15

「현 상인이 화답하므로 다시 앞의 운을 써서 玄上人見和復用前韻」『전집』권15

---

189 이규보는 고종 6년(1219) 봄에 탄핵을 당해 면직되었다(「연보」기묘).

「서기에게 주고 겸하여 이거에게 편지를 쓰다 2수 贈書記 兼簡貳車 二首」『전집』
권15

「늙어 퇴직하여 금주에 있는 강 대장이 술을 보내 주므로 감사하며-중군녹사
로 벼슬에서 물러나 살러 왔다 謝衿州退老姜大丈惠酒 以中軍錄事解官來居」『전집』권15

「김양경[김인경金仁鏡][190] 승선이 진식 안렴에게 화답한 것을 차운하다 3수 次
韻金承宣良鏡和陳按廉湜 三首」『전집』권15

「현 상인과 같이 수량사에서 놀면서 본 것을 적다 與玄上人遊壽量寺記所見」
『전집』권15

「관기 이 군이 공사로 관직에서 파면되어 돌아가려 할 때 내가 능히 슬픔을
참지 못하고 시로 송별하다 管記李君以公事免官將歸 予不能無悲 以詩送之」『전
집』권15

「염안사 김 낭중의 시를 차운하여 문학에게 희롱 삼아 주다 次韻廉按使金郎中
戲贈文學」『전집』권15

「황보관 서기의 '빗속에 홀로 읊다'를 차운하다 次韻皇甫書記雨中獨詠」[191]
『전집』권15

「황보관 관기가 부채와 먹을 주므로 차운하다 次韻謝皇甫管記贈扇墨」『전집』
권15

「다시 화답하다 復和」『전집』권15

「황보관 서기가 수량사에 남긴 글에 화답하므로, 다시 앞의 운을 써서 皇甫
書記見和壽量寺留題 復用前韻」『전집』권15

「남산의 모정에 짓다 題南山茅亭」『전집』권15

---

190 金良鏡은 뒤에 이름을 金仁鏡으로 고쳤다(『고려사』권102 열전 김인경전).
191 권16의 「대학의 한창유 대박, 윤복규 학정, 최종유 학유, 황보관 학유가 화답하므로 다시
앞의 운을 써서 각기 답하다[大學韓大博昌綏, 尹學正復圭, 崔學諭宗裕, 皇甫學諭琯見和
復用前韻各答]」 중 황보관 학유에게 준 시 중에 '계양에서 다행스럽게 동료가 되었다'는
구절이 있으므로, 그의 이름이 황보관임을 알 수 있다.

「최우 상국에게 올리다—서문을 붙임. 진강공[최충헌]의 아들이다 上崔相國 幷序 晉康公嗣

也」『전집』권15

〈송〉

「거란을 평정한 데 대한 송 平契丹頌」[192]『전집』권19

〈기〉

「계양의 자오당기 桂陽自娛堂記」[193]『전집』권24

〈서〉

「몽고 병마원수의 군막에 술과 과일을 보내는 서—도성에서 보낸 것이다 蒙古兵馬

元帥幕送酒果書 都省行」『전집』권28

「몽고의 국사가 돌아가는 편에 황태제에게 올리는 서 蒙古國使齋廻 上皇太弟

書」[194]『전집』권28

「몽고 황제에게 감사하는 표—보내지 않았다 謝蒙古皇帝表 不行」『전집』권28

「몽고의 국사가 돌아가는 편에 황제에게 올리는 표 蒙古國使齋廻 上皇弟表」

『전집』권28

〈장〉

「계양에서 지은 장 桂陽所著狀」『전집』권32

　　–「처음 부임하여 안찰사에게 올리는 장 初到官上按察使狀」

192 고종 6년 1월에 강동성이 함락되며 거란이 항복했다(『고려사』권22 세가 고종 6년 춘정

월 신사).

193 이 기의 마지막에 기묘년(고종 6년) 6월 24일이라고 쓴 날짜를 밝혀 놓았다.

194 이 해 9월에 몽고의 사신 11명이 고려에 왔는데, 이 서는 그때 쓴 것으로 보인다(『고려

사』권22 세가 고종 6년 9월 신축).

- 「강화현령 최 장군에게 보내는 답장 答江華縣令崔將軍狀」
- 「김포현령에게 보내는 답장 答金浦縣令狀」
- 「안산감무에게 앞서와 같이 보내는 답장 答安山監務同前狀」
- 「교동감무에게 앞서와 같이 보내는 답장 答喬桐監務同前狀」
- 「속군이 동지를 하례한 데 대한 답장－도행 答屬郡賀冬至狀 都行」
- 「강화현위가 처음 부임하여 올린 글에 대한 답장 答江華尉初到官狀」

〈애사〉

「전이지 애사 全履之哀詞」195『전집』 권37

〈제문〉

「진강공[최충헌] 원침의 신을 맞아 대묘에 들이는 글－아들인 상국[최우]을 대신해 지었다 晉康公園寢迎神入大廟文 嗣子相國行」196『전집』 권37

「계양에서 성황에 비를 비는 제문 桂陽祈雨城隍文」『전집』 권37

「또 성황에 비를 비는 제문－운이 없다 又祈雨城隍文 無韻」『전집』 권37

「또 국사대왕에게 비를 비는 제문 又祈雨國師大王文」『전집』 권37

---

195 전이지의 사망연대는 분명하지 않다. 이 글에는 그가 정우 모년에 거란과 싸우다 전장에서 사망했다고 하는데, 거란은 고종 3년 8월에 고려에 침입했다가 고종 6년 정월에 여몽연합군에 의해 강동성이 함락됨으로써 항복했다. 전이지는 이 사이에 사망한 것임은 분명한데, 그 시기를 잠정적으로 고종 6년으로 비정해 둔다.

196 최충헌은 고종 6년 9월 20일에 71세의 나이로 사망하자 그해 12월 24일에 장례를 지냈는데(「최충헌 묘지명」,『집성』, 330쪽), 이 제문을 장례 당시에 쓴 것으로 비정해 둔다.

▶ 1220년(고종 7, 경진), 53세

• 3월에 이인로李仁老가 사망하다.[197]
• 6월에 예부원외랑(정6품)[198]에서 시예부낭중(정5품) 기거주 지제고로 소환되다.[199]

「연보」에는 '지난해 9월에 진양공[최충헌]이 사망하자 아들인 상국[최우]이 대신하여 정권을 잡았기 때문에 이 명령이 있었다'라고 적혀 있다.

• 8월에 서울로 돌아오다.[200]
• 9월에 절친한 친구 조충趙冲이 사망하자, 「뇌서」를 짓다.[201]
• 11월에 11세 된 아들이 출가하여 법원法源이라는 승명을 받다.[202]
• 12월에 시태복소경으로 옮기고 기거주 직은 그대로 보유하다(「연보」 경진).

〈고율시〉

「동성 객사에서 벽 위의 제현의 운을 빌려서 童城客舍 次壁上諸賢韻」 『전집』 권15

---

197 『고려사절요』 권15, 고종 7년 3월.
198 이 해 7월에 지은 「계양의 초정기[桂陽草亭記]」(『전집』 권24, 기)에는 이규보의 관직이 '예부원외랑'이라고 되어 있다.
199 앞의 「계양의 초정기[桂陽草亭記]」(『전집』 권24, 기)에는 「연보」의 기록과 조금 다르게 '試'가 빠진 '예부낭중 기거주 지제고'가 되었다고 적혀 있다. 한편 비슷한 시기에 지은 「계양에서 바다를 바라보며 짓다[桂陽望海志]」(『전집』 권24, 기)에는 '省郞에 제수되었다'고 적혀 있는데, 이는 중서문하성의 기거주(종5품)라는 직을 강조한 표현일 것이다.
200 '경진년 8월에 내가 계양으로부터 기거주 예부낭중으로 불려 왔는데, 西省(中書門下省)에 들어가 당직하며 짓다[庚辰八月 予自桂陽 以起居注禮部郞中被召 入直西省有作]'(『전집』 권16, 고율시)
201 「손 이부가 조충 상국을 곡한 것에 차운하다[次韻孫吏部哭趙相國冲]」(『전집』 권16, 고율시) 및 「조충 뇌서[金紫光祿大夫 守大尉 門下侍郞 同中書門下平章事 上將軍 修文殿大學士 修國史 判禮部事 趙公誄書]」(『전집』 권36, 뇌서)
202 「(승)이법원 묘지명[瑒子法源壙銘]」(『전집』 권35, 묘지명).

「금주창의 벽 위에 쓰다 書衿州倉壁上」『전집』권15

「빗속에서 농사짓는 이를 보고 서기에게 주다 雨中觀耕者 贈書記」『전집』권15

「금주 객사에서 손 사인이 남긴 글의 운을 빌려서 衿州客舍 次孫舍人留題詞
韻」『전집』권15

「공암의 강가에서 읊다 孔巖江上吟」『전집』권15

「병중에 문학 송 군에게 보이다 病中 示文學宋君」『전집』권15

「우연히 읊어서 관료에게 보이다 偶吟示官寮」『전집』권15

「내가 일이 있어 수안현 서화사에 갔다가 상방 남영에서 술을 조금 마시고
강산을 멀리 바라보니 이곳보다 나은 곳이 없으나, 땅이 궁벽지고 길이 외
져서 오는 이가 대개 드물기 때문에 시를 남긴 것도 없다. 주지가 시를 청
하기에 한 편을 남긴다 予以事到守安縣西華寺 小酌上方南榮 江山遠眺 莫有過兹
者 然以境幽路僻 來遊者盖寡 故無有留題 住老請詩 爲留一篇」『전집』권15

「충원의 최인공 서기와 자연도 제물원정에서 놀다가 현판 위의 제공의 운을
써서 짓다 與忠原崔書記仁恭 遊紫鷰島濟物院亭 用板上諸公韻賦之」『전집』권15

「최인공 서기가 화답하므로 다시 짓다 4수 崔書記見和 復題 四首」『전집』권15

「동료 제군들과 같이 명월사에서 놀면서 與寮友諸君 遊明月寺」『전집』권15

「송 문학에게 차운하다 次韻宋文學」『전집』권15

「조강에서의 이별 祖江別」『전집』권15

「만일사에서 동료 제군이 늙은이를 위해 성전에서 재를 올리고 이어 술자리
를 벌여 위로해 준 것에 감사하다 萬日寺謝寮友諸君爲老夫展齋聖殿 仍置酒見
慰」『전집』권15

「분행역에서 현판 위의 운을 빌려서 옛날을 추억하다 ─갑자년(1204, 37세)에 기생
을 데리고 이 누각에서 연회를 열었다 分行驛次板上韻憶舊 甲子年携妓宴此樓」『전집』권15

「양재역에서 현판 위의 운을 빌려서 楊梓驛次板上韻」『전집』권15

「다시 모정에서 놀다가 황보관 서기에게 차운하다 復遊茅亭 次韻皇甫書記」
『전집』권15

---

203 이인로는 고종 7년 3월에 사망했다(『고려사절요』 권15, 고종 7년 3월 조).
204 조충은 고종 7년 9월에 사망했다(『고려사』 권22 세가 고종 7년 9월 기축).
205 이규보가 46세 때에 지은 「개천사의 청석탑에 대한 기명[開天寺靑石塔記銘]」(『전집』 권

면서 김인경 승제가 지은 시에 차운하다 2수 次韻金承制仁鏡謝規禪師贈歸一上 人所畫老檜屛風 二首」『전집』권16

「철쭉 지팡이를 보내 준 이에게 감사하는 권 원외랑의 시에 화답한 진 소경 에게 차운하다—수문전에서 왕의 행차를 호종하면서 구점했다 次韻陳少卿和權員外謝人 寄躑躅杖詩 修文殿扈駕次口占」『전집』권16

「이튿날 다시 네 수를 주다—모두 권 군을 대신한 것이다 明日復以四首寄之 皆代權君」 『전집』권16

「궁궐에 들어가 연회에 참석하여 入闕侍宴」『전집』권16

「혜문 선사가 각월 수좌를 곡한 시에 차운하다 次韻文禪師哭覺月首座」[206]『전 집』권16

〈기〉

「계양의 초정기 桂陽草亭記」[207]『전집』권24

「계양에서 바다를 바라보며 짓다 桂陽望海志」『전집』권24

〈표〉

「예부낭중 기거주 지제고를 사은하는 표 謝禮部郎中起居注知制誥表」[208]『전집』

24, 기)에는 승려 玄規라는 이름이 나온다. 이 현규와 본문의 시에 나오는 규가 같은 인물 일 가능성이 높다고 생각된다. 규는 이규보의 아들이 출가할 때 스승으로 모시기도 했다 (각주 202 참고).

206 이 시 바로 뒤에 「이적 추밀원부사가 찾아와 줌에 감사하다[謝李樞副勛見訪]」라는 시가 나온다. 이적은 고종 8년 12월에 추밀원부사가 되었으므로(『고려사』권22 세가 고종 8년 12월 갑오), 각월 수좌, 즉 『해동고승전』을 지은 각훈은 고종 7년 9월에서 고종 8년 12월 사이에 사망했다고 추정할 수 있다. 그의 정확한 사망 시기는 알 수 없지만, 편의상 고종 7년의 연보에 이 시를 넣어 둔다.

207 이 기의 끝에 경진년(1220, 고종 7) 7월에 지었다고 했다.

208 이 글에서는 '예부낭중 기거주 지제고'라고 하였는데, 「연보」에는 이 해 6월에 계양에서 돌아와 '시예부낭중 기거주 지제고'가 되었다고 하여서 약간의 차이가 난다.

〈교서〉

「최보순이 금자광록대부 참지정사 집현전대학사 동수국사 판예부사를 사
양한 것을 허락하지 않는 교서 崔甫淳讓金紫光祿大夫叅知政事集賢殿大學士同
修國史判禮部事不允敎書」²⁰⁹『전집』권33

「중서령 진강공[최충헌]을 그림으로 그리고 공신재에서 창독하며 내리는 교
서 中書令晉康公圖形後功臣齋唱讀敎書」²¹⁰『전집』권34

〈뇌서〉

「조충趙冲 뇌서 金紫光祿大夫守大尉門下侍郎同中書門下平章事上將軍修文殿大學
士修國史判禮部事 趙公誄書」²¹¹『전집』권36

---

209 최보순은 고종 7년(1220)에 이들 관직에 임명되었다(「최보순 묘지명」, 『집성』, 353쪽).

210 본문 중에 최충헌이 '몸을 나라에 바친 지 24년이 되었다'는 구절이 있는데, 그가 정권을
잡은 것은 명종 26년(1196)이다.

211 조충은 고종 7년(1220) 9월 3일에 50세의 나이로 사망하자, 그달 28일에 장례를 지냈다
(「조충 묘지명」, 『집성』, 335~336쪽).

▶ 1221년(고종 8, 신사), 54세

• 6월에 보문각 대제가 되다(「연보」 신사).

〈고율시〉

「이적 추밀원부사가 찾아와 줌에 감사하다 謝李樞副勳見訪」²¹²『전집』 권16

「서백사 주지 돈유 스님이 보내온 시에 차운하여 화답하다─2수 심부름꾼이 문에

서서 독촉하므로 주필로 화답을 써 보냈다 次韻和西伯寺住老敦裕師見寄 二首 使者立門督促

走筆和寄」『전집』 권17

「또 따로 한 수를 지어 초를 보내 준 것에 감사하다 又別成一首 謝惠燭」²¹³『전

집』 권17

「돈유 공이 이 세 수를 현관에 쓰고 서문을 보내왔으므로 덧붙인다 裕公以此

詩三首上板 因有序寄之 幷附」²¹⁴『전집』 권17

〈기〉

「손 비서의 냉천정기 孫祕書冷泉亭記」²¹⁵『전집』 권24

〈표〉

「보문각대제를 사양하는 표 讓寶文閣待制表」『전집』 권31

「앞과 같이 (보문각대제를) 사은하는 표 同前謝表」『전집』 권31

---

212 이적은 고종 8년(1221) 12월에 추밀원부사가 되었다(『고려사』 권22 세가 고종 8년 12월
갑오).
213 이 시의 끝에 그 앞의 시와 함께 보문각대제 이규보가 지은 것이라고 밝혀져 있다. 이규
보는 고종 8년(1221, 신사) 6월에 보문각대제가 되었다(「연보」 신사).
214 이 서문의 맨 뒤에는 신사년(고종 8, 1221)에 돈유가 쓴 발문이 붙어 있다.
215 이 기의 본문에서 이규보는 자신의 직함을 보문각대제 전고라고 밝히고 있다. 이규보는
1221년 6월에 보문각대제 지제고가 되었다(「연보」 신사).

〈교서·마제·관고〉

「이연수를 수태위문하시랑 동중서문하평장사 판이부사로, 김의원을 중서시랑평장사 판병부사로, 최우를 금자광록대부 참지정사 이·병부상서 판어사대사로, 사홍기를 금자광록대부 지문하성사 이부상서 판공부사로 삼는 교서와 마제 각 한 통 李延壽爲守大尉門下侍郎同中書門下平章事判吏部事 金義元爲中書侍郎平章事判兵部事 崔瑀爲金紫光祿大夫叅知政事吏兵部尙書判御史臺事 史洪紀爲金紫光祿大夫知門下省事吏部尙書判工部事 敎書·麻制 各一道」[216]『전집』권34

　–「교서 敎書」

　–「마제 麻制」

「돌아가신 보경사 주지 대선사를 원진국사로 추증하여 시호를 내리는 교서와 관고 故寶鏡寺住持大禪師贈諡圓眞國師敎書官誥」[217]『전집』권34

　–「교서 敎書」

　–「관고 官誥」

216 이연수 등은 고종 8년 12월에 이 관직을 받았다(『고려사』 권22 세가 고종 8년 12월 갑오).

217 고종 8년에 사망한 承逈에게 圓眞國師라는 시호가 추증되었다(「원진국사비명」, 『조선금석총람』 상, 1919, 450~453쪽).

▶ 1222년(고종 9, 임오), 55세

- 2월에 승려인 아들 법원이 13세의 나이로 사망하다.[218]
- 6월에 태복소경이 되고, 보문각대제 지제고 직은 그대로 보유하다.[219]
- 셋째 아들 징澄을 80여 세가 된 신 대장申大丈이 가르치다.[220]

〈고율시〉

「등석에 유충기 대간과 함께 궁궐의 연회에 참석하여 짓다 燈夕 與劉大諫冲祺
聯行侍宴有作」[221] 『전집』 권16

「유충기가 화답하므로 다시 답하다 劉見和 復答之」 『전집』 권16

「왕태후의 만사―태상의 황모로 칙명을 받고 지었다 王大后挽詞 大上皇母 受勅述」[222] 『전
집』 권16

「신 대장이 내 아들 징을 가르쳐 주어 감사하다―신군은 80여 세인데 항상 학생을 모
아 가르쳤다 謝申大丈教授愚息澄 申君年八十餘 常集學子教授」 『전집』 권16

「다시 흥성사에서 놀다가 벽에 쓰다 2수 再遊興聖寺書壁 二首」[223] 『후집』 권1

---

218 「(승)이법원 묘지명[殤子法源壙銘]」 (『전집』 권35, 묘지명).

219 각주 225 참고.

220 「신 대장이 내 아들 징을 가르쳐주어 감사하다[謝申大丈教授愚息澄]」 (『전집』 권16, 고율
시).

221 이 시의 협주에 이규보는 자신이 대제로 이 연회에 참석했다고 적었다. 이규보는 1221년
6월에 보문각대제 지제고가 되었는데, 등석은 정월 대보름에 열리므로 이 시를 1222년 1
월에 지은 것으로 본다.

222 이 왕태후는 신종의 비이자 희종의 어머니인 선종태후 김씨를 말하는데, 고종 9년에 사
망했다(『고려사』 88 후비전 1 신종 선종태후 김씨).

223 이 시의 협주에 이규보는 자신의 직함을 '亞卿待制'라고 적었다. 그는 1222년 6월에 태
복소경이 되어 아경, 즉 소경의 반열에 올랐다(「연보」 임오).

〈서〉

「전원의 집으로 돌아가는 동년 노생을 전송하는 서 送同年盧生還田居序」[224]
『전집』권21

「박서 시어사에게 주는 글 與朴侍御犀書」[225]『전집』권27

〈찬〉

「고 호부상서 회곡거사 박인석 공의 진영에 대한 찬—서문을 붙임 故戶部尙書檜
谷居士朴公仁碩眞贊 幷序」[226]『전집』권19

〈묘지명〉

「(승)이법원李法源 묘지명 殤子法源壙銘」[227]『전집』권35

224 이 글 중에 이규보는 자신의 직함을 亞卿으로 밝히고 있는데, 그는 1222년 6월에 태복소
경이 되었다. 이 점을 감안하여 이 글을 이 해에 쓴 것으로 비정해 둔다.

225 이 글에서 이규보는 자신의 관직을 대복소경 보문각대제 지제고라고 밝히고 있다. 이규
보는 1221년 6월 보문각대제 지제고가 되었고(「연보」 신사), 1222년 6월에는 태복소경이
되었다(「연보」 임오).

226 앞의 「박서 시어사에게 주는 글[與朴侍御犀書]」(『전집』권27, 서)에, 그 글을 쓰기 며칠 전
에 박서의 집에 가서 아버지 박인석의 영정을 보았고, 박서의 부탁으로 그 영정에 자신이
지은 찬을 써 넣었다는 구절이 있다.

227 이 아들의 속명은 알 수 없으나, 1210년(이규보 43세)에 태어나 11세 되던 1220년에 출
가했다가 1222년에 13세로 사망했다.

▶ 1223년(고종 10, 계미), 56세

- 이 해에 1202년에 성동城東을 떠난 뒤 20여 년 거주한 안신리 색동安申里 塞洞의 이름을 천개동天開洞이라 고치다.[228]
- 12월에 조산대부 시장작감이 되고, 대제 직은 그대로 보유하다(「연보」 계미).

〈고율시〉

「동년 유승단 시랑이 처음으로 등석연에 시종함을 축하하다 賀同年兪侍郎升旦初侍燈夕宴」[229] 『전집』 권16

「유승단 군이 화답하므로 다시 답하다 兪君見和 復答之」 『전집』 권16

「빗속에 불려가 술을 마시다가 또 앞의 운을 써서 주다 雨中邀飲 又用前韻贈之」 『전집』 권16

「대학의 한창유 대학박사 · 윤복규 학정 · 최종유(崔滋)[230] 학유 · 황보관 학유가 화답하므로 다시 앞의 운을 써서 각기 답하다 大學韓大博昌綏 · 尹學正復圭 · 崔學諭宗裕 · 皇甫學諭琯見和 復用前韻各答」[231] 『전집』 권16

  - 「한창유 대학박사에게 韓大博」

---

228 「天開洞記」(『전집』 권24, 기).

229 권16에는 이 시보다 앞에 「등석에 유충기 대간과 함께 궁궐의 연회에 참석하여 짓다(燈夕與劉大諫冲祺 聯行侍宴有作)」라는 시가 실려 있다. 그런데 그보다 뒤에 실려 있는 이 시의 협주에는 이규보가 병으로 등석연에 참석하지 못했다고 밝히고 있다. 이에 따라서 이 등석연은 앞의 시의 것과는 다른 것으로, 그보다 1년 뒤인 1223년에 지은 것으로 비정한다. 단, 『고려사』에는 유승단이 이 해, 즉 고종 10년 6월에 예부시랑 우간의대부가 되었다는 기록이 있으므로(『고려사』 권22 세가 고종 10년 6월 을미), 이 시는 1년 뒤의 정월 보름에 써졌을 가능성도 있다.

230 최종유는 첫 이름이 崔安이었는데, 뒤에 崔滋로 고쳤다(『고려사』 권102 열전 최자전).

231 한종유는 이규보의 과거 동기인데, 이 글 중 한종유에게 준 시에는 그들이 과거에 급제한 지 34년이 되었다는 구절이 있다. 이규보는 23세인 1190년에 과거에 합격했으므로, 이 시는 56세인 1223년에 지어진 것이 분명하다. 그리고 이를 기준으로 하여 이 시의 앞뒤에 실린 다른 시들도 적당히 연대를 추정했다.

－「윤복규 학정에게 尹學正」

　－「최종유(최자) 학유에게 崔學諭」

　－「황보관 학유에게 皇甫學諭」

「비 온 뒤 친구를 찾아가다 雨後訪友人」『전집』권16

「유승단 시랑 집에서 술을 마셨는데 이튿날 시로 감사하다—쌍운회문 飮兪侍郎
家 明日以詩謝之 雙韻廻文」『전집』권16

「유승단 공이 화답하고 찾아왔으므로 술을 마시면서 다시 답하다 兪公見和訪
來 因置酒復答」『전집』권16

「봄의 감흥 2수 春感 二首」『전집』권16

「술자리에서 소년에게 답하여 酒席答少年」『전집』권16

「광서 승록의 입산을 듣고 聞僧錄光敍入山」『전집』권16

「꽃을 애석해 하며 惜花」『전집』권16

「속장진주가—이하는 「장진주사」에서 '술은 유영의 무덤 위 흙에 이르지는 못한다' 라고 하였는데,
이는 진실로 도에 통달한 말이다. 그러므로 이 말을 부연하여 「속장진주가」라고 이름한다 續將進酒
歌 李賀將進酒曰 酒不到劉伶墳上土 此誠達道之言也 故廣其辭 命之曰續將進酒云」『전집』권16

「보제사 주지 현규玄規 선사의 벽에 걸린 대나무 그림에 짓다 題普濟寺住老
規禪師壁上畫竹」『전집』권16

「취한 나무꾼 醉樵人」『전집』권16

「까마귀 우는 것을 미워하며 憎鳥啼」『전집』권16

「유충기 대간이 문생인 김윤승 진사가 한 해에 연달아 과거에 급제하여 천
원에 불려 들어 간 것을 기뻐한 시에 차운하다 次韻劉大諫冲祺喜門生進士金
允升一年連捷 仍召入天院」232『전집』권16

---

232 좌간의대부 유충기는 고종 10년(1223) 4월에 치러진 국자감시의 지공거가 되었는데(『고
려사』권74 선거지 2 국자감시), 그해 10월에 예부시가 거행되었다(『고려사』권73 선거
지 1 선장). 즉 김윤승이 한 해에 연달아 과거에 합격하여 거듭 유충기의 문생이 된 해는
고종 10년, 즉 1223년인 것이다.

– 「이것은 유충기 공에게 주는 것이다 右贈劉公」

– 「이것은 김윤승에게 주는 것이다 右贈金允升」

「무더위 2수 苦熱 二首」『전집』권16

「8월 14일에 조상의 무덤에 절한 뒤 '바위에서 솟는 샘'을 지어 이백순 보궐에게 보이다 八月十四日 拜先壙後題嚴泉 示李補闕百順」『전집』권16

「중양절 九日」『전집』권16

「산을 나오며 읊다 出山吟」『전집』권16

「예성강 누각에 걸린 현판 위의 제공의 운을 빌려서—고 김돈중 승선의 글이 첫머리에 있었다 禮成江樓上 次板上諸公韻 故承宣金敦中首題」『전집』권16

「또 누각 위에서 조수를 바라보다 동료 김 군에게 주다—내가 공적인 일로 몇 달 동안 왕래했다 又樓上觀潮 贈同寮金君 予以公事往來數月」『전집』권16

「강가의 저녁 비 江上晚雨」『전집』권16

「초겨울 강가에서 初冬江上」『전집』권16

「동짓달의 비 仲冬雨」『전집』권16

「눈을 읊다 詠雪」『전집』권16

「길 위에서 친구를 만나 구점하다 路上逢故人口號」『전집』권16

〈찬〉

「(묘향산 보현사의) 장육비로자나소상에 대한 찬 丈六毗盧遮那塑像贊」[233]『전집』권19

「늙은 소나무 그림에 대한 찬—서문을 붙임 畫老松贊 幷序」[234]『전집』권19

233 각주 235 참조.
234 권16에는 「보제사 주지 현규 선사의 벽에 걸린 대나무 그림에 짓다 題普濟寺住老規禪師壁上畫竹」라는 시가 실려 있다. 비슷한 상황에서 이 찬이 지어진 것이 아닌가 하여, 이 두 작품이 같은 해에 지어진 것으로 비정해 둔다.

〈기〉

「천개동기 天開洞記」『전집』권24

「묘향산 보현사의 당주인 비로자나여래 장육소상에 대한 기 妙香山普賢寺堂
 主如來丈六塑像記」235『전집』권24

「종혁宗赫 상인의 능파정기 赫上人凌波亭記」236『전집』권24

〈서〉

「최종유(崔滋) 학유에게 주는 글 與崔宗裕學諭書」237『전집』권27

〈표〉

「이적 추밀이 관직을 사양하는 표 李樞密勸讓官表」238『전집』권29

▶ 1224년(고종 11, 갑신), 57세

- 6월에 장작감이 되다(「연보」 계미).
- 12월에 내년도의 국자감시 좌주로 내정되다.[239]
- 12월에 조의대부 시국자제주 한림학사 지제고가 되다.[240]

〈고율시〉

「꽃을 심으면서 種花」[241]『전집』 권16

「거센 비 苦雨」『전집』 권16

「죽순을 읊다 詠筍」『전집』 권16

「천마산에서 놀면서 짓다 遊天磨山有作」『전집』 권16

「매미를 읊다 詠蟬」『전집』 권16

「해당화 海棠」『전집』 권16

「붉은 작약 紅芍藥」『전집』 권16

「쥐를 놓아주며 放鼠」『전집』 권16

「딱다구리 啄木鳥」『전집』 권16

「이 도사에게 주다 贈李道士」『전집』 권16

「동교에서 즉흥적으로 東郊卽事」『전집』 권16

---

239 각주 242 참고.

240 「연보」에는 이렇게 적혀 있으나, 이 해에 지었다고 하는 「조의대부 국자제주 한림시강학사를 사양하는 표[讓朝議大夫國子祭酒翰林侍講學士表]」(『전집』 권31, 표)에는 '試' 자가 빠진 국자제주라고 되어 있다. 한편 「연보」 병술년(1226, 59세) 조에는 이 해에 眞국자제주가 되었다고 하였는데, 그 전해인 고종 12년(1225. 을유) 12월에 쓴 「왕륜사 장육금상의 영험을 모은 기[王輪寺丈六金像靈驗收拾記]」(『전집』 권25, 기)에는 이규보의 관직이 '조의대부 시국자제주 한림시강학사 지제고'라고 적혀 있다.

241 권16의 이 시 앞에는 초겨울, 눈과 같은 겨울에 지은 시가 나오다가 이 시부터 꽃을 심는다거나 내리는 비, 죽순 등을 읊은 시가 나온다. 이러한 점을 감안하여 이 시부터 1224년의 작품으로 비정해 둔다.

「눈을 읊다 雪詠」『전집』 권16

「동백꽃 冬柏花」『전집』 권16

「친구가 은잔을 말로 바꾸었다는 말을 듣고 聞友人以銀杯換馬」『전집』 권16

「병중에 지어 친구에게 보이다 病中作 示友人」『전집』 권16

「손님이 왔다가 갑자기 가자 짓다 客至忽歸有作」『전집』 권16

「광명사에서 자면서 당두 선로에게 보이다 宿廣明寺 示堂頭禪老」『전집』 권16

〈표〉

「국자감시의 시원을 사양하는 표 讓監試試員表」[242]『전집』 권31

「앞과 같이 (국자감시의 시원을) 사은하는 표 同前謝表」[243]『전집』 권31

「조의대부 국자제주 한림시강학사를 사양하는 표 讓朝議大夫國子祭酒翰林侍
講學士表」『전집』 권31

「앞과 같이 (조의대부 국자제주 한림시강학사를) 사은하는 표 同前謝表」[244]『전
집』 권31

〈묘지명〉

「백분화白賁華 묘지명 京山府副使禮部員外郎白公墓誌銘」[245]『전집』 권36

---

242 이규보가 지공거가 되어 실제로 국자감시를 주관한 것은 이듬해 2월이다(『고려사』 권74
선거지 2 국자시, 고종 12년 2월 조 및 「연보」 을유). 「연보」 갑신년 조에는 다음 해의 국
자감시 좌주가 되자 12월에 양사표를 지었다고 하였으므로, 이에 따라 사은표도 같은 해
12월에 지었다고 비정해 둔다.

243 각주 242 참고.

244 「연보」 갑신년 조에는 이 해 12월에 시국자제주 한림시강학사가 되면서 양사표를 지었다
고 했다.

245 백분화는 46세의 나이로 1224년 7월에 사망하자, 9월에 장례를 지냈다.

▶ 1225년(고종 12, 을유), 58세

- 1월에 몽고로 돌아가던 사신 저고여著古與가 압록강가에서 살해되면서 몽고와의 관계가 악화되다.[246]
- 2월에 국자감시 좌주가 되다.[247]
- 12월에 좌간의대부가 되다.[248]

〈고율시〉

「2월의 눈 二月雪」[249] 『전집』 권16

「절구 3수 絕句 三首」 『전집』 권16

「앵도櫻桃」 『전집』 권16

「마른 구름 旱雲」 『전집』 권16

「구렛나루를 비춰 보며 느낌이 있어 炤鬢有感」 『전집』 권16

「규정 2수 閨情 二首」 『전집』 권16

「녹자 베개 綠瓷枕」 『전집』 권16

「단오날 교외에서 느낌이 있어 端午郊外有感」 『전집』 권16

「술에 취해 부르는 노래—주필로 짓다 醉歌行 走筆」 『전집』 권17

246 『고려사절요』 권15, 고종 12년 1월.
247 「연보」에는 '2월에 사마시를 주관하여 詩賦에 李惟信 등 16인을 뽑고, 十音試에 安謙一 등 50인을 뽑고, 明經에 康得希 등 3인을 뽑아 임금께 아뢰고 牓을 걸었다'(「연보」 을유)라고 하였으나, 『고려사』에는 '(고종) 12년 2월에 국자제주 이규보가 시부에 이유신, 十韻試에 元良允 등 66인, 明經 3인을 뽑다'(『고려사』 권74 선거지 2 국자시)라고 하여 조금 다르게 적혀 있다. 시부에 장원을 한 이유신은 이규보의 큰 딸과 결혼했다(「이규보 묘지명」).
248 「연보」에는 이렇게 적혀 있으나, 이 해에 지었다고 생각되는 「우간의대부를 사양하는 표[讓右諫議大夫表]」(『전집』 권31, 표)와 「우간의대부를 사은하는 표[同前謝表]」(『전집』 권31, 표)에서 보듯이 우간의대부라고 적혀 있다. 각주 252와 253 참고.
249 권16의 이 시부터 계속하여 2월, 봄날, 앵도 등과 같이 계절이 바뀌어 봄을 노래한 시가 나오므로, 이 작품들을 앞의 시와 구분하여 해가 바뀐 1225년의 작품으로 비정해 둔다.

「을유년에 국자감시를 고열하던 차에 짓다 乙酉年監試考閲次有作」²⁵⁰『후집』
권1

〈상량문〉

「을유년의 대창니고 상량문—고원에서 명을 받들어 짓다 乙酉年大倉泥庫上樑文 誥院
奉宣述」『전집』권19

〈기〉

「왕륜사 장육금상의 영험을 모은 기 王輪寺丈六金像靈驗收拾記」²⁵¹『전집』권25

〈표〉

「우간의대부를 사양하는 표 讓右諫議大夫表」²⁵²『전집』권31
「앞과 같이 (우간의대부를) 사은하는 표 同前謝表」²⁵³『전집』권31

〈묘지명〉

「이적李績 묘지명 銀青光祿大夫樞密院使御史大夫李公墓誌銘 幷序」『전집』권36

250 이규보는 이 해 2월에 국자감시의 좌주가 되었다(『고려사』권74 선거지 2 국자시).
251 이 글의 뒷부분에 을유년 12월에 쓴다고 적혀 있다.
252 「연보」을유년 조와 『동문선』권43에는 좌간의대부라고 되어 있다.
253 「연보」을유년 조와 『동문선』권36에는 좌간의대부라고 되어 있다.

▶ 1226년(고종 13, 병술), 59세

• 12월에 진眞국자제주가 되다(「연보」병술).

〈고율시〉

「어전의 춘첩자 5언·7언 御殿春帖子 五言七言」[254]『전집』권17

「조는 중을 조롱하다 嘲睡僧」『전집』권17

「병중에 김인경 학사가 찾아와 준 것에 감사하다 病中謝金學士仁鏡見訪」『전집』권17

「이지 주서가 불러 주어 임원에서 술을 마시다 李注書筬邀飲林園」『전집』권17

「아이들이 풍구를 나무에 매달았는데 그 소리가 가히 사랑스러워 시로 그리다 兒輩以風甌掛樹 其聲可愛 以詩狀之」『전집』권17

「아들 함이 화답하므로 다시 앞의 운을 써서 兒子涵見和 復用前韻」『전집』권17

「태후전의 춘첩자 5언·7언 大后殿春帖子 五言七言」『전집』권17

「2월의 맹추위 二月苦寒」『전집』권17

「강촌 길을 가다가 2수 江村路中 二首」『전집』권17

「유경현 대간이 동료를 불러 술을 마시다가 가지고 있는 수정배를 꺼내어 내게 글을 지어 주기를 청하기에—이때 나는 좌간의였고, 유는 우간의였다 庾大諫敬玄 邀飲同寮 出所蓄水精杯 請予賦之 時予爲左諫議 庾爲右」[255]『전집』권17

「유경현 공이 화답하므로 다시 차운하여 답을 올리다 2수 庾公見和 復次韻奉答

---

254 권17에 수록된 시 중에는 지어진 연대를 알 수 없는 것들이 상당히 많고, 배열 순서도 일정하지 않은 듯하다. 그러나 작품의 내용과 앞뒤의 정황을 참작하여 잠정적으로 시기를 비정해 둔다. 권17에 두 번째로 수록된 이 시 역시 지어진 시기는 정확하게 알 수 없으나, 입춘 때 지어진 것이고 앞의 시들과는 계절이 다르다는 점을 참작하여 해가 바뀐 1226년의 작품으로 비정해 둔다.

255 이규보가 좌간의가 된 것은 58세 때인 1225년 12월이었다(「연보」을유). 이 시를 기준으로 하여 앞뒤의 시들을 이듬해인 1226년, 59세 때의 작품으로 분류해 둔다.

二首」『전집』 권17

「또 又」『전집』 권17

「단공 전순이 화답하므로 다시 앞의 운을 써서 답하다 田端公珣見和 復用前韻
答之」『전집』 권17

「돈유 스님이 수좌에 제수된 것을 축하하며 賀裕師拜首座」『전집』 권17

「교방 기생 화수에게 주다 贈敎坊妓花羞」『전집』 권17

「화수가 주량이 뛰어나다는 구절을 자못 기꺼워하지 않으므로 다시 절구 한
수를 주다 花羞以飮量之句 頗不悅 復以一絶贈之」『전집』 권17

〈서〉

「『신집어의촬요방』 서 新集御醫撮要方序」²⁵⁶『전집』 권21

〈방牓〉

「용담사의 총림회에 대한 방 龍潭寺叢林會牓」²⁵⁷『전집』 권25

〈표〉

「돈유 삼중선사가 수좌에 제수된 것을 사은하는 표 敦裕三重謝首座表」²⁵⁸『전
집』 권30

〈비답批答〉

「최종번이 감시의 시원을 사양한 것을 허락하지 않는 비답 崔宗蕃讓監試試員

256 이 글의 맨 뒤에 병술년(고종 13, 1226) 4월에 쓴다고 적혀 있다.
257 이 글의 본문 중에 '올해 병술년(고종 13, 1226)에 총림회를 용담사에서 열었다'라는 글
귀가 있다.
258 권17에 「돈유 스님이 수좌에 제수된 것을 축하하며[賀裕師拜首座]」라는 시가 있으므로,
이 시와 같은 해에 지어진 것임을 알 수 있다.

不允批答」[259]『전집』권33

〈관고〉

「노지정을 금오위상장군으로 삼는 관고 盧之正金吾衛上將軍官誥」[260]『전집』권34

---

259 최종번은 고종 13년 3월에 국자감시의 시험관이 되었다(『고려사』권74 선거지 2 국자감시, 고종 13년 3월).

260 노지정은 고종 13년 당시에 상장군 직에 있었는데, 이듬해 3월에 희종복위 사건에 연루되어 처형되었다(『고려사절요』권15, 고종 14년 3월 및 『고려사』권129 열전 최충헌전 부 최이전의 고종 13년·14년 기사 참조). 이 관고가 언제 작성되었는지 정확하게 알 수 없지만, 잠정적으로 그가 상장군 직에 있던 고종 13년으로 비정해 둔다.

▶ 1227년(고종 14, 정해), 60세

• 9월에 완성된 『명종실록』 편찬에 참여하다.[261]
• 11월의 팔관회에서 술을 마시다가 예를 범하여 처벌을 감수하였으나, 최우의 적극적인 비호로 무마되다.[262]
• 국자제주 한림시강학사 지제고 직을 계속 보유하다.[263]

〈고율시〉

「봄날의 흥에 부치다 春日寓興」 『전집』 권17

「송순 좌승을 새북 절제사로 보내며―앉은 자리에서 주필로 쓰다 送宋左丞恂節制塞北 席上走筆」[264] 『전집』 권17

「영통사의 기 수좌 방장에게 이백순 낭중이 지은 '빗속의 자모란' 에 차운하여 靈通寺其首座方丈 次韻李郎中百順賦雨中紫牡丹」 『전집』 권17

「최정빈 승제에게 드리다 呈崔承制正份」 『전집』 권17[265]

〈전〉

「노극청전―내가 『명종실록』을 편찬할 때 이 전을 지었는데, 욕심 많게 다투는 자들에게 격려시킬 만하므로 이를 붙였다 盧克淸傳 予修明宗實錄 立此傳 有可激貪競故附之」[266] 『전집』 권20

---

261 각주 266과 「盧克淸傳―予修明宗實錄 立此傳 有可激貪競故附之」(『전집』 권20, 전) 참조.
262 「최우 상국에게 올리는 글[上崔相國書]」(『전집』 권27, 서). 각주 265 및 268 참고.
263 각주 268 참조.
264 고종 14년 9월에 東眞이 고려의 동계를 침략해 오자 중앙정부는 군대를 보내 방어하는 한편으로 소재도량 등을 설치하여 승리를 기원했다(『고려사』 권22 세가 고종 14년 9월과 10월 조 기사 참조). 동진의 침략은 이후에도 간헐적으로 몇 년간 더 계속되지만 이 시가 쓰인 시기를 잠정적으로 고종 14년, 즉 이규보가 60세 때인 1227년으로 분류해 둔다.
265 음주한 뒤 예를 잃은 일을 적고 있는 이 시는, 「최우 상국에게 올리는 글[上崔相國書]」(『전집』 권27, 서)과 연관이 있을 것이다. 각주 268 참고.
266 『명종실록』은 고종 14년 9월에 편찬이 완성되었다(『고려사』 권22 세가 고종 14년 9월 경

〈잡문〉

「일엄의 일을 논함 論日嚴事」[267] 『전집』 권22

〈서〉

「최우 상국에게 올리는 글 上崔相國書」[268] 『전집』 권27

〈비답〉

「유경현이 감시의 시원을 사양하는 것을 허락하지 않는 비답 庾敬玄讓監試試
員不允批答」[269] 『전집』 권33

진). 한편, 이 노극청전은 원문 거의 그대로 『고려사』 권99 열전 현덕수전에 실려 있다.

[267] 명종 때의 승려 일엄의 혹세무민을 논한 이 글은 일종의 사론 형태를 띠고 있다. 그러므로 『명종실록』 편찬 작업과 연관이 있지 않을까 하여, 이 실록이 편찬된 고종 14년의 작품으로 비정해 둔다. 한편 『전집』과 거의 비슷한 내용의 일엄에 대한 기사가 『고려사절요』 권13, 명종 17년 9월 조 기사와 『고려사』 권99 열전 임민비전에 실려 있다.

[268] 이 글에서 이규보의 관직은 국자제주 한림시강학사 지제고라고 밝혀져 있는데, 내용 중에 언급된 팔관회에서의 음주 소동은 1227년에 일어난 것으로 추정된다. 이규보는 1224년에 한림시강학사 지제고가 되었고(「연보」 갑신), 1226년 12월에 국자제주가 되었기 때문이다(「연보」 병술). 한편 개경의 팔관회는 매년 11월 15일에 열렸다.

[269] 유경현은 고종 14년 3월에 시행된 국자감시의 좌주가 되었다(『고려사』 권74 선거지 2 국자감시, 고종 14년 3월).

▶ 1228년(고종 15, 무자), 61세

- 1월에 중산대부 판위위사가 되고 나머지 관직은 그대로 보유하다(「연보」 무자).
- 3월[270]에 예부시의 동지공거가 되다.[271]

〈표〉

「동지공거를 사양하는 표 讓同知貢擧表」『전집』 권31

「앞과 같이 (동지공거를) 사은하는 표 同前謝表」[272] 『전집』 권31

〈교서教書 · 관고官誥〉

「최정화를 은청광록대부 추밀사 호부상서로 삼아 치사하게 하는 교서와 관고 각 1통 崔正華爲銀靑光祿大夫樞密使戶部尙書致仕教書 · 官誥 各一道」[273] 『전집』 권34

　- 「교서 教書」

　- 「관고 官誥」

---

270 원문에는 5월이라고 되어 있으나, 『고려사』 등의 기록을 볼 때 3월의 잘못인 듯하다. 각 주 272 참조.

271 「연보」에는 '동지공거가 되어 春場試를 주관하여 李敦 등 31인, 明經에 鞠受圭 등 4인을 뽑아 임금께 아뢰고 牓을 걸었다'(「연보」 무자)라고 하였으나, 『고려사』에는 '(고종) 15 년 3월에 평장사 崔甫淳이 지공거가 되고 판위위사 이규보가 동지공거가 되어 진사를 뽑 았는데, 이돈 등 31인에게 급제를 주다'(『고려사』 권73 선거지 1 선장)라고 적혀 있다.

272 「연보」에는 이규보가 동지공거가 되어 시행된 과거가 5월이라고 하였으나, 『고려사』와 『고려사절요』에는 3월이라고 되어 있으므로, 이를 따르기로 한다(『고려사』 권22 세가 고 종 15년 3월 무술, 『고려사』 권73 선거지 1 선장, 고종 15년 3월, 『고려사절요』 권15, 고종 15년 3월).

273 최정화는 고종 15년 12월에 이 관직으로 치사했다(『고려사』 권22 세가 고종 15년 12월 무진).

▶ 1229년(고종 16, 기축), 62세

〈묘지명〉

「유자량庾資諒 묘지명 銀靑光祿大夫尙書左僕射致仕庾公墓誌銘」[274]『전집』권36

---

274 유자량은 이 해 8월 8일에 80세의 나이로 사망했다.

▶ **1230년**(고종 17, 경인), **63세**

- 1월에 금의가 사망하자 묘지명을 짓다.[275]
- 노년에 『주역』을 좋아하여 책을 덮고 외울 경지에 이르다.[276]
- 11월 21일에 멀리 위도猬島(지금의 전라북도 부안군 위도면)로 유배가다.
  이에 대해 「연보」에는 다음과 같이 적혀 있다.

  > 이 해의 팔관회에서 임금을 모시고 잔치를 열었는데 행사를 진행하면서
  > 옛 전례에 어긋나는 일이 있었다. 이는 추밀인 차척車倜 공이 시킨 것이었으
  > 나 지어사대사 왕유王猷가 노하여 일을 맡은 자가 따르지 않는다고 질책하였
  > 는데, 차 공은 왕유가 재상을 꾸짖었다고 오해하여 왕에게 일러바쳤다. 이때
  > 공과 송순宋恂 좌승이 그 자리에 있었으므로 왕유를 도와 부추겼으리라 의심
  > 하여 모두 먼 섬으로 귀양 보낸 것이다(「연보」 경인).

- 이날 개경을 떠나 청교역에서 잤는데, 친구 최종번崔宗藩이 그날 사망했
  다는 소식을 뒤늦게 숙소에서 듣다.[277]
- 12월 26일 위도로 출발하여 이튿날 섬으로 들어가서 나이 많은 사호司戶
  의 집에 머물다.[278]

〈고율시〉
「김인경 추밀이 금의 상국을 곡한 시에 차운하다 2수 次韻金樞密仁鏡哭琴相國
二首」[279] 『전집』 권17
「유영과 이백의 '권주도'에 쓰다 題劉伶李白勸酒圖」 『전집』 권17

---

275 「금의 묘지명」(『전집』 권36, 묘지명).
276 「『주역』을 읽다[讀易]」(『전집』 권17, 고율시).
277 「고 최종번 승선을 뒤늦게 곡하며[追哭故承宣崔宗藩]」(『전집』 권17, 고율시).
278 「꿈에 대한 설[夢說]」(『전집』 권21, 설).
279 금의는 1230년(고종 17년) 1월에 사망했다(『고려사』 권22 세가 고종 17년 정월 경인).

「어전의 춘첩자 御殿春帖子」『전집』권17

「개인집 대문의 춘첩자 私門春帖子」『전집』권17

「'화이도'에 장단구로 짓다 題華夷圖長短句」『전집』권17

「『주역』을 읽다 讀易」『전집』권17

「스스로를 꾸짖다―분한 일이 있어서 지었다 自責 有所憤作」[280]『전집』권17

「경인년 11월 21일에 위도로 유배가면서 부령군을 지나다가 친구인 자복사 당두 종의 상인의 방장에서 묵었는데, 이튿날 시 2수를 지어 보여 주다―이 때 송순 상서좌승·왕유 지어사대사 등이 모두 함께 각각 섬으로 유배되었다 庚寅十一月二十一 日 將流猬島 路次扶寧郡 寓宿故人資福寺堂頭宗誼上人方丈 明日作詩二首示之 時尙 書左丞宋恂·知御史臺事王猷等 皆同流于各島」『전집』권17

「고부 태수 오천유 동년이 술을 가지고 찾아왔기에 감사하다 謝古阜大守吳同 年闡猷携酒來訪」『전집』권17

「오천유 군이 화답하므로 다시 차운하다 吳君見和 復次韻」『전집』권17

「12월에 보안현 이한재 진사의 집으로 옮겨서 머물렀는데, 향교의 제생들이 술을 가지고 와서 위로해 준 것에 감사하며 앉은 자리에서 짓다 十二月 移寓 保安縣李進士翰材家 謝鄉校諸生携酒來慰 坐上作」『전집』권17

「앉은 자리에서 주필로 이 첨사 등 제공이 크게 연회를 열어 위로해 준 것에 감사하다 坐上走筆 謝李詹事等諸公大設筵見慰」『전집』권17

「고부 태수[吳闡猷]가 잠자리 시녀와 좋은 술, 산 꿩과 함께 겸하여 시를 보내 왔으므로 차운하다 2수 次韻謝古阜大守送薦枕及美酒生雉兼詩 二首」『전집』권17

「잠시 감불사에서 놀다가 당두인 늙은 비구에게 주다 暫遊感佛寺 贈堂頭老比 丘」『전집』권17

「원흥창 통판 김 군이 양식과 술을 가지고 찾아와 준 것에 감사하다 謝元興倉

---

280 이 시 중에 '제서를 지은 지 16년이 되었다'는 구절이 있다. 이규보는 48세 때인 1215년 (고종 2)에 우정언 지제고가 되었는데(「연보」 을해), 그로부터 16년 뒤면 63세인 1230년 (고종 17)이 된다.

通判金君携糧酒見訪」『전집』권17

「묘암사에서 놀다가 현판 위의 홍 서기의 '위금암' 시의 운을 빌리다 遊妙巖寺 次板上洪書記題位金巖詩韻」『전집』권17

「또 현판 위의 유 학사의 운을 빌려서 주지 비구에게 주다 又次板上庾學士韻贈住老比丘」『전집』권17

「12월 26일에 위도로 들어가려고 배를 띄우다—서문을 붙임 十二月二十六日 將入猬島泛舟 幷序」『전집』권17

「갑군대에서 자고 이튿날 떠나면서 짓다 宿甲君臺 明日將發有作」『전집』권17

「배를 타고 가다 2수 舟行 二首」『전집』권17

「섬에 들어가서 짓다 入島作」『전집』권17

「스스로 답하다 自答」『전집』권17

「새벽에 여사의 누각에 올라 曉登旅舍樓」『전집』권17

〈묘지명〉

「금의琴儀 묘지명 壁上三韓大匡金紫光祿大夫守大保門下侍郞同中書門下平章事修文殿大學士判吏部事致仕琴公墓誌銘」『전집』권36

▶ **1231년**(고종 18, 신묘), **64세**

* 1월 15일에 고향인 황려현으로 양이量移되다(이하 「연보」 신묘).
* 1월 22일에 예전 신유년(1201, 신종 4)에 유람했던 죽주 만선사에 들려 자다.
* 7월에 사면을 받아 서울로 돌아오다.
* 8월에 몽고가 압록강을 건너 고려를 침입하여 개경을 위협하다.[281]
* 9월에 백의종군하면서 몽고의 침입에 대비하여 보정문保定門을 지키다.
* 이후 산관散官으로 있으면서, 몽고와의 외교문서를 도맡아 짓다.

〈고율시〉

「신묘년 정월 9일의 꿈을 적다 辛卯正月九日記夢」『전집』권17

「11일에 또 읊다 十一日又吟」『전집』권17

「12일 밤 꿈에 어떤 이가 '타첩하라, 타첩하라'라고 하면서 세 번을 외치기에 놀라 깨어나 시를 짓다 十二日夜夢 有人呼云打疊打疊 至于三 驚起有詩」『전집』권17

「15일에 황은을 입고 고향인 황려현으로 양이되었는데, 21일에 죽주에 이르자 만선사에서 자고 현판 위의 제공의 운을 빌리다―2수 내가 신유년(신종 4, 1201)에 이 절에서 놀면서 화답한 시가 제10권에 있다[282] 十五日 蒙恩量移桑梓黃驪縣 一十二日 行次竹州 寓宿萬善寺 次板上諸公韻 二首 予辛酉年遊此寺所和詩也 在第十卷」『전집』권17

「주지 현 상인이 머물다 간 제공이 지은 시를 벽에 붙여 놓았는데, 나에게 차운하기를 청했다 2수 住老賢上人 以過客諸公所賦詩釘壁 乞予次韻 二首」『전집』권17

---

281 이른바 몽고의 제1차 침입을 말한다.

282 「죽주의 만선사에서 놀다가 현판 위의 여러 학사의 시에 차운하다[遊竹州萬善寺 次板上 諸學士詩韻 二首]」(『전집』권10, 고율시).

「황려의 여사에서 짓다 黃驪旅舍有作」『전집』권17

「황려 정천사의 의誼 스님의 야경루에 짓다 題黃驪井泉寺誼師野景樓」『전집』권17

「늦은 봄에 등하 북사루에서 暮春燈下北寺樓」『전집』권17

「부질없이 짓다 漫成」『전집』권17

「4월 7일에 또 읊다 四月七日又吟」『전집』권17

「무더위 苦熱」『전집』권17

「거센 비 苦雨」『전집』권17

「신묘년 7월에 서울로 돌아온 뒤 짓다 辛卯七月 復京後有題」『전집』권17

「이 해 9월에 호병을 막기 위해 백의로 보정문을 지키다 是年九月 因備禦胡兵 以白衣守保定門」『전집』권17

〈잡저雜著〉

「신묘년 12월 일에 임금과 신하의 맹세를 고하는 글 辛卯十二月日 君臣盟告 文」『전집』권25

〈표〉

「몽고 사신이 돌아가는 편에 황제에게 올리는 표-신묘년 蒙古行李齎去 上皇帝 表 辛卯年」『전집』권28

「이항 시중을 위해 첫 번째 퇴직하기를 청하는 표 爲李侍中抗初度乞退表」『전집』권29

  -「두 번째 앞과 같은 표 二度同前表」

  -「세 번째 앞과 같은 표 三度同前表」[283]

283 문하시중으로 치사한 이항은 고종 18년(1231) 11월에 사망했다(『고려사』권23 세가 고종 18년 11월 정해). 이 글이 언제 쓰였는지 정확하게 알 수 없으나, 그의 사망연대를 참작하여 잠정적으로 1231년의 작품으로 비정해 둔다.

▶ 1232년(고종 19, 임진), 65세

- 4월에 옛 관직으로 복구되어 정의대부 판비서성사 보문각학사 경성부우
  첨사 지제고가 되다(이하 「연보」 임진).
- 6월에 강화로 수도를 옮겼는데, 이규보는 집을 짓지 못해 하음河陰 객사
  의 행랑채에서 몇 달 동안 기거하다.
- 9월에 유수 지중군병마사가 되다.
- 12월에 김윤후金允侯가 처인성에서 몽고 원수 살례탑撒禮塔을 사살하
  다.[284]
- 이 해에 『초조대장경』이 불타다.

〈고율시〉

「임진년 4월에 판비서 겸 학사 지제고가 되었는데 희롱 삼아 짓다 壬辰四月
  拜判祕書兼學士知制誥 戲作」 『전집』 권17

「친구가 화답하므로 다시 차운하다 友人見和 復次韻」 『전집』 권17

「장혜왕후 만사 莊惠王后挽詞」[285] 『전집』 권17

「고 최종번 승선을 뒤늦게 곡하며—서문을 붙임 追哭故承宣崔宗蕃 幷序」 『전집』 권
  17

「대장경도량음찬시 大藏經道場音讚詩」[286] 『전집』 권18

「소재도량—앞과 같은 시 消災道場 同前詩」 『전집』 권18

「반가운 비 喜雨」 『전집』 권18

---

284 『고려사』 권23 세가 고종 19년 12월.
285 고종의 왕비 왕씨가 고종 19년(1232) 6월 경술에 사망하자 신유에 장례지내고, 시호를
  莊惠라고 했다(『고려사절요』 권16, 고종 19년 6월 경술 및 신유 조).
286 권18에는 같은 제목 아래 왕명을 받아 지은 총 14수의 시가 실려 있는데, 이 중 제일 마지
  막 시만 1232년에 지은 것이고 나머지는 正言에서부터 3품관에 재직하는 동안 지은 것을
  다 모아서 실은 것이다. 그 뒤에 나오는 「소재도량」의 5수도 마찬가지이다.

「최우 상국에게 올리다—2수 서문을 붙임 지금의 진양후이다 上崔相國 二首 幷序 今晉陽侯
也」『전집』권18

  –「띠를 준 것에 감사하며 右謝帶」

  –「녹을 준 것에 감사하며 右謝祿」

「이백전 시랑이 화답하므로 다시 차운하여 답을 올리다 李侍郎百全見和 復次
韻奉答」『전집』권18

「종이 도망가다—도읍을 옮긴 뒤의 일이다 奴逋 移都後」『후집』권1

「하음 객사의 서쪽 행랑에서 살며 짓다—도읍을 옮긴 뒤 나 혼자만 새 서울에 집을 짓지
못하여 온 식구가 하음 객사관의 서쪽 행랑을 빌려 여러 달을 지내다가 떠났다 寓河陰客舍西廊
有作 移都後 予獨於新京未構屋 擧家借河陰客館西廊居之 累月乃去」『후집』권1

〈서·장·표〉

「국함으로 지어 몽고에게 답하는 서—임진년 2월 國銜行 答蒙古書 壬辰二月」『전
집』권28

「앞과 같이 아거 원수에게 답하는 장 同前答兒巨元帥狀」『전집』권28

「회안공이 앞과 같이 아거 원수에게 답하는 장 淮安公答同前元帥狀」『전집』권
28

「몽고국 원수를 보내는 서—이 해 3월에 지의심이 가지고 갔다 送蒙古國元帥書 是年三月
池義深齎去」『전집』권28

「살리타 관인을 보내는 서—임진년 4월 送撒里打官人書 壬辰四月」『전집』권28

「하서 원수에게 답하는 서—임진년 5월 答河西元帥書 壬辰五月」『전집』권28

「회안공이 하서 원수에게 답하는 서 淮安公答河西元帥書」『전집』권28

「아무개 관에게 보내는 장 送某官狀」『전집』권28

「몽고 관인에게 답하는 서—임진년 9월 答蒙古官人書 壬辰九月」『전집』권28

「사타 관인에게 답하는 서—임진년 11월 答沙打官人書 壬辰十一月」『전집』권28

「도황제에게 올리는 기거표 上都皇帝起居表」『전집』권28

- 「진정표 陳情表」

- 「앞과 같은 장 同前狀」

「진경 승상에게 보내는 서 送晉卿承相書」『전집』권28

「사타리에게 답하는 서 答沙打里書」『전집』권28

「몽고 대관인에게 보내는 서－임진년 12월 送蒙古大官人書 壬辰十二月」『전집』권28

「몽고 대관인에게 답하는 서 答蒙古大官人書」『전집』권28

「동진에 답하는 별지 答東眞別紙」『전집』권28

「화주가 국경을 마주하는 진주에게 보내는 첩 和州答對境鎭州牒」『전집』권28

〈비명〉

「정각국사 비명－왕명을 받아 지었다 故華藏寺住持王師定印大禪師追封靜覺國師碑銘
奉宣述」[287]『전집』권35

〈제문〉

「유승단 승상에게 드리는 제문－수기 수좌를 대신해 지었다 祭兪丞相文 代守其首座
行」[288]『전집』권37

〈서〉

「최종준 상국의 연회에 감사하며 올리는 글－도읍을 옮긴 해이다 上崔相國宗峻謝
宴書 移都年」『후집』권12

---

287 志謙은 강종 2년(1213)에 왕사로 책봉되고 고종 16년(1229)에 사망하자 정각국사로 추
증되었는데, 비문은 고종 19년(1232)에 지었다.

288 유 승상의 이름은 兪升旦일 가능성이 매우 크다. 당시 활약한 兪氏 가운데 그만큼 알려진
인물이 없고, 이 제문의 내용 중 자식이 없다고 되어 있는데 유승단도 아들이 없었기 때
문이다. 그는 이규보의 동년 급제생으로, 참지정사에 올라 고종 19년 8월에 65세로 사망
했다(『고려사』권102 열전 유승단전 및 『전집』권25 「동년재상서명기」 참조).

▶ 1233년(고종 20, 계사), 66세

• 6월에 은청광록대부 추밀원부사 좌산기상시 한림학사승지가 되었으나,
  아들 이함李涵이 직한림원이 되었으므로 친혐親嫌 때문에 보문각학사로
  바꾸다.
• 12월에 금자광록대부 지문하성사 호부상서 집현전대학사 판예부사가
  되다(「연보」 계사).

〈고율시〉

「계사년 어전의 춘첩자 癸巳年御殿春帖子」『전집』 권18

「이백전 시랑이 꿈속에서 내가 재상이 된 것을 보았다고 하여 찾아와 말하
  고 또 축하해 주었으나, 시로 부인하다 李侍郎百全 以夢中見予拜相 來說且賀
  以詩拒之」『전집』 권18

「떠다니는 먼지 游塵」『전집』 권18

「김창 시랑이 박문수 습유가 공이 가지고 있는 모란 그림에 대해 지은 시를
  화답한 것에 차운하다 次韻金侍郎敞和朴拾遺文秀題公所蓄畫牡丹」『전집』 권18

「박문수 습유에게 화답하다 2수 和朴拾遺 二首」『전집』 권18

「선禪하는 이에게 주다 贈禪者」『전집』 권18

「계사년 8월 18일에 처음으로 추밀원에서 숙직하면서 내성의 김인경 상국
  에게 주다 4수 癸巳八月十八日 始直樞密院 寄內省金相國仁鏡 四首」『전집』 권18

「김인경 상국이 화답하므로 다시 답하다 相國見和 復答之」『전집』 권18

「유경현 승선이 화답하므로 다시 답하다 庾承宣敬玄見和 復答之」『전집』 권18

「이인식 추밀원부사가 화답하므로 다시 답하다 李樞副仁植見和 復答之」『전
  집』 권18

「계사년 6월 일에 아들 함이 한림에 제수된 것을 기뻐하며 癸巳六月日喜兒子
  涵拜翰林」『후집』 권1

〈표〉

「대금 황제에게 올리는 표─계사년 3월에 최린 사간이 가지고 갔으나 길이 막혀 돌아왔다 上

大金皇帝表 癸巳三月 遣司諫崔璘齎去 迷路還來」『전집』권28

    ─「기거표 起居表」

    ─「표 表」

    ─「물장 物狀」

「은청광록대부 추밀원부사 좌산기상시 보문각학사를 사양하는 표 讓銀青光

祿大夫樞密院副使左散騎常侍寶文閣學士表」『전집』권31

「앞과 같이 (은청광록대부 추밀원부사 좌산기상시 보문각학사를) 사은하는 표 同

前謝表」[289]『전집』권31

「금자광록대부 지문하성사 호부상서 집현전대학사를 사양하는 표 讓金紫光

祿大夫知門下省事戶部尙書集賢殿大學士表」『전집』권31

「앞과 같이 (금자광록대부 지문하성사 호부상서 집현전대학사를) 사은하는 표 同

前謝表」[290]『전집』권31

---

289 이 해 6월에 이규보는 이 관직에 올랐다(「연보」 계사).

290 이 해 12월에 이규보는 이 관직에 올랐다(「연보」 계사).

▶ 1234년(고종 21, 갑오), 67세

- 5월에 예부시 지공거가 되다.[291]
- 6월에 절친한 친구이자 도우인 승려 혜문惠文이 사망하다.[292]
- 12월에 정당문학 감수국사가 되다(「연보」 갑오).

〈고율시〉

「갑오년 정월 일 밤에 내성에서 숙직하며 지은 것을 이튿날 김인경 상국에
게 드리다─계사년 12월에 성에 들어가 갑오년 정월까지 숙직했다 甲午正月日夜 直內省有
作 明日 呈金相國仁鏡 癸巳十二月入省 至甲午正月入直」『전집』 권18

「강 선배가 장 대선사에게 곡한 시에 차운하다─서문을 붙임 次韻康先輩哭丈大禪
帥 幷序」『전집』 권18

「8월에 내성에서 밤에 숙직하며 짓다 八月 內省夜直有作」『전집』 권18

「황려현의 유경로 수령이 보낸 시에 차운하다 次韻黃驪縣宰柳卿老見寄」『전
집』 권18

「바다를 바라보며 천도한 것을 뒤늦게 경축하다 望海因追慶遷都」『전집』 권18

〈설〉

「꿈에 대한 설 夢說」『전집』 권21

---

291 「연보」에는 '5월에 예부시의 지공거로 시험을 주관하여 金諫成 등 31인을 뽑고, 明經에
李邦秀 등 2인을 뽑아 牓을 내걸었다'(「연보」 갑오)라고 되어 있다. 한편 『고려사』에는
'(고종) 21년 5월에 지문하성사 이규보가 지공거가 되고 대사성 李百順이 동지공거가 되
어 진사를 뽑았는데, 金諫成 등 31인과 明經 2인, 恩賜 8인에게 급제를 주었다'(『고려사』
권73 선거지 1 선장)라고 했다.

292 「강 선배가 장 대선사에게 곡한 시에 차운하다[次韻康先輩哭丈大禪帥]」(『전집』 권18, 고
율시)는 혜문에 대한 조시인데, 이 시의 협주 중에 혜문이 6월에 사망했다는 구절이 있
다. 각주 295와 296 참고.

〈기〉

「꿈의 영험에 대한 기 夢驗記」『전집』권25

〈표〉

「지공거를 사양하는 표－갑오년 讓知貢擧表 甲午年」『전집』권31

「앞과 같이 (지공거를) 사은하는 표 同前謝表」[293]『전집』권31

〈교서〉

「진양후[최우]를 봉책하는 교서－재상으로 칙명을 받들어 지었다 晉陽侯封册教書 以宰

相奉勅述」[294]『전집』권33

〈애사〉

「혜문선사 애사 文禪師哀詞」[295]『전집』권37

〈석도소〉

「갑오년 담선일에 재를 올리는 소 甲午年談禪日齋疏」『전집』권41

〈문답〉

「갑오년의 예부시 책문－수망으로 제가되었다 甲午年禮部試策問 首望制可」『후집』권11

「앞과 같이 (갑오년의 예부시) 책문－차망으로 시행되지 못했다 同前策問 次望不行」『후
집』권11

293 이규보는 고종 21년(1234, 갑오) 5월에 시행된 과거의 지공거가 되었다(『고려사』권73
선거지 1 선장).
294 고종 21년 10월에 최우를 진양후로 봉책했다(『고려사』권23 세가 고종 21년 10월 경인).
295 본문 중에 혜문이 閼逢敦牂年, 즉 갑오년(1234, 고종 21)에 세상을 떠났다는 기록이 있
다.

〈서〉

「혜문 대선사에게 부치는 편지 寄文大禪師手簡」²⁹⁶『후집』권12

「혜문 대선사에게 답하는 짧은 편지 答文大禪師小簡」²⁹⁷『후집』권12

---

296 편지 내용 중에 혜문이 운문사에 들어간 뒤 이규보가 재상이 되었음을 밝히는 구절이 있다. 혜문은 강화로 천도하던 고종 19년(1232)에 운문사에 들어간 뒤 고종 21년(1234)에 그곳에서 입적하였는데(「혜문 선사 애사[文禪師哀詞]」, 『전집』권37, 애사), 이규보는 그 전해인 고종 20년(1233) 12월에 지문하성사에 임명되어 재상의 반열에 올랐다(「연보」계사). 이러한 점을 참작하여 이 편지를 고종 21년 초년에 쓴 것으로 비정해도 좋지 않을까 한다.

297 각주 296과 같음.

▶ 1235년(고종 22, 을미), 68세

- 1월에 왕전王倎을 태자로 책봉하였는데,[298] 이규보는 태자소부가 되다 (「연보」을미).
- 12월에 참지정사 수문전대학사 판호부사 태자태보가 되다(「연보」을미).

〈기〉

「동년재상서명기 同年宰相書名記」『전집』 권25

〈서〉

「여진과 한아에게 몰래 고하는 글 密告女眞漢兒文」[299]『전집』 권28

〈교서〉

「태자를 책봉하는 교서 – 재상으로 칙명을 받들어 지었다 太子封冊敎書 以宰相奉勅述」[300]『전집』 권33

「태자의 가례를 치르면서 내린 교서 – 재상으로 칙명을 받들어 지었다 太子嘉禮敎書 以宰相奉勅述」[301]『전집』 권33

---

298 『고려사절요』 권16, 고종 22년 1월.

299 이 글의 내용 중에 계사와 갑오 연간, 즉 1233~1234년 사이에 몽고가 여진의 성을 함락시켰다는 구절이 있으므로, 이 글이 1235년에 쓰인 것으로 잠정적으로 비정해 둔다.

300 고종 22년 1월에 뒤에 원종이 되는 元子 倎을 태자로 책봉했다(『고려사』 권23 세가 고종 22년 1월 갑인).

301 고종 22년 6월에 金若先의 딸을 태자비로 삼았는데(『고려사』 권23 세가 고종 22년 6월 을유), 뒤에 順敬太后로 추봉되었고 충렬왕을 낳았다(『고려사』 권88 후비전 1 원종 순경태후 김씨).

〈비명〉

「진각국사 비명—서문을 붙임. 왕명을 받아 서술함. 돌에 새길 때 비면이 좁아 글을 줄여 줄 것을

청하였는데, 여기에는 예전 것을 썼으므로 두 본이 같지 않다 曹溪山第二世故斷俗寺住持修禪

社主贈諡眞覺國師碑銘 幷序 奉宣述 刻石次以地窄請刪 於此仍故 二本不同」[302]『전집』권35

<hr />

[302] 「연보」에는 갑오년(1234)에 이 비명을 썼다고 했다. 그러나 권35에 수록된 이 비의 본문
을 보면, 혜심이 갑오년에 57세의 나이로 사망하자 진각국사로 추중하고 이듬해인 을미
년(1235) 여름에 장례를 지내면서 부도를 세웠다고 했다. 따라서 1235년에 이 비문을 쓴
것이 분명하다.

▶ 1236년(고종 23, 병신), 69세

• 5월에 예부시의 지공거가 되다.[303]
• 12월 퇴직하기를 바라는 표를 올렸으나 반려되다. 이에 대해 「연보」에는 다음과 같이 적혀 있다.

> 10월[304]에 퇴직하기를 바라는 표를 올렸으나, 임금이 그 표를 궁궐 안에 보류해 두고 내시 김영초金永貂를 보내 극진하게 타이르고 다시 근무하라고 했다. 공은 병이 위독하다고 핑계를 대었으나, 진양후[최우] 역시 호적의 나이를 줄였다고 하여 머물기를 권면했다. 공은 어쩔 수 없이 11월에 이르러 나아가 일을 보았다. 그러나 황공하여 스스로 편안하지 않았으므로 여러 차례 시를 지어 그 뜻을 보였다. 공은 특히 나이를 줄인 것을 다행으로 삼지 않고 사실대로 진술하여 물러나려는 마음이 진실로 굳었던 것인데, 오히려 사양할 수 없었던 것이다(「연보」 병신).

• 12월에 태위가 되다(「연보」 병신).

〈고율시〉
「병신년 새해 첫날 丙申元日」『전집』 권18
「머리가 벗겨진 것을 스스로 조롱하며 頭童自嘲」『전집』 권18

---

303 「연보」에는 '5월에 지공거로 춘장을 주관하여 朴曦 등 29인을 뽑고, 명경에 李克松 등 3인을 뽑아 방을 내걸었다'(「연보」 병신)라고 되어 있다. 『고려사』에는 '(고종) 23년 5월 참지정사 이규보가 지공거가 되고 판예부사 朴廷揆가 동지공거가 되어 진사를 뽑았는데, 을과에 朴曦 등 3인, 병과 8인, 동진사 18인, 명경 3인에게 급제를 주다'(『고려사』 권73 선거지 1 선장)라고 되어 있다.
304 원문에는 12월로 되어 있으나, 10월의 잘못이다. 「퇴직하기를 바라는 표ㅡ병신년 10월 16일 표를 올렸는데 21일에 내시 아무개가 와서 성지를 전하여 올린 표는 궁중에 보류해 두고 나와서 일을 보라고 극진하게 타일렀다[乞退表ㅡ丙申十月十六日 上表 二十一日 內侍某至 奉傳聖旨 所上表留中 仍敎諭起視事]」(『전집』 권31, 표)에도 10월로 되어 있다.

「아침에 꾀꼬리 소리를 듣고 聞早鶯」『전집』권18

「과거 시험장 東堂試院」[305]『전집』권18

「집 뒤에 작은 연못을 파다 舍後開小池」『전집』권18

「초가을에 연못가에서 初秋池上」『전집』권18

「샘이 사면에서 나와 짓다 泉出四面有作」『전집』권18

「우물에 비친 모습에 희롱 삼아 짓다 炤井戲作」『전집』권18

「동산을 거닐다가 느낌이 있어 2수 行園中有感 二首」『전집』권18

「돌아가는 제비 歸燕」『전집』권18

「우연히『산곡집』을 읽다가 '빗줄기'라는 시에 차운하다 偶讀山谷集 次韻雨絲」『전집』권18

「중양절 뒤의 국화 重陽後菊」『전집』권18

「병신년 10월 일에 표를 올려 퇴직을 청하였으나 임금이 표를 궁궐에 보류
시키고 김영초 내시를 보내 다시 근무하라고 간절하게 타이르므로, 이날
중국 사신을 보내고 난 뒤 짓다 丙申十月日 上表乞退 上留表於內 遣內侍金永貂
曲諭復起 是日送天使後有作」『전집』권18

「11월 일 밤에 내성에서 숙직하다가 누워서 읊조린 것이 여러 수가 된 것을
깨닫지 못하다 十一月日 夜直內省 臥吟不覺至累首」『전집』권18

「달단이 강남에 들어갔다는 말을 듣고 聞達旦入江南」『전집』권18

「진양후[최우]가 그날 당번을 서는 문객의 성을 모아 운으로 삼고 문하의 시
인배들에게 겨울날의 모란을 지으라고 명하자 나도 또한 한 수를 지어 바
쳤는데, 방운은 스스로 부쳤다 晉陽侯集其日上番門客之姓爲韻 命門下詩人輩賦
冬日牡丹 予亦和進 一首 傍韻自押」『전집』권18

---

305 이규보는 고종 23년 5월에 시행된 과거의 지공거가 되었다(『고려사』권73 선거지 1 선
장). 이 시의 첫 구절에도 나오듯이, 국자감시 좌주와 예부시 동지공거를 합해 네 번째로
과거의 시험관이 된 것이다.

〈서序〉

「전주목에서 새로 중각한『동파문집』끝에 적다 全州牧新雕東坡文集跋尾」[306]
『전집』권21

〈표〉

「지공거를 사양하는 표-병신년 讓知貢擧表 丙申年」『전집』권31

「앞과 같이 (지공거를 사은하는) 표 同前謝表」[307]『전집』권31

「퇴직하기를 바라는 표-병신년 10월 16일 표를 올렸는데 21일에 내시 아무개[308]가 와서 성
지를 전하여, 올린 표는 궁중에 보류해 두고 나와서 일을 보라고 극진하게 타일렀다 乞退表 丙申
十月十六日 上表 二十一日 內侍某至 奉傳聖旨 所上表留中 仍敎諭起視事」『전집』권31

〈교서〉

「태손이 탄생한 지 사흘이 되자 태자에게 내리는 교서 大孫誕生三日賜大子敎
書」[309]『전집』권33

〈서書〉

「송광사 주지 몽여 선사에게 부치는 편지 寄松廣社主禪師夢如手書」[310]『후집』
권12

「이 지식에게 답하는 편지 答頤知識手簡」[311]『후집』권12

---

306 이 글의 맨 뒤에 병신년(고종 23, 1236) 11월에 쓴다고 적혀 있다.

307 각주 305와 같음.

308 「연보」병신 조에는 金永貂라고 이름이 밝혀져 있다.

309 고종 23년 2월에 태자비가 아들 諶를 낳았는데(『고려사』권23 세가 고종 23년 2월 계축),
뒤에 충렬왕이 되었다.

310 편지 중에 '儒家의 경비'를 지원해 주어 감사하다는 구절이 있는데, 이규보가 지공거가
되어 시행된 고종 23년의 과거와 관련이 있는 것으로 보인다. 각주 311 참고.

311 편지 중에 과거시험의 경비를 도와주도록 절의 주지에게 잘 전해 달라는 내용이 있다. 이
규보는 고종 23년(1236) 5월에 시행된 과거의 지공거가 되었는데, 이와 관련이 있는 것

「앞과 같이 (돈유敦裕 수좌에게 답하는) 짧은 편지 同前小簡」[312]『후집』 권12

으로 판단된다.
312 敦裕 首座에게 보내는 이 편지에서 이규보는 벼슬에서 물러날 마음이 있고, 아들 한 명
이 아직 결혼하지 않았다는 사실 등을 적고 있다. 이규보는 69세가 되던 고종 23년(1236)
10월에 「乞退表」를 올린 바 있고, 71세 때에 막내 아들 濟가 결혼했다(「정월 29일에 짓다
[正月二十九日有作]」, 『후집』 권2, 고율시). 이러한 점을 감안하여 이 편지를 69세에 쓴 것
으로 비정해 둔다.

▶ 1237년(고종 24, 정유), 70세

- 예부시 동기생 중 마지막으로 살아 있던 한광연韓光衍이 사망하다.[313]
- 절친한 친구이던 이백순李百順 학사가 사망하다.[314]
- 8월 30일부터 피부에 병이 생기기 시작하여 130여 일 동안 고생하다가 이듬해 2월에야 나았는데,[315] 이 밖에도 여러 가지 병에 시달리다.
- 10월에 퇴직하기를 바라는 표를 두 차례 더 올리다(「연보」 정유).
- 12월에 금자광록대부 수태보 문하시랑평장사 수문전태학사 감수국사 판예부사 한림원사 태자태보로 치사하다(「연보」 정유).
- 이 해에 아들 이함이 부친의 문집을 편찬하다.[316]
- 이 해에 대장경 조판이 완성되다.[317]

〈고율시〉

「동년인 한광연 추밀의 부음을 듣고─정유년에 지었다 聞同年韓樞密薨 丁酉年作」
『전집』 권18

「이백순 학사를 곡하며 哭李學士百順」『전집』 권18

「이백순 공의 동생인 이백전 학사가 화답하므로, 다시 차운하여 보내다 公舍
弟學士百全見和 復次韻寄之」『전집』 권18

「태위에 제수되고 짓다 拜大尉有作」『전집』 권18

---

313 「동년인 한광연 추밀의 부음을 듣고[聞同年韓樞密薨 丁酉年作]」(『전집』 권18, 고율시)
314 이백순은 40년을 사귄 친한 친구이자, 아들 이함의 장인이다. 「이백순 학사를 곡하며[哭
李學士百順]」(『전집』 권18, 고율시) 참고.
315 「병을 다스린 시[理病詩]」(『후집』 권2, 고율시).
316 「아들 함이 나의 시문을 편집하였기에 그 위에 짓다[兒子涵編予詩文 因題其上]」(『후집』
권1, 고율시) 참고.
317 「대장경을 판각하고 임금과 신하가 기도하며 고하는 글[大藏刻板君臣祈告文 丁酉年行]」
(『전집』 권25, 잡저).

「정유년 6월 18일에 큰 비가 내려 사람과 집이 떠내려갔는데, 재상이 되어 무상함을 스스로 탄식하며 동료 이 재상에게 보이다 丁酉六月十八日大雨 漂人物家戶 自嘆爲相無狀 示同寮李相」『전집』권18

「7월 9일에 내성에서 숙직하며 벽 위에 쓰다 七月九日 直內省書壁上」『전집』권18

「일암거사 정분 군이 차를 보내왔기에 감사하며 謝逸庵居士鄭君奮寄茶」『전집』권18

「내전에서 호종한 뒤 느낌이 있어 內殿扈從後有感」『전집』권18

「고 이백순 학사의 집을 바라보며 느낌이 있어 望故李學士百順家有感」『전집』권18

「뉘우치는 말 言悔」『전집』권18

「오래 병을 앓다 久病」『전집』권18

「부질없이 짓다―정유년 8월 漫成 丁酉八月」『후집』권1

「시벽―점점 심해져서 고질이 된 것은 스스로 알고 있지만 그래도 시를 짓는 일을 스스로 멈출 수 없기에 시를 지어 탄식한다 詩癖 自知漸作痼疾 猶不能自止 故作詩傷之」『후집』권1

「아들 함이 나의 시문을 편집하였기에 그 위에 짓다 兒子涵編予詩文 因題其上」『후집』권1

「병중에―정유년 9월 病中 丁酉九月」『후집』권1

「또 병중에 파리를 미워하며 짓다 又病中疾蠅」『후집』권1

「또 이가 아파서 又齒痛」『후집』권1

「퇴직하려는 마음이 있어 짓다 有乞退心有作」『후집』권1

「늙은 기생 老妓」『후집』권1

「늙은 장수―이것은 위의 글과 함께 모두 자신을 비유한 것이다 老將 此與前篇皆自況」『후집』권1

「쥐가 광란하다―장단구 鼠狂 長短句」『후집』권1

「개를 타이르며 諭犬」『후집』권1

「9월 27일 꿈에 청죽을 베어 붓대를 수도 없이 만들었는데, 이 무슨 징조인

지 시를 지어 적는다 九月二十七日 夢削靑竹作筆管 不知其數 是何祥耶 以詩記
之」『후집』권1

「전보룡 제주에게 차운하다—서문을 붙임 次韻田祭酒甫龍 幷序」『후집』권1

「눈을 읊다 詠雪」『후집』권1

「남헌에서 희롱 삼아 짓다—2수 서문을 붙임 南軒戲作 二首 幷序」『후집』권2

「낡은 붓에 희롱 삼아 짓다 戲題舊筆」『후집』권2

「병중에 짓다 病中有作」『후집』권2

「10월 20일에 퇴직하기를 바라는 표를 쓰고 짓다 十月二十日 寫乞退表有作」
『후집』권2

「이백전 학사에게 차운하다—내가 아직 재상이 되지 않았을 때 이백전 학사가 꿈에 내가 재
상이 된 것을 보았다고 와서 말해 주었다. 내가 믿지 않고 시로 부인하였으나 학사가 방금 화답하므
로 내가 다시 차운한 것이다 次韻李學士百全 予未相時 李學士百全以夢見予之拜相來說 予未信
以詩拒之 學士今方見和 予復次韻」『후집』권2

「노란 감귤을 이백전 학사에게 보내며 以黃柑寄李學士百全」『후집』권2

「이백전 학사가 화답한 것을 친히 찾아와서 주기에 다시 차운하여 답을 올
리다 學士見和 親訪見贈 復次韻奉答」『후집』권2

「남헌에서 우연히 읊다 南軒偶吟」『후집』권2

「남헌에서 손님을 물리치고 南軒屛客」『후집』권2

「11월 18일에 햇볕을 쬐다가 남헌에서 제목을 찾아 시를 짓고자 하여 서책
을 뒤적여 마침내 '백白' 자를 얻었다. 이에 말하기를, '흰 것은 바탕이다.
내가 바야흐로 퇴직을 청하여 장차 본바탕을 좇고자 하니 내 뜻에 잘 맞는
다'고 하여 마침내 '백'을 제목으로 삼고, 다시 '정庭' 자를 찾아내어 운으
로 삼아 시를 지었다. 깨닫지 못하는 사이에 여러 구가 쌓였으므로 이수 시
랑을 맞아들여 함께 짓는다 十一月十八日 曝日 南軒欲覓題爲詩 因披書册 遂得
白字 乃曰白者質也 吾方乞退 將從本質 愜吾志也 遂以詠白爲題 復探得庭字爲韻賦
之 不覺多至累句 仍邀李侍郎同賦」『후집』권2

「유경로 황려현 수령이 편지를 보냈는데, 겉에 4재四宰─나는 당시 3재였다─라
고 적혀 있어서 처음에는 의심하여 받지 않았으나, 보니까 실로 나에게 부
친 글이었으므로 희롱 삼아 절구 한 수를 지어 부친다 黃驪縣宰柳卿老寄書
標籤爲四宰 予時爲三宰 初疑不受 及發見 實寄予書也 戲以一絶奉寄」『후집』권2

「등불 앞에서 그림자를 비추며 燈前炤影」『후집』권2

「거울 속 모습을 보며 鏡中鑑影」『후집』권2

「동지 달력을 보고 見冬至曆」『후집』권2

「백낙천의 '병중 15수'에 화답하여 차운하다─서문을 붙임 次韻和白樂天病中
十五首 幷序」『후집』권2

　　─「처음 풍을 앓으며─제목 그대로 화답하다 初病風 順和」

　　─「침상에서 짓다─제목 그대로 화답하다 枕上作 順和」

　　─「'한 상인의 문병에 답하다'를 '문병 온 손님들에게 답하다'로 바꾸다
　　　答閑上人問病 以答客問病代之」

　　─「병중의 다섯 절구─제목 그대로 화답하다 病中五絶 順和」

　　─「'숭산 손님을 보내며'를 '친척 스님이 남쪽으로 가는 것을 보내며'로
　　　바꾸다 送嵩客 以送族僧之南代之」

　　─「'뜸을 그만두며'를 '약과 음식을 물리치며'로 바꾸다 罷灸 以退藥與食
　　　代之」

　　─「'검은 갈기의 흰 말을 팔며'를 '여윈 말을 가슴 아파하다'로 바꾸다 賣
　　　駱 以傷瘦馬代之」

　　─「'(기생) 유지를 놓아 주며'를 '옛날의 기생을 추억하며'로 바꾸다 放柳
　　　枝 以憶舊妓代之」

　　─「'햇볕을 쬐다가 우연히 술을 마시다'를 '잠자다 일어나 술을 마시다'
　　　로 바꾸다 就暖偶酌 以睡起酌酒代之」

　　─「'세모에 사암에게 드리다'를 '새벽에 온 손님에게 드리다'로 바꾸다
　　　歲暮呈思黯 以曉贈來客代之」

– 「스스로 해명하다—제목 그대로 화답하다 自解 順和」

「동지에 새 달력을 이백전 학사에게 부치다 2수 冬至 以新曆寄李學士百全 二首」
『후집』 권2

「십이월 초하루에 일식이 일어나다 十二月朔日蝕」『후집』 권2

「백낙천의 15수에 화답을 끝내고 시집 뒤에 적다 既和樂天十五首詩 因書集背」
『후집』 권2

「또 백낙천의 '마음과 몸이 묻고 답하다'에 화답하다 又和樂天心身問答」『후
집』 권2

 – 「마음이 몸에게 묻다 心問身」

 – 「몸이 마음에게 갚다 身報心」

 – 「마음이 다시 몸에게 답하다 心復答身」

「또 '병가로 100일 동안 관직을 쉬게 되어 스스로 기뻐하다'에 화답하다 又
和假滿百日停官自喜詩」『후집』 권2

「박문수 기거주와 이수 시랑이 '흰 것을 읊은 시'에 화답한 것에 차운하다
次韻朴起注文秀・李侍郎需 和詠白詩」『후집』 권2

「이백전 학사가 달력을 주면서 보낸 시에 화답하므로 차운하다 次韻李學士百
全見和寄曆詩」『후집』 권2

「벼루가 깨어지다 硯破」『후집』 권2

「12월 12일에 말이 죽자 가슴이 아파 짓다—앞에서 가슴 아파했던 야윈 말이다³¹⁸
十二月十二日馬斃 傷之有作 前所傷瘦馬也」『후집』 권2

「남헌에서 혼자 마시면서 희롱 삼아 짓다 南軒獨酌戲作」『후집』 권2

「이백전 학사・갈남성 시랑・임성간 낭중이 '흰 것을 읊은 시'에 화답한 것
에 차운하다 次韻李學士百全・葛侍郎南成・林郎中成幹和詠白詩」『후집』 권2

---

318 「백낙천의 '병중 15수'에 화답하여 차운하다」 중의 일곱 번째 시에 「'검은 갈기의 흰 말
을 팔며'를 '여윈 말을 가슴 아파하다'로 바꾸다[賣駱 以傷瘦馬代之]」가 있다(『후집』 권2,
고율시).

「이수 시랑이 '흰 것을 읊음'을 뒤집어 '검은 것을 읊은 시'를 지어 보낸 것에 차운하다. 그 시의 서에 "공께서 '본질로 돌아가면서 흰 것이 뜻에 맞는다'라고 읊으셨으나, 검은 것은 저의 분수이기 때문에 읊어 봅니다"라고 했다 次韻李侍郎需 翻詠白爲詠黑詩見寄 其序云 公將還質 以白爲愜志詠之 黑吾分也 故以爲詠云」『후집』권2

「이수 시랑이 또 앞의 운으로 노랑, 빨강, 파랑 3색을 읊어 보내온 시에 차운하였는데, 모두 방운으로 압운했다 次韻李侍郎需 又以前韻詠黃紅青三色見寄 皆押旁韻」『후집』권2

　　 – 「노랑을 읊다 詠黃」

　　 – 「빨강을 읊다―이 시에서는 운을 바꾸었다 詠紅 此篇翻韻」

　　 – 「파랑을 읊다 詠青」

「백낙천의 '재를 올리는 날 황보십이 찾아온 것을 기뻐하다'에 차운하다―술을 마시려고 기뻐한 것이다 次韻白樂天出齋日喜皇甫十訪 欲飲故喜」『후집』권2

「홍시를 동료 이인식 상국에게 보내다 紅柿寄同寮李相國仁植」『후집』권2

「최안(崔滋)[319] 제주 태수가 동정귤을 보내왔기에 시로 감사하다 3수 濟州太守崔安 以洞庭橘見寄 以詩謝之 三首」『후집』권2

「이불 속에서 웃다 衾中笑」『후집』권2

「『백낙천집』에 '집에서 빚은 술이 새로 익어 맛볼 때마다 문득 취하므로 처와 조카들이 조금씩 마시라고 권한다'라는 시를 보니, 이것 역시 나와 비슷하므로 화답한다 觀白樂天集家釀新熟 每嘗輒醉 妻姪等勸令少飲之詩 此亦類予 故和之云」『후집』권2

「정유년 12월 28일에 '퇴직을 바라는 표'에 윤허가 내렸다. 이날 밤에 기뻐서 잠을 이루지 못하고 장구 두 수를 지어 이백전 학사에게 보내다 丁酉十二月二十八日 乞退表蒙允可 是夜喜不得寐 因成長句二首 奉寄李學士百全」『후집』권2

---

319 崔安의 첫 이름은 崔宗裕인데, 뒤에 崔滋로 고쳤다(『고려사』권102 열전 최자전).

「12월 29일에 인사를 반포할 때에 문하평장사로 치사하고 짓다 3수 十二月 二十九日頒政 以門下平章致仕有作 三首」『후집』권2

〈잡저雜著〉

「대장경을 판각하고 임금과 신하가 기도하며 고하는 글—정유년에 지었다 大藏 刻板君臣祈告文 丁酉年行」『전집』권25

〈표〉

「정유년에 퇴직을 바라는 표 丁酉年乞退表」『전집』권31

    –「두 번째 퇴직을 바라는 표 二度乞退表」

    –「세 번째 퇴직을 바라는 표 三度乞退表」

〈시책〉

「동궁비주의 시책문 東宮妃主諡册文[320]」『전집』권36

「앞과 같이 (동궁비주의) 애책문 同前哀册文」『전집』권36

〈기〉

「『백낙천집』 뒤에 쓰다 書白樂天集後[321]」『후집』권11

---

320 정유년(고종 24, 1237) 7월 29일에 敬穆賢妃 김씨가 사망하자 10월 7일에 嘉陵에 장례 지내면서 이 시책문과 이 글 다음에 수록된 애책문을 썼다. 태자비 김씨는 金若先의 딸로 고종 22년 6월에 태자비가 되었는데(『고려사』권23 세가 고종 22년 6월 을유), 뒤에 順敬 太后로 추봉되었고 충렬왕을 낳았다(『고려사』권88 열전 후비전 1 원종 순경태후 김씨).

321 『후집』권2에는 「백낙천의 15수에 화답을 끝내고 시집 뒤에 적다[旣和樂天十五首詩 因書 集背]」라는 시가 있다. 이 시와 기는 같은 시기에 쓰였을 것이다.

〈서〉

「송광사 주지 몽여 선사에게 답하는 편지 答松廣寺主 夢如禪師手書」³²²『후집』
권12

---

322 「송광사 주지 몽여 선사에게 부치는 편지[寄松廣社主禪師夢如手書]」(『후집』 권12, 서)와
관련 있는 글인데, 이 글보다 1년 뒤에 쓴 것이다. 각주 310과 311 참조.

▶ 1238년(고종 25, 무술), 71세

- 1월 29일에 4남인 막내아들 제濟가 결혼하다.[323]
- 2월에 130여 일 앓던 피부병이 낫다.[324]
- 윤4월에 경주 황룡사탑이 불타다.[325]
- 5월 11일에 네 차례에 걸쳐 뽑힌 문생들이 합동으로 잔치를 벌여 주다.[326]
- 12월에 왕명으로 몽고 황제 등에게 보내는 표를 짓다(「연보」무술).
- 당대 최고의 화가로 칭송받던 정이안鄭而安이 묵죽과 함께 초상화를 그려 주다.[327]
- 이규보가 예부시에 급제한 해인 1190년에 친구들과 통제사에 놀러 가서 지은 시가 중국 송에서 크게 칭송받고 있다는 소식을 뒤늦게 듣다.[328] 아울러 송에서 이규보의 시를 구하였으나 주지 않다.[329]
- 갖가지 병에 시달리면서도 시와 술, 가야금을 스스로 즐기며,『능엄경』을 읽다.

〈고율시〉

「무술년 설날에 戊戌元日」『후집』권2

---

323 「정월 29일에 짓다[正月二十九日有作]」(『후집』권2, 고율시). 「이규보 묘지명」에는 막내인 4남의 이름이 濟라고 밝혀져 있다.

324 「병을 다스린 시[理病詩]」(『후집』권2, 고율시).

325 『고려사절요』권16, 고종 25년 윤4월.

326 「네 차례의 문생 급제자들에게 주다[贈四度門生及第]」(『후집』권4, 고율시).

327 「정이안 비서감이 전에 보낸 시에 화답하고 묵죽과 초상화를 가지고 친히 찾아와 준 것에 차운하다[次韻丁秘監而安和前所寄詩 以墨竹影子親訪見贈]」(『후집』권5, 고율시).

328 「앞서 부친 절구에 차운하여 구양이십구 백호에게 주다[次前所寄絶句韻 贈歐陽二十九伯虎]」(『후집』권4, 고율시).

329 「또 다른 운으로 구양 이십구에게 드리다[又以別韻 贈歐陽二十九]」(『후집』권3, 고율시).

「설날에 길을 바라보며 正日望路」『후집』권2

「또 짓다 又作」『후집』권2

「정월 2일에 이인식 평장사가 내가 홍시를 보내면서 지은 시에 세 수를 화답
하고, 또 내가 작년 7월에 중서성 벽 위에 쓴 시에 화답한 시 한 수를 직접
찾아와 주기에 다시 차운하여 답을 올리다 正月二日 李平章仁植和予餉柿詩三
首 又和予去年秋七月題中書壁上詩一首 親訪見贈 復次韻奉答」『후집』권2

　－「이것은 첫 번째에 관한 뜻이다 右一前意」

　－「이것은 두 번째에 관한 것이다 右二」

　－「이 세 번째 것은 방문에 감사한 것이다 右三謝訪」

「정월 6일에 병이 조금 낫기에 짓다 正月六日 病稍愈有作」『후집』권2

「정월 7일[人日]에 은승을 받고 3수 人日受銀勝 三首」『후집』권2

「정월 7일에 녹을 받고 正月七日受祿」『후집』권2

「최종준 상국이 시중이 된 것을 축하하며 賀崔相國宗峻拜侍中」『후집』권2

「이수 시랑에게 주다—서문을 붙임 직금체 寄李侍郎需 幷序 織錦體」『후집』권2

「무술년 정월 15일에 큰 눈이 내리다 戊戌正月十五日大雪」『후집』권2

「17일에 또 눈이 내리다 十七日又雪」『후집』권2

「이수·임성간 두 학사가 앞의 시에 화답한 것에 차운하다. 두 분 각하가 내
시에 화답하여 친히 찾아와서 주었는데, 글이 모두 아름다워 깨닫지 못할
사이에 쓰러질 정도이지만 단 직금체를 따르지 않았으니 대개 우연히 소홀
히 한 것인가. 다시 그 체로 화답하여 두 수를 받들어 올린다—이 시랑은 뒤에
회문체 두 수를 보냈다 次韻李公需·林公成幹兩學士見和前詩 伏蒙兩君閣下和予詩 親
訪見贈 詞各信美 不覺絶倒 但不循織錦體耳 豈偶忽之耶 復以其體和二首奉呈 李侍郎
後以迴文二首來贈」『후집』권2

「자손들을 물리치고 혼자 앉아서 屏兒孫獨坐」『후집』권2

「정월 29일에 짓다 正月二十九日有作」『후집』권2

「2월 초하룻날 二月初一日」『후집』권2

「황려현의 (유경로) 수령이 앞의 시에 화답하는 시를 보내왔으므로 차운하고, 관직을 축하해 주다 次韻黃驪縣宰和前詩見寄賀官」『후집』권2

「또 (황려현의 유경로 수령이) 꿩을 보내 준 것에 감사하다 又謝雉」『후집』권2

「이백전 학사가 앞의 시에 화답하였기에 차운하다 次韻李學士百全 見和前篇」『후집』권2

「이인식 평장사가 다시 앞의 시에 화답한 것을 보내왔으므로 차운하다 次韻李平章復和前詩見寄」『후집』권2

「병을 다스린 시—서문을 붙임 理病詩 幷序」『후집』권2

「이백전 학사가 다시 앞의 시에 화답한 시를 와서 주었으므로 차운하다 次韻李學士百全 復和前詩來贈」『후집』권2

「2월도 다 가는데 여전히 춥다 二月向晚猶寒」『후집』권2

「한식날 바람만 불고 비는 내리지 않다—무술년 寒食日有風無雨 戊戌年」『후집』권3

「3월인데 여전히 춥다 三月猶寒」『후집』권3

「3월 20일에 남헌에서 우연히 읊다 三月二十日 南軒偶吟」『후집』권3

「봄날의 잡언 3수 春日雜言 三首」『후집』권3

「백낙천의 '늙은 날의 생계' 시에 차운하다 次韻白樂天老來生計詩」『후집』권3

「소감을 적다 書所感」『후집』권3

「아들과 조카들에게 장단구를 지어 보여 주다 示子姪長短句」『후집』권3

「옛 제비가 돌아오다 舊燕來」『후집』권3

「백낙천의 '봄을 지고' 시에 차운하다 次韻白樂天負春詩」『후집』권3

「풀이 우거지다 草沒」『후집』권3

「요술을 보고 짓다 觀弄幻有作」『후집』권3

「병이 다시 나다 病復作」『후집』권3

「삶이 싫증 나서 노래함 猒生吟」『후집』권3

「백낙천의 '봄날 한가롭게 지내며'에 차운하다—3월 20일에 짓다 次韻白樂天春日

「閑居 三月二十日作」『후집』권3

「봄을 보내며 送春」『후집』권3

「4월인데 여전히 춥다 四月猶寒」『후집』권3

「백낙천의 '집에 있으면서 출가하다' 시에 차운하다 次韻白樂天在家出家詩」
『후집』권3

「최안(崔滋)[330] 제주 수령이 전에 보낸 시의 운으로 안부를 물으면서, 겸하여
푸른 귤을 보내 준 것에 차운하다 3수 次韻濟州守崔安 以前所寄詩韻問訊 兼貺靑
橘 三首」『후집』권3

「이인식 평장사가 박인 시랑이 보낸 시를 화답한 것에 차운하다 2수 次韻李平
章仁植和朴侍郎絪所贄詩 二首」『후집』권3

「이수 아경이 이인식 평장사의 운을 써서 부쳐 온 시와 여러 가지 채소 씨앗
을 준 것에 차운하다 2수 次韻李亞卿需用李平章韻寄多般菜種 二首」『후집』권3

「이수 아경이 다시 화답하여 보내온 것에 즉석에서 차운하여 주다―2수 보내온
시 하나는 채소 씨앗에 관한 것이고, 하나는 임의로 지은 것이기에 그에 따른다 李亞卿復和來贈
即席次韻贈之 二首 來詩 一菜種 一任意 故順之」『후집』권3

「서반화를 읊다―속명이 서반화인데 기장쌀처럼 작으나, 꽃은 하얀데 누렇지 않아서 기장쌀과
는 다르다 詠黍飯花 俗名黍飯花 細如黍米 然色白未黃 未類黍米」『후집』권3

「지당화 地棠花」『후집』권3

「송의 파 선로가 공공 상인[景照][331]에게 보낸 시에 차운하다―서문을 붙임 次韻
宋朝播禪老寄空空上人 幷序」『후집』권3

　　―「파 선로와 겸하여 공공 스님에게 드리다 贈播禪老 兼簡空師」

　　―「구양 이십구에게 드리다 贈歐陽二十九」

「또 다른 운으로 구양 이십구에게 드리다 又以別韻 贈歐陽二十九」『후집』권3

---

330 각주 319와 같음.

331 쏘쏘은 유가종 승려인 景照의 字이다(「공공 상인의 토각암기[空空上人兎角庵記]」,『후
집』권11, 기).

「술이 없다 無酒」『후집』권3

「술이 익었다 酒熟」『후집』권3

「지당화를 논하여 이수 소경에게 부치다—서문을 붙임 論地棠花寄李少卿需 幷序」
『후집』권3

「일찍 우는 닭소리를 듣고 聞早雞」『후집』권3

「거른 술을 보고 백낙천의 운을 써서 看汁酒 用樂天韻」『후집』권3

「비를 기뻐하며—2수 4월 17일에 짓다 喜雨 二首 四月十七日」『후집』권3

「꽃이 주인에게 알리다—백낙천체를 본받아서 花報主人 效樂天體」『후집』권3

　　　—「주인이 꽃에게 답하다 主人答花」

　　　—「꽃이 다시 답하다 花復答」

　　　—「주인이 다시 답하다 主人復答」

「백주시 한 수—서문을 붙임 白酒詩 一首 幷序」『후집』권3

「이수 아경이 지당화 시에 화답해 보낸 시에 차운하다—서문을 붙임 次韻李亞卿
需和寄地棠花詩 幷序」『후집』권3

「4월도 저무는데 꾀꼬리가 없다 孟夏向晚無鸎」『후집』권3

「임성간 아경이 채소 씨앗 시와 지당화 시에 화답해 보낸 것에 차운하다 次
韻林亞卿成幹見和菜種詩及地棠詩」『후집』권3

「지당화 地棠」『후집』권3

「말을 빌리다—일찍이 말이 죽자 지은 시가 있다 借馬 曾有馬死詩」³³²『후집』권3

「금신사에서 놀며—4월 27일에 벼슬에서 물러난 재상들이 일이 있어 함께 모였는데 모두 네 늙
은이였다 遊金身寺 四月二十七日 致仕宰臣等 因事同會 凡四老」『후집』권3

「김신정 장원이 채소 씨앗 시에 화답하고 찾아왔으므로 주다 次韻金壯元莘鼎
見和菜種詩 來訪贈之」『후집』권3

---

332 지난해에 지은 「12월 12일에 말이 죽자 가슴이 아파 짓다十二月十二日馬斃 傷之有作」
　　라는 시가 『후집』권2에 실려 있다.

「요사이 식량이 자주 떨어져 탄식하다가 인하여 짓다 近有屢空之歎 因賦之」
『후집』 권3

「다른 사람을 대신해 답하다 代人答」『후집』 권3

「이인식 평장사가 '부符' 자 운으로 화답한 시를 보내왔으므로 차운하다 次
韻李平章仁植和符字韻詩見寄」『후집』 권3

「세상이 싫증 나서 우연히 쓰다 厭世偶書」『후집』 권3

「집의 샘이 마르고 술 또한 잇지 못하기에 짓다 家泉久涸 酒亦未繼 因賦之」『후
집』 권3

「비를 갈구하며 渴雨」『후집』 권3

「이날 밤에 또 짓다 是夜又作」『후집』 권3

「이튿날 큰 비가 내려 다시 짓다—4월 30일 明日大雨復作 四月三十日」『후집』 권3

「이날 또 짓다 是日又作」『후집』 권3

「윤4월 초하룻날 閏四月一日」『후집』 권3

「꾀꼬리 소리를 들으며 聞鸎」『후집』 권3

「육신을 바라보며—또 병이 나자 우연히 짓다 觀身 又値微病偶題」『후집』 권3

「어류화 御留花」『후집』 권3

「옥매 玉梅」『후집』 권3

「장미 薔薇」『후집』 권3

「윤4월 11일 꿈에 신선과 놀며 짓다 閏四月十一日 夢遊仙作」『후집』 권3

「다른 사람을 대신해 화답하다—꿈에서 깨어나 짓다 代人和 夢覺作」『후집』 권3

「백낙천의 시에 화답하고 혼자 마시면서 희롱 삼아 짓다 旣和樂天詩 獨飮戱
作」『후집』 권3

「동당에서 과거합격자를 발표했다는 소식을 듣고—윤사월 聞東堂放牓 閏四月」
『후집』 권3

「제군이 지은 '산호정의 모란'에 차운하다—서문을 붙임 次韻諸君所賦山呼亭牡丹
并序」『후집』 권3

「단오에 그네를 뛰는 아낙네를 보며—나라 풍속에 반드시 단오에는 이 놀이를 했다 端午見鞦韆女戱 國俗 必端午作此戱」『후집』권3

「이인식 평장사가 '산호정 모란'에 화답하여 보낸 시에 차운하다 次韻李平章仁植和山呼亭牡丹見寄」『후집』권3

「이인식 평장사가 다시 모란 시에 화답해 보내 준 시에 차운하다—4수 서문을 붙임 次韻李平章復和牡丹詩見寄 四首 幷序」『후집』권3

- 「첫 번째 수는 오로지 공이 이 꽃에 정을 다하는 것을 말한 것이다 右一專言公之盡情於此花」

- 「두 번째 수는 시인이 모습을 본뜨는 오묘함을 말한 것이다 右二 言詩人模狀之妙」

- 「세 번째 수는 이것은 정도正道로 돌아가야 한다는 것이다 右三 此篇反正」

- 「네 번째 수는 위와 같다 右四 上同」

「네 차례의 문생 급제자들에게 주다—서문을 붙임 贈四度門生及第 幷序」『후집』권4

「좌객인 이백전 학사와 이종주 아경이 화답하므로 즉석에서 다시 차운하다 坐客李學士百全 · 李亞卿宗冑見和 卽席復次韻」『후집』권4

「즉석에서 취한 채 명기 어류환에게 주다 卽席醉贈名妓御留歡」『후집』권4

「이백전 학사가 어류환에게 준 시에 화답하므로 차운하다 2수 次韻李學士百全和贈御留歡詩 二首」『후집』권4

「그날 좌객인 이세화 간의가 '친親' 자 운으로 화답한 시를 보내왔으므로 차운하다 2수 次韻其日座客李諫議世華 和親字韻詩見寄 二首」『후집』권4

「5월 17일에 네 차례의 문생들이 앞에 지은 시에 화답해서 가져왔으므로 술을 차려 함께 마시고 즉석에서 다시 두 수를 화답해 주다 五月十七日 四門生等和前詩來貺 置酒與飲 卽席復和二首贈之」『후집』권4

「5월 23일에 집의 샘을 두고 짓다—2수 서문을 붙임 五月二十三日 題家泉 二首 幷序」

『후집』권4

「6월 3일에 이수 시랑과 김신정 장원이 찾아와 집의 샘을 읊은 시에 화답하
므로 술자리에서 차운하다 六月三日 李侍郎需·金壯元莘鼎來訪 和家泉詩 飮席
次韻」『후집』권4

「두 군(이수·김신정)이 화답하므로 다시 차운하다 兩君見和 復次韻」『후집』권4

「또 (이수·김신정에게) 화답하다 又和」『후집』권4

「6월 7일에 박인저 학사의 집을 찾아가 잔뜩 움츠린 채 나와 다니지 않음을
시로 조롱하다 六月七日 訪朴學士仁著家 以詩嘲深縮不出遊」『후집』권4

「이튿날 같은 운을 써서 박인저 학사에게 보내고 가야금을 빌리다 明日用此
韻 寄朴學士借伽倻琴」『후집』권4

「6월 8일에 가야금을 얻었으므로 처음 타 보다─2수 박인저 학사에 보이다 六月八
日 旣得加耶琴始彈 二首 示朴學士」『후집』권4

「박인저 학사가 '와蛙' 자 운으로 화답한 시에 차운하다 3수 次韻朴學士仁著 和
蛙字韻詩 三首」『후집』권4

「또 학사 박인 시랑이 국화 화분을 청한 시에 화답한 것에 차운하다 2수 又次
學士和侍郎朴絪乞菊栽詩韻 二首」『후집』권4

「정이안 비서감에게 주며 묵죽 墨君을 구하다─2수 6월 12일에 짓다 贈丁秘監而安
求墨君 二首 六月十二日」『후집』권4

「처음으로 붉은 오얏을 먹으면서 初食朱李」『후집』권4

「6월 15일 못 가에서 3수 六月十五日池上 三首」『후집』권4

「나가 다니는 것이 한가하게 들어앉아 있느니만 못하여 出遊不如閑居」『후집』
권4

「6월 25일에 남헌을 수리하고 2수 六月二十五日 理南軒 二首」『후집』권4

「여러 번 붉은 오얏을 먹다─6월 27일 屢食朱李 六月二十七日」『후집』권4

「박인저 학사에게 시를 부치며 가야금을 돌려보내다─2수 긴 날을 보내기 어려워
빌렸는데 가을에 돌려주기로 약속했다 寄朴學士還加耶琴 二首 以長日難消借之 期以秋奉還」

『후집』권4

「또 박인저 학사가 앞의 시에 모두 화답하여 직접 찾아와서 준 시에 차운하
다 又次韻朴學士揔和前詩 親訪見贈」『후집』권4

- 「이 두 수는 처음 찾아와 준 것에 대한 시의 운이다 右二首初訪詩」

- 「이 한 수는 국화를 구한 시의 운인데, 지금 공이 지은 것에는 국화를
  말하지 않았으므로 나 또한 그에 따랐다 右一首 乞菊詩韻 今公所述 不以
  菊 予亦順之」

- 「이 두 수는 가야금을 돌려준 시의 운이다 右二首還琴詩」

- 「또 위와 같다 右上同」

「7월 3일에 능금을 먹고 七月三日 食林檎」『후집』권4

「술잔에 빠진 파리를 건져내며 拯墮酒蠅」『후집』권4

「또 누런 누에나비가 술잔에 빠졌는데 금방 죽었다 又有黃蛾墮觴輒死」『후집』
권4

「7월 5일에 우리 집 동산 뒤의 작은 암자에서 불경을 베끼고 있는 중들에게
주다—내가 그곳에 놀러갔는데 거처하는 중들이 모두 내가 온 것을 모르고 있어서 시를 지어 보낸
다 七月五日 寄家園後小庵 寫經閣 予往遊 居僧皆不知來 作詩寄之」『후집』권4

「그 중들이 화답하므로 다시 차운하여 장난삼아 주다 其僧見和 復次韻戲贈」
『후집』권4

「칠석날 비를 읊다 七夕詠雨」『후집』권4

「이날 이백전 학사가 동년인 이 선배와 함께 찾아왔으므로 술자리에서 주필
로 지어 주면서 옛 정을 서술하다 是日 李學士百全與同年李先輩見訪 飮席走筆
贈之叙舊」『후집』권4

「또 한 절구를 따로 이 선배에게 주다 又一絶別贈李先輩」『후집』권4

「집 동산에 올라 멀리서의 음악 소리를 듣고 즉석에서 어가오 조로 글을 짓
다 登家園遙聽樂聲卽作詞漁家傲」『후집』권4

「정이안 비서감이 묵죽 네 줄기를 그리고 겸하여 전번 시에 화답하여 가지

「고 와서 주므로 차운하다—서문을 붙임 次韻丁秘監寫墨竹四幹 兼和前詩來贈 幷序」
『후집』권4

「또 장편 두 수로 묵죽과 함께 초상화를 요청하다—서문을 붙임 又以長篇二首 求
墨竹與寫眞 幷序」『후집』권4

 　－「묵죽을 요청하다 求墨竹」

 　－「초상화를 요청하다 求寫眞」

「또 절구 한 수로 거듭 초상화를 요청하다 又一絶重乞寫眞」『후집』권4

「집 채마밭의 여섯 가지를 읊다 家圃六詠」『후집』권4

 　－「오이 右苽」

 　－「가지 右茄」

 　－「무 右菁」

 　－「파 右葱」

 　－「아욱 右葵」

 　－「박 右瓠」

「무 벌레가 벽 위로 올라와 나비로 변하는 것을 보고 觀菁蟲上壁化蝶」『후집』
권4

「구양 이십구가 앞서의 시에 화답하여 보내온 것에 차운하다—앞서의 시는 『후
집』권3에 있다 次韻歐陽二十九和前詩見寄 前詩在集第三後卷」『후집』권4

「절구 세 수에 차운하다 次絶句三首韻」『후집』권4

「스스로를 비웃으며 自嘲」『후집』권4

「문생인 조염우 유원이 가야금을 가져다 준 것에 감사하며 謝門生趙廉右留院
持加耶琴來貺」『후집』권4

「이를 잡으며 3수 捫蝨 三首」『후집』권4

「또 벼룩을 잡으며 又捫蚤」『후집』권4

「가야금이 바람에 저절로 울다 2수 加耶琴因風自鳴 二首」『후집』권4

「성산의 이 선배가 앞서의 시에 화답하여 보내 준 것에 차운하다 次韻星山李

先輩和前詩來贈」『후집』권4

「또 절구의 운을 빌려서 又次絶句韻」『후집』권4

「조염우 유원이 앞서의 시에 화답하여 와서 준 것에 차운하다 次韻趙留院和
前詩來呈」『후집』권4

「박문수 중서사인이 내가 사위에게 준 '가야금을 감사하는 시'에 화답하여
찾아와서 준 시에 차운하다 次韻朴中舍文秀和予贈予壻謝加耶琴詩來訪見贈」
『후집』권4

「김충의 동각이 이 시에 화답하여 와서 준 것에 차운하다 次韻金東閣冲義和此
詩來贈」『후집』권4

「양신성 문생이 화답한 것에 차운하다 次韻門生梁信成見和」『후집』권4

「조염우가 다시 화답한 것에 차운하다 次韻趙廉右復和」『후집』권4

「다시 박문수 중서사인에게 차운하다 次韻復和朴中舍」『후집』권4

「이백전 학사가 다시 '내內' 자 운의 시로 화답하여 보내 준 것에 차운하다
次韻李百全學士復和內字韻詩見寄」『후집』권4

「이수 시랑이 가야금시에 화답하여 와서 주었으므로 차운하다 次韻李需侍郎
和加耶琴詩來贈」『후집』권4

「이수 시랑이 복숭아를 준 시에 차운하다―8월 13일에 지었다 次韻李需侍郎饋桃 八
月十三日」『후집』권4

「8월 15일에 가야금을 뜯으며 짓다 八月十五日彈琴有作」『후집』권4

「가난한 재상 窮宰相」『후집』권4

「앞서 부친 절구에 차운하여 구양이십구 백호에게 주다―서문을 붙임 次前所寄
絶句韻 贈歐陽二十九伯虎 幷序」『후집』권4

「집에 있는 여러 닭이 온 집안을 돌아다니면서 벌레를 쪼는지라 나는 그것
이 미워서 닭들을 쫓아내고 시를 짓다―3언으로부터 7언에 이른다 家有衆鷄 匝宅啄
蟲 予惡而斥之 因有詩 自三言至七言」『후집』권4

「계관화가 마당 가득 활짝 피어 여름부터 늦가을까지에 이르므로 사랑스러

위 글을 짓고, 이어 이백전 학사를 맞이하여 함께 짓다 雞冠花滿苑盛開 自夏

至秋季 愛而賦之 仍邀李百全學士同賦」『후집』권5

「속칭 천자배라고 부르는 것을 먹고 食俗所號天子梨」『후집』권5

「불평 3수 不平 三首」『후집』권5

「이백전 학사가 계관화 시에 화답한 것에 차운하다 2수 次韻李學士和雞冠花詩

二首」『후집』권5

「배를 준 이에게 감사하다 謝人惠梨」『후집』권5

「9월 6일에 오랑캐가 와서 강 건너에 주둔한다는 말을 듣고 나라 사람들이

놀라지 않을 수가 없으므로 시로 해명하다 九月六日 聞虜兵來屯江外 國人不能

無驚 以詩解之」『후집』권5

「또 又」『후집』권5

「중구일에 심심하던 차에 공공 상인[景照]과 노 동년이 찾아와 간단한 술자

리를 열어 국화를 띄우면서 느낌이 있어 한 수를 짓다—낭도사 重九日無聊 有

空空上人・盧同年來訪 小酌泛菊 因有感作詞一首 浪淘沙」『후집』권5

「두 군공공 상인・노 동년]이 화답하기에 또 짓다 兩君見和又作」『후집』권5

「이백전 학사가 다시 계관화 시에 화답한 것에 차운하다 2수 次韻李百全學士

復和雞冠花詩 二首」『후집』권5

「9월 13일에 국화를 띄우다 九月十三日泛菊」『후집』권5

「눈이 어둑해져서 우연히 읊다 目翳偶吟」『후집』권5

「칙간에 있는 계관화를 읊다 1수 詠廁中雞冠花 一首」『후집』권5

「잡다한 국화가 다 졌는데 명국만 9월 그믐이 되도록 활짝 피었으므로, 사랑

스러워 짓다 雜菊皆盡 見名菊至九月向晦盛開 愛而賦之」『후집』권5

「세 가지 일을 물리치려고 하나 아직도 하지 못했기에 우선 시로 스스로를

격려한다—서문을 붙임 欲屛三物 今未爾 先以詩自激 幷序」『후집』권5

「이웃 기생집에 불이 나다 隣妓家火」『후집』권5

「또 희롱 삼아 짓다 又戲作」『후집』권5

「10월 8일 오경에 큰 눈이 내리다 十月八日五更大雪」『후집』권5

「동네 이름에 대한 시를 지어 후동의 박거 복야·박인저 학사·이백전 학사에게 드리다―서문을 붙임 洞名詩呈後洞朴僕射椐·朴學士仁著·李學士百全 幷序」『후집』권5

    ―「끝에 쓰다 跋尾」

「이백전 학사가 새로 온돌방을 만들고 10월 9일에 동 중의 여러 노인들을 모아 낙성식을 하자 나도 참여했는데, 술이 거나해지자 앉은 자리에서 시 한 수를 지어 겸하여 좌객들에게 바치다 李學士新作溫房 十月九日 會洞中諸老 落成 予亦叅赴 及酒酣 於席上賦詩一首 兼呈坐客」『후집』권5

「이튿날 (이백전) 학사가 화답을 보내왔으므로 차운하여 답을 올리고 겸하여 화연을 감사하다 2수 明日 學士見和寄之 次韻奉答 兼謝華筵 二首」『후집』권5

「동네 이름에 대한 시에 차운하다 次韻洞名詩」『후집』권5

「박인저 학사가 '농롱籠' 자 운으로 화답한 시를 와서 주었으므로 차운하다 2수 次韻朴學士和籠字韻詩來贈 二首」『후집』권5

「또―이 글은 낙직하였음을 위로한 것인데, 박인저 군이 근래에 옛날의 실수로 탄핵을 받았다 又 此篇慰落職 君近因昔年所失 被劾」『후집』권5

「10월 14일에 『능엄경』을 보고 곁에 있던 가야금을 타고는 인하여 짓다 十月十四日 看楞嚴 傍置琴彈之 因有作」『후집』권5

「경전[『능엄경』]을 다 읽고 또 짓다 看經終又作」『후집』권5

「10월에 번개가 치다 十月電」『후집』권5

「정이안 비서감이 '농롱籠' 자 시에 화답한 시를 찾아와 주므로 차운하다 次韻丁秘監和籠字詩來贈」『후집』권5

「또 정이안 비서감이 차 군의 집에서 9월 20일 뒤에 국화를 띄우고 지은 시에 차운하다―10월이 되어서야 보고 바로 화답했다 又次韻丁秘監於車君家九月二十日後 泛菊 至十月見之方和」『후집』권5

「10월 19일에 쌍암사에서 놀다가 글을 지어 주지 원 상인에게 보이다 十月

「十九日 遊雙嵓寺留題 示主老源上人」『후집』 권5

「이백전 학사가 다시 '농롱(籠)' 자 운 시에 화답하여 보내 준 시에 차운하다 次韻李學士再和籠字韻詩見寄」『후집』 권5

「이 동년이 화답하여 와서 준 시에 차운하다 2수 次韻李同年見和來贈 二首」『후집』 권5

「『능엄경』 첫째 권을 외우다가 우연히 시를 얻어 수기 승통에게 보이다 誦楞嚴經初卷 偶得詩 寄示其僧統」『후집』 권5

「수기 공이 화답한 것에 차운하다 次韻其公見和」『후집』 권5

「수기 승통이 또 화답하므로 다시 답하다 僧統又和復答之」『후집』 권5

「정이안 비서감이 시 두 수로 내가 동지력과 누런 감귤을 보내면서 준 시에 감사를 하고, 겸하여 술을 가지고 와서 찾아와 위로하므로 차운하다 次韻丁秘監而安以詩二首 謝予所寄冬至曆黃柑子見贈 兼携酒來慰」『후집』 권5

  – 「동지력에 대한 감사에 화답하다 和謝曆」『후집』 권5

  – 「감귤에 대한 감사에 화답하다―내가 술에 대한 감사를 대신했다 和謝柑 予以謝酒代之」『후집』 권5

「이백전 학사가 정이안 공의 운을 써서 또한 동지력과 감귤에 대해 감사한 시에 차운하다 次韻李學士百全用丁公韻 亦謝冬至曆·柑子」『후집』 권5

「다시 전번에 부쳤던 시의 운을 써서 수기 승통에게 부치다―서문을 붙임 復用前所寄詩韻 寄其僧統 幷序」『후집』 권5

「정이안 비서감이 다시 화답하여 동지력과 감귤을 보내 준 것에 감사하는 두 시에 차운하다 次韻丁秘監復和謝曆柑二詩」『후집』 권5

  – 「동지력 右曆」

  – 「감귤 右柑」

「이백전 학사가 다시 이 시에 화답한 것에 차운하다 次韻李學士復和此詩」『후집』 권5

「이인식 상국이 '농롱(籠)' 자 운에 화답한 시를 보내온 것에 차운하다―서문을 붙

임 次韻李相國仁植和籠字韻詩見寄 幷序」『후집』권5

「누워서『능엄경』을 외우며 짓다 2수 臥誦楞嚴有作 二首」『후집』권5

「숯이 없지만 無炭」『후집』권5

「처음으로 오신을 끊고 짓다 始斷五辛有作」『후집』권5

「정이안 비서감이 전에 보낸 시에 화답하고 묵죽과 초상화를 가지고 친히
찾아와 준 것에 차운하다─서문을 붙임 次韻丁秘監而安和前所寄詩 以墨竹影子親
訪見贈 幷序」『후집』권5

   ─「묵죽에 감사하다 謝墨竹」

   ─「초상화에 감사하다 謝寫眞」

「또 두 절구로 화답하다─이것은 그때에 다시 초상화를 그려 주기를 요청한 시이다 又和二
絕 此其時重乞寫眞詩也」『후집』권5

〈서·표〉

「몽고 황제에게 올리는 기거표─무술년 12월 일에 치사하면서 적은 것이다 蒙古皇帝上
起居表 戊戌十二月日 以致仕述」『전집』권28

   ─「표 表」

   ─「물장 物狀」

「당고 관인에게 보내는 서 送唐古官人書」『전집』권28

「진경 승상에게 보내는 서 送晉卿丞相書」『전집』권28

〈찬〉

「정이안 학사가 그려 준 묵죽 네 그루에 각각 찬을 지어 이른다 丁學士而安 掃
與墨竹四幹 各作贊云」『후집』권11

   ─「노죽 露竹」

   ─「풍죽 風竹」

   ─「노죽 老竹」

－「신죽 新竹」

「정이안이 내 초상화를 그렸기에 스스로 찬을 지어 말하다 丁而安寫予眞 自作
贊曰」『후집』권11

「요환了幻 장로가 먹으로 그린 관음상으로 나에게 찬을 구하다 幻長老以墨畵
觀音像 求予贊」[333]『후집』권11

〈기〉

「요환了幻 상인의 죽재기 幻上人竹齋記」[334]『후집』권11

「공공 상인[景照]의 토각암기 空空上人兔角庵記」[335]『후집』권11

〈묘지명〉

「오천유吳闡猷 묘지명 檢校軍器少監行尚書工部郞中賜紫金魚袋吳君墓誌銘 幷
序」[336]『후집』권12

「이세화李世華 묘지명 故朝議大夫司宰卿右諫議大夫寶文閣直學士知制誥賜紫金魚
袋李君墓誌銘 幷序」[337]『후집』권12

333 승려 了幻이 韓 아무개가 그린 관음상과 丁而安이 그린 묵죽 그림에 이규보가 찬을 써 주
기를 부탁하는 본문의 내용이 각주 334의 「요환 상인의 죽재기[幻上人竹齋記]」(『후집』권
11, 기)와 분위기가 비슷하므로, 서로 같은 시기에 쓴 글이라고 비정해 둔다.

334 본문의 내용 중에 요환이 정이안의 묵죽 2본을 구해 애장했다는 기록이 있다. 이 해에 이
규보도 정이안의 묵죽을 구하자 그것을 칭송하는 글을 여러 편 썼다는 점을 참작하여, 이
기도 같은 시기에 쓴 것으로 비정해 둔다. 이 기에는 幻 상인의 이름이 了幻이고, 字가 而
誰라고 했다.

335 이 해 4월에 지은 「송의 파 선로가 공공 상인에게 보낸 시에 차운하다[次韻宋朝播禪老寄
空空上人]」(『후집』권3, 고율시)의 서문 참조. 한편 이 기에는 空空이 유가종 승려인 景照
의 자라고 밝혀져 있다.

336 이규보의 국자감시 동기생인 오천유는 71세의 나이로 이 해 10월에 사망했다.

337 이세화는 이 해 8월에 사망했다.

▶ 1239년(고종 26, 기해), 72세

- 4월에 몽고군이 철수하다.[338]
- 『능엄경』을 제6권까지 외우다.[339]
- 이 해에 왕명을 받아 몽고 황제에게 올리는 표장表狀을 짓고, 12월에 또 같은 표장과 진경晉卿에게 보내는 서를 짓다.[340]

〈고율시〉

「기해년 설날에 신명단을 마시면서 희롱 삼아 짓다 己亥正旦 飮神明丹戲作」『후집』권5

「정월 5일 이인식 평장사가 찾아와 주어 감사하다 正月五日 謝李平章仁植見訪」『후집』권5

「이백전 학사가 정이안 비서감이 묵죽과 초상화를 그려 주어 감사한 시에 화답한 시를 보내왔으므로 차운하다 次韻李學士和謝丁秘監墨竹影子詩見寄」『후집』권5

　　–「묵죽 墨竹」

　　–「영자 影子」

「이인식 평장사가 찾아와 주어 감사한 시에 화답한 것을 보내왔으므로 차운하다 次韻李平章仁植和謝訪詩見寄」『후집』권5

「다시 이인식 평장사가 화답하므로 겸하여 맞이하여 술을 마시면서 차운하다 復次韻李平章見和兼邀飮」『후집』권5

「김신정 내한이 술을 가지고 찾아와 주어 즉석에서 주필로 사례하다 金內翰莘鼎携酒來訪 卽席走筆謝之」『후집』권5

---

338 『고려사절요』권12, 고종 26년 4월.
339 『능엄경』을 제6권까지 외우고서 짓다[誦楞嚴第六卷有作](『후집』권6, 고율시)
340 「연보」 기해년 조에 이렇게 쓰여 있는데, 문집에 이 글이 실려 있지는 않다.

「다시 김신정 군이 화답한 것에 차운하다 復次韻金君見和」『후집』권5

「2월에 오랑캐 군사가 여전히 남쪽에 있다는 말을 듣고 二月 聞虜兵猶在南」
『후집』권5

「이수 시랑이 임금이 친히 하사한 정대를 띄고 나를 찾아왔으므로 시로 축
하하다 李侍郎需親受御賜鞓帶 遂帶出訪予 以詩賀之」『후집』권5

「다시 이수 시랑이 화답한 것에 차운하다 2수 復次韻李侍郎見和 二首」『후집』권5

「다시 화답한 것에 차운하다 次韻復和」『후집』권5

「야윈 모습에 느낌이 있어 形瘦有感」『후집』권5

「남헌에 혼자 앉아 南軒獨坐」『후집』권5

「3월 3일에 심심해서 짓다 三月三日 無聊有作」『후집』권5

「우연히 기구를 보고 뜻을 붙이다 偶見氣毬 因寓意」『후집』권6

「기구가 답하다 氣毬答」『후집』권6

「쇠고기를 끊다—서문을 붙임 斷牛肉 幷序」『후집』권6

「총재 시중 최 공[崔宗峻]이 지팡이를 준 것에 감사를 바치다—서문을 붙임 奉謝
冢宰侍中崔公惠柱杖 幷序」『후집』권6

「마음에 만족하지 않은 것이 있어 다시 절구 한 수를 지어 바치다 意有未足
又作一絶奉呈」『후집』권6

「상국[崔宗峻]이 절구에 화답한 시를 보내왔으므로 다시 차운하여 받들어 답
하다 相國和絶句見寄 復次韻奉答」『후집』권6

「담이 무너졌으나 수리하지 않다 墻頹不理」『후집』권6

「여러 자식에게 당부하다 囑諸子」『후집』권6

「희롱 삼아 기생에게 주다 戲贈妓」『후집』권6

「샘도 막히고 술도 말랐다 泉涸酒乾」『후집』권6

「기해년 5월 7일에 집의 샘이 다시 솟아나자 희롱 삼아 문답 5수를 이루다
己亥五月七日 家泉復出 戲成問答五首」『후집』권6

　　-「주인이 샘에 묻다 主人問泉」

- 「샘이 주인에게 답하다 泉答主人」
- 「주인이 다시 답하다 主人復答」
- 「샘이 다시 답하다 泉復答」
- 「주인이 또 답하다 主人又答」

「혼자 마시면서 자신을 비웃다 獨酌自嘲」『후집』권6

「5월 그믐에 이백전 학사가 술을 보내 주어 주필로 감사하다 2수 五月晦日 走筆謝李學士百全送酒 二首」『후집』권6

「시를 읊다가 혼자 웃다 吟詩自笑」『후집』권6

「손님이 없어서 無客」『후집』권6

「『능엄경』을 제6권까지 외우고서 짓다 誦楞嚴第六卷有作」『후집』권6

「남헌에서 손님에게 답하다 南軒答客」『후집』권6

「8월 29일에 주필로 이백전 학사가 생선을 보내 준 것에 감사하다 八月二十九日 走筆謝李學士百全惠生魚」『후집』권6

「9월 초이레에 추부 박거 공을 찾아가 새로 지은 집을 구경했다. 호화로우면서도 깔끔함을 겸하여 갖춘 것이 모두 생각 밖이어서 실로 헛되게 감상할 수가 없었는데, 술이 거나해지자 주필로 본 것을 기록하여 바치면서 이른다 九月初七日 訪樞府朴公椐 觀所構新宅 富貴蕭洒兼備 皆出意表 誠不可虛賞 及酒酣走筆 記所見奉呈云」『후집』권6

「중구일에 다시 추부 박거 상공이 다시 불러 술을 마시면서 즉석에서 주필로 시를 지어 바치다 重九日 朴樞府相公復邀飮 卽席走筆 賦詩以呈」『후집』권6

「또 다른 운으로 주다—이 두 시는 모두 화답한 것으로 서너 수에 이르는데 뒤에 잊어버려서 기록하지 못했다 又以別韻贈之 此二詩皆和 至數四首 後忘之不錄」『후집』권6

「9월 29일에 박거 추부가 또 불러 술을 마시면서 국화를 감상했는데, 술이 나오기 전에 즉석에서 구호하다 九月二十九 朴樞府又邀飮賞菊 未置酒 卽席口號」『후집』권6

「기생이 왔으므로 또 화답하다 妓至又和」『후집』권6

「상국과 좌객이 화답하자 다시 차운하다 相國及坐客見和 復次韻」『후집』 권6

「이인식 평장사가 술자리에 불러 주어 취한 뒤에 바치다 李平章仁植邀飮 醉後 奉呈」『후집』 권6

「상국[朴犀]이 화답하므로 다시 차운하다 相國見和 復次韻」『후집』 권6

「즉석에서 이 운을 써서 춘주의 수령으로 떠나는 강힐姜頡 낭중341과 작별하 다 卽席用此韻 留別姜郎中出守春州」『후집』 권6

「또 앞의 운을 빌려 몽고 사신으로 떠나는 김 내한과 작별하다 又次前韻 留別 金內翰奉使蒙古」『후집』 권6

「이인식 평장사의 '건주팔경시'에 차운하다―서문을 붙임 次韻李平章仁植虔州八 景詩 并序」『후집』 권6

　－「강천에 내리는 저녁 눈 江天暮雪」

　－「멀리 포구로 돌아가는 돛단배 遠浦歸帆」

　－「소상강에 내리는 밤비 瀟湘夜雨」

　－「모래톱에 내려앉는 기러기 平沙落雁」

　－「연기 나는 절의 저녁 종소리 煙寺暮鍾」

　－「산시의 이내 山市晴嵐」

　－「어촌의 낙조 漁村落照」

　－「동정호의 가을 달 洞庭秋月」

　－「강천에 내리는 저녁 눈 江天暮雪」

　－「멀리 포구로 돌아가는 돛단배 遠浦歸帆」

　－「소상강에 내리는 밤비 瀟湘夜雨」

　－「모래톱에 내려앉는 기러기 平沙落雁」

　－「연기 나는 절의 저녁 종소리 煙寺暮鍾」

---

341 『후집』 권7의 「춘주 수령 강힐 장원에게 숯을 빌면서 희롱 삼아 주다[戱贈春州守姜壯元頡 乞炭]라는 시에서 보듯이, 그의 이름이 姜頡이라고 밝혀져 있다.

- 「산시의 이내 山市晴嵐」

- 「어촌의 낙조 漁村落照」

- 「동정호의 가을 달 洞庭秋月」

「11월에 문 앞에 눈이 쌓인 것을 보고 짓다 十一月見門前雪積有作」『후집』권6

「이인식 상국이 다시 ‘건주팔경시’에 화답하여 보내 준 시에 차운하다 次韻
 李相國復和虔州八景詩來贈」『후집』권6

- 「강천에 내리는 저녁 눈 江天暮雪」

- 「멀리 포구로 돌아가는 돛단배 遠浦歸帆」

- 「소상강에 내리는 밤비 瀟湘夜雨」

- 「모래톱에 내려앉는 기러기 平沙落雁」

- 「연기 나는 절의 저녁 종소리 煙寺暮鍾」

- 「산시의 이내 山市晴嵐」

- 「어촌의 낙조 漁村落照」

- 「동정호의 가을 달 洞庭秋月」

「상국[이인식]이 일찍이 시 한 수를 화답하여 보여 주면 나는 매번 두 수를 지
 었는데, 어떻게 감상하셨는지 알 수 없어 황공하고 또 황공하다 相國嘗和示
 一首 予每複以二首 未知鈞鑒何如惶恐惶恐」『후집』권6

- 「강천에 내리는 저녁 눈 江天暮雪」

- 「멀리 포구로 돌아가는 돛단배 遠浦歸帆」

- 「소상강에 내리는 밤비 瀟湘夜雨」

- 「모래톱에 내려앉는 기러기 平沙落雁」

- 「산시의 이내 山市晴嵐」

- 「어촌의 낙조 漁村落照」

- 「연기 나는 절의 저녁 종소리 煙寺暮鍾」

- 「동정호의 가을 달 洞庭秋月」

〈기〉

「박거 추부가 지은 유가당에 대한 기 朴樞府有嘉堂記」³⁴²『후집』권11

---

342 『후집』권6에 수록된 「9월 초이레에 추부 박거 공을 찾아가 새로 지은 집을 구경했다[九 月初七日 訪樞府朴公椐 觀所構新宅]」라는 시를 지을 당시에 이 기도 함께 지었을 것이다.

▶ 1240년(고종 17, 경자), 73세

- 여름에 그동안 중지되었던 하과夏課가 다시 재개되다.[343]
- 7월 10일에 노년에 가장 가깝게 지내던 이백전李百全이 사망하다.[344]
- 9월에 몽고에 보내는 표表와 장狀을 짓다.[345]
- 왼쪽 눈이 수십 일 동안 쑤시다.[346]
- 병마病魔만큼이나 자신을 괴롭히는 시벽詩癖을 자주 언급하다.[347]

〈고율시〉

「경자년 3월 일에 이백전 학사가 병중에 크게 연회를 베풀어 기생과 풍악을 갖추고, 나와 박거 추부, 최 복야, 박인저·정이안 두 학사를 불러 술을 마셨는데, 즉석에서 시 두 수를 지어 올리다 庚子三月日 李學士百全病中大設筵幷妓樂 邀予及朴樞副·崔僕射·朴·丁二學士觴之 卽席得詩二首呈之」『후집』권6

「최공연 추부가 찾아와 스스로 길 위에서 지었다고 하며 써 준 시에 차운하다 次韻崔樞府公衍見訪 自言路上得詩寫贈」『후집』권6

「나도 또한 따로 한 수를 지어 삼해주를 가져다 준 것에 감사하다 予亦別作一首 謝携三亥酒來貺」『후집』권6

---

343 「김창 학사에게 주다[寄金學士敞]」(『후집』권7, 고율시).
344 「이백전 학사를 곡하여 박인저 학사에게 보이다[哭李學士百全 示朴學士仁柢 七月十日卒]」(『후집』권6, 고율시).
345 「경자년 9월 15일에 몽고에 보내는 표장을 다듬으면서 짓다[庚子九月十五日 修蒙古所送表狀有作]」(『후집』권7, 고율시). 그러나 이 글도 문집에는 실려 있지 않다.
346 「왼쪽 눈이 수십 일이나 쑤셨는데 통증이 덜해지기에 구음으로 짓다[痛左目累旬 痛隙有作口吟]」(『후집』권8, 고율시).
347 「다시 자신의 시벽을 슬퍼하며―내가 옛날에 시를 지어 스스로 시벽을 슬퍼했으나 아직도 그치지 못하므로 다시 슬퍼한다[復自傷詩癖―予舊作詩 自傷詩癖猶不能止 復傷之]」(『후집』권8, 고율시)

「이백전 학사에게 차운하다―서문을 붙임 次韻李學士百全 幷序」³⁴⁸『후집』 권6

「이튿날 이백전 학사가 또 화답하여 보내왔으므로 차운하여 답을 올리다 明日 學士又和寄 次韻奉答」『후집』 권6

「(4월) 29일에 또 수기 승통·지소 대선사·담기 선사 및 쌍암사 주지와 김 원외랑을 불러 술자리를 베풀고 즉석에서 시 한 수를 지어 주다 二十九日 又邀僧統守其·大禪師志素·禪師湛其及雙嵒住老·金員外設酒 卽席得詩一首贈之」『후집』 권6

「두 기 스님이 화답하므로 다시 짓다 二其見和復作」『후집』 권6

「이튿날 승통이 화답한 것을 보내왔으므로 차운하여 올리다 2수 明日 僧統和寄 復次韻奉呈 二首」『후집』 권6

「다시 이인식 상국의 '건주 8경시'에 각각 한 수씩 차운하여 화답하다 次韻復和李相國八景詩各一首」『후집』 권6

   ―「강천에 내리는 저녁 눈 江天暮雪」

   ―「멀리 포구로 돌아가는 돛단배 遠浦歸帆」

   ―「소상강에 내리는 밤비 瀟湘夜雨」

   ―「모래톱에 내려앉는 기러기 平沙落雁」

   ―「산시의 이내 山市晴嵐」

   ―「어촌의 낙조 漁村落照」

   ―「연기 나는 절의 저녁 종소리 煙寺暮鍾」

   ―「동정호의 가을 달 洞庭秋月」

「영 상인이 화답한 것에 차운하다 次韻英上人見和」『후집』 권6

   ―「강천에 내리는 저녁 눈 江天暮雪」

   ―「멀리 포구로 돌아가는 돛단배 遠浦歸帆」

   ―「소상강에 내리는 밤비 瀟湘夜雨」

---

348 이 시의 서문에 4월 27일의 일로 기록되어 있다.

- 「모래톱에 내려앉는 기러기 平沙落雁」

- 「산시의 이내 山市晴嵐」

- 「어촌의 낙조 漁村落照」

- 「연기 나는 절의 저녁 종소리 煙寺暮鍾」

- 「동정호의 가을 달 洞庭秋月」

「7월 초이튿날 집의 못에서 멱을 감다 七月初二日 浴家池」『후집』권6

「이백전 학사를 곡하여 박인저 학사에게 보이다─7월 10일에 사망했다 哭李學士百全 示朴學士仁氐 七月十日卒」『후집』권6

「박거 지원이 술자리에 불러 주었는데, 바야흐로 공을 보자 내가 일찍이 지었던 '유가당기'를 직접 써서 판 위에 못을 박아 걸므로 즉석에서 시로 감사하다 朴知院椐邀飮 方見公以予曾所著有嘉堂記 親書上板釘壁 卽席以詩謝之」『후집』권6

「집이 황폐해지다 屋蕪」『후집』권6

「김창 학사에게 주다─서문을 붙임 寄金學士敞 幷序」『후집』권7

「이인식 상국과 박인저 학사가 함께 찾아왔는데, 바로 7월 25일로 이때 집 마당에는 봉상화가 만발했다. 운을 불러 영 상인에게 주필로 짓게 하고, 나 또한 즉석에서 주필로 화답하여 보이다 李相國仁植·朴學士仁氐同訪 是七月二十五日也 時家園鳳翔花盛開 唱韻使英上人走筆賦之 予亦卽席走筆和示」『후집』권7

「상국[이인식]이 화답하므로 다시 차운하여 답을 올리다 相國見和 復次韻奉答」『후집』권7

「박인저 학사가 화답하므로 다시 차운하다 朴學士見和 復次韻」『후집』권7

「다시 이인식 상국이 '엽獵' 자 운으로 화답한 것에 차운하다 次韻復和李相國 更和獵字韻」『후집』권7

「술이 없다 無酒」『후집』권7

「샘도 마르다 泉枯」『후집』권7

「저절로 난 벼가 침실인 남헌 곁에 생긴 것을 보고 짓다 見穭稻生寢房南軒之 旁 有作」『후집』권7

「백주를 마시면서―앞뒤가 각각의 운이다 飮白酒 前後各韻」『후집』권7

「입술이 타서―운은 앞과 같다 脣焦 韻上同」『후집』권7

「춘주 수령 강힐 장원에게 숯을 빌면서 희롱 삼아 주다 戱贈春州守姜壯元頡乞 炭」『후집』권7

「등긁개 痒和子」『후집』권7

「또 又」『후집』권7

「작은 밤나무가 열매를 맺다 小栗樹結子」『후집』권7

「김창 학사가 하과시에 화답하므로 차운하다 次韻金學士敞見和夏課詩」『후집』 권7

「하천단 낭중이 화답하므로 차운하다 次韻河郞中千旦見和」『후집』권7
   ―「이 한 수는 제목을 그대로 따른 것이다 右一順和」
   ―「이 한 수는 옛날을 추억하며 회포를 푼 것이다 右一憶舊陳懷」

「이수 시랑이 화답한 두 수에 차운하다 次韻李侍郞見和二首」『후집』권7

「이수 시랑이 시 두 수와 토란을 보내 주어 내가 세 수로 차운하여 답하다 次 韻李侍郞以詩二首送土卵 予以三首答之」『후집』권7

「이수 시랑이 세 수에 화답하므로 차운하여 네 수로 답하다 次韻李侍郞見和三 首以四首答之」『후집』권7

「이수 시랑이 다섯 수로 화답하므로 내가 차운하여 일곱 수로 답하다 次韻李 侍郞見和五首 予以七首答之」『후집』권7

「이수 시랑이 다시 화답한 일곱 수에 차운하다 次韻李侍郞復見和七首」『후집』 권7

「수기 선사가 조그만 경단을 보내온 것에 감사하다 謝其禪師送細餛飩」『후집』 권7

「선사수기가 화답하므로 두 수로 답하다 禪師見和 以二首答之」『후집』권7

「선사[수기]가 화답하므로 차운하다 2수 次韻禪師見和 二首」『후집』 권7

「이수 시랑이 화답하므로 차운하다 2수 次韻李侍郞見和 二首」『후집』 권7

「경자년 중구일에 庚子重九」『후집』 권7

「십일국 十日菊」『후집』 권7

「경자년 9월 15일에 몽고에 보내는 표장을 다듬으면서 짓다 庚子九月十五日 修蒙古所送表狀有作」『후집』 권7

「이수 시랑이 신 배와 푸른 복숭아를 보낸 것에 감사하다 謝李侍郞送酸梨碧桃」『후집』 권7

「『능엄경』을 외우다가 우연히 짓다 誦楞嚴偶題」『후집』 권7

「이수 시랑이 복숭아와 배에 대한 시 두 수에 화답하므로 차운하여 네 수로 화답하다―경자년 10월 次韻李侍郞見和桃梨詩二首 以四首和之 庚子十月」『후집』 권7

「이수 시랑이 다시 복숭아와 배의 시의 네 수에 화답하여 보여 주므로 차운하여 운에 따라 여섯 수를 화답하다. 끝의 두 수 중 하나는 가지 끝에 달린 나머지 복숭아를 다 따서 준 것에 감사한 것이고, 하나는 마지막으로 보내 준 금색 큰 배에 대해 감사한 것이다 次韻李侍郞復和桃梨詩四首見示 依韻和成 六首 其末二章 一謝摘盡樹上餘桃見寄 一謝最後所餉金色大梨云」『후집』 권7

  – 「이것은 가지 끝에 달린 나머지 복숭아를 다 따서 준 것에 감사한 것이다 此謝摘盡樹上餘桃見寄」

  – 「이것은 마지막으로 보내 준 금색 단 배에 대해 감사한 것이다 此謝後所餉金色甘梨」

「10월 일에 황국이 만발한 것을 보고 十月日 見黃菊盛開」『후집』 권7

「병들어 누운 지 오래인데 낫지 않으므로 짓다 臥病久不療 因有作」『후집』 권7

「화롯불을 쬐며 擁爐」『후집』 권7

「11월 3일에 큰 눈이 내리다 十一月三日 大雪」『후집』 권7

「매서운 추위 苦寒」『후집』 권7

「머리를 빗다가 梳髮」『후집』 권7

「따뜻한 온돌 暖堗」『후집』권7

「춘주 수령[강힐]이 앞서의 시 두 수에 화답하여 보낸 것에 차운하다 次韻春州
守和前詩二首見寄」『후집』권7

「천자배를 먹으면서 食天子梨」『후집』권7

「병으로 수십 일 간 술을 마시지 않다가 막 반 잔을 마시고 짓다 以病止酒累
旬 今飮半杯有作」『후집』권7

「닷새 뒤에 또 마시다가 後五日又飮」『후집』권7

「하천단 낭중이 홍시를 보내 준 것에 감사하다 謝河郎中千旦送紅枾」『후집』권7

「하천단 낭중이 화답하므로 차운하여 각각 두 수를 지어 답하다 次韻河郎中
見和 各成二首答之」『후집』권7

「하천단 낭중이 화답하여 다시 보내 준 시에 차운하였는데, 끝의 두 수는 다
시 보내라는 뜻을 말한 것이다 次韻河郎中見和復惠之 末二章 言再惠之意」『후
집』권7

「하천단 낭중이 다시 화답하므로 몸소 찾아가서 주다 次韻河郎中復見和 親訪
贈之」『후집』권7

「경자년 12월 일에 하늘로 오르는 꿈을 꾸다 庚子十二月日夢升天」『후집』권8

「비바람에 떨어진 처마 판자를 고치다 修風雨所墮簷板」『후집』권8

「다시 자신의 시벽을 슬퍼하며―내가 옛날에 시를 지어 스스로 시벽을 슬퍼했으나 아직도
그치지 못하므로 다시 슬퍼한다 復自傷詩癖 予舊作詩 自傷詩癖猶不能止 復傷之」『후집』권8

「눈을 읊다―2수 동파의 '어사구호'와 '유서재고'의 구절을 넓혀서 시 두 수를 짓다 詠雪 二首 以
東坡漁簑句好 柳絮才高之句 衍爲詩二首」『후집』권8

　　―「'어사' 구절의 뜻으로―앞뒤의 운이 다르다 漁簑句意 前後各韻」

　　―「'유서'의 말뜻으로―운은 앞과 같다 柳絮語意 韻上同」

「아이들이 탱자를 가지고 노는 것을 보고 짓다 見兒童弄枳有作」『후집』권8

「고양이를 꾸짖다 責猫」『후집』권8

「동지력 몇 권을 박인저·정이안 두 학사에게 각각 보내면서 책 뒤에 절구

「한 수씩을 쓰고 겸하여 두 공에게 편지를 쓰다 冬至曆若干 各寄朴·丁兩學士
書後書一絶 兼簡兩公」『후집』권8

「동지력을 하천단 낭중에게 보내다 冬至曆 寄河郎中」『후집』권8

「하천단 낭중이 화답하므로 주필로 차운하다 2수 走筆次韻河郎中見和 二首」『후
집』권8

「정이안 학사가 역서와 시를 보낸 것에 화답하므로 다시 차운하다 2수 復次韻
丁學士見和寄曆詩 二首」『후집』권8

「박인저 학사가 역서와 시를 준 것에 화답하여 친히 찾아와서 준 시에 차운
하다 次韻朴學士見和寄曆詩親訪贈之」『후집』권8

「또 한 수─(박인저 학사가) 찾아와 준 것에 감사하고 겸하여 병중이라 이야기를 나누지 못한 뜻을
적다 又一首 謝訪兼敍病中不得攀話之意」『후집』권8

「또 한 수─군(박인저)이 면직된 지 오래인데, 오래 굽혀져 있으면 반드시 쓰이게 되리라는 뜻을 말
한 것이다 又一首 言君之免官久矣 將有久屈必舒之意」『후집』권8

「하천단 낭중이 다시 역서와 시를 준 것에 화답한 시에 차운하다 3수 次韻河
郎中復和寄曆詩 三首」『후집』권8

「정이안 학사가 다시 역서와 시를 준 것에 화답하므로 차운하다 2수 次韻丁學
士復和寄曆詩 二首」『후집』권8

「박인저 학사가 다시 역서와 시를 준 것에 화답하여 친히 찾아와서 준 시에
차운하다 3수 次韻朴學士復和寄曆詩親訪見贈 三首」『후집』권8

「휘를 판별하는 시 辨諱詩」『후집』권8

「객의 물음에 답하는 시─서문을 붙임 答客問詩 幷序」『후집』권8

「글을 읽다가 讀書」『후집』권8

「사인의 딸이 먹을 것을 구걸하러 왔기에 주고 나서 짓다 士人女乞食 旣以與
之 因作詩」『후집』권8

「창은 구멍 나고 추운 데 앉아서 漏窓寒坐」『후집』권8

「창을 바르다 塗窓」『후집』권8

「병을 앓은 뒤 술을 마시고 病後飮」『후집』권8

「밤에 술 거르는 소리를 듣고 夜聞汁酒聲」『후집』권8

「외손자 아이가 절하는 것을 배우다 外孫孩兒學拜」『후집』권8

「이 시랑이 진양공[최우]에게 드린 '여동시'에 차운하여 영공에게 올리다—서
문을 붙임 次韻李侍郞上晉陽公女童詩呈令公 幷序」『후집』권8

「시를 완성한 뒤에 짓다 詩成後有作」『후집』권8

「진양공[최우]에게 올리다—서문을 붙임 上晉陽公 幷序」『후집』권8

「이튿날 우연히 한 수를 읊다 明日 偶題一首」『후집』권8

「이수 시랑이 지은 '여동시'에 다시 차운하다—서문을 붙임 復次韻李侍郞所著女
童詩 幷序」『후집』권8

「이수 시랑이 화답하므로 다시 차운하다 復次韻李侍郞見和」『후집』권8

「왼쪽 눈이 수십 일이나 쑤셨는데 통증이 덜해지기에 구음으로 짓다 痛左目
累旬 痛隙有作口吟」『후집』권8

「또 읊다 又吟」『후집』권8

「수기 선사의 '관음을 찬양하는 시'에 차운하다—진양공[최우]이 상을 보냈다 次韻
其禪師觀音讚詩 晉陽公所送像」『후집』권8

「하천단 낭중이 곶감을 보내 준 것에 감사하다 謝河郞中惠送乾柿子」『후집』권8

▶ 1241년(고종 28, 신축), 74세

- 3월 3일에 아들 이함이 홍주洪州(지금의 충청남도 홍성군) 태수로 부임하다.[349]
- 눈병이 악화되다.
- 7월에 병이 심해지자 진양공 최우가 명의 등을 보내 문안과 진료를 끊이지 않게 하다. 또 공이 평생 지은 시와 문장을 가져다가 공인工人을 모아 새기기를 독촉하여 공의 눈으로 직접 보게 하여 위로의 뜻을 전하려 하였으나, 일이 워낙 거창하여 끝내지 못하다(「연보」 신축).
- 8월에 『동국이상국문집』(41권)의 서문을 이수李需 예부시랑이 쓰다.[350]
- 8월 29일에 시를 지었는데 마지막 시가 되다.[351]
- 9월 2일 밤에 사망하다. 시호를 문순文順이라 추증하고, 뇌서를 정지鄭芝 우사간이,[352] 묘지명을 이수李需 시랑이 짓다.[353]
- 12월 6일에 진강산 동쪽 기슭에 장례지내다(「연보」 신축).
- 12월에 『동국이상국후집』(12권)이 편찬되어, 아들 이함이 서문을 쓰다.[354]

〈고율시〉
「신축년 설날에 辛丑正旦」 『후집』 권8

---

349 「신축년 3월 3일에 홍주 태수로 부임하는 맏아들 함을 보내며 짓다[辛丑三月三日 送長子 涵以洪州守之任有作]」(『후집』 권9, 고율시).
350 「東國李相國文集 序」.
351 「7월과 8월에는 안질 때문에 시를 짓지 못하다[七月八月 因患眼不作詩—八月二十九日作 九月初二日卽世]」(『후집』 권10, 고율시).
352 「誄書」(『후집』 권종).
353 「이규보 묘지명[守太保 金紫光祿大夫 門下侍郞平章事 修文殿大學士 監修國史 判禮部事 翰林院事 太子太保致仕 贈諡文順公墓誌銘 幷序]」(『후집』 권종).
354 「東國李相國後集 序」.

「영 선사가 보낸 시에 차운하다—보내 준 시의 뜻은 지난해에 낙선한 것을 한탄하는 것이다 次韻英禪者見寄 來詩意 以前年落選爲嘆」『후집』권8

「우두커니 앉아 스스로에 대해 쓰다 兀坐自狀」『후집』권8

「봄눈을 마주하고 우연히 읊다가 장구 26운을 지어 운각의 이수 학사와 추부의 하천단 낭중, 내성의 이순목 기거랑에게 보내다 對春雪偶吟 得長句二十六韻 奉寄芸閣李學士需・秋部河郎中千旦・內省李起居淳牧」『후집』권8

「이수 시랑・하천단 낭중이 화답하므로 차운하다—서문을 붙임 次韻李侍郎需・河郎中千旦見和 幷序」『후집』권8

「이순목 기거랑이 눈을 읊은 시에 화답하므로 차운하여 곧 화답하는 두 수를 짓고, 겸하여 이수 시랑과 하천단 낭중에게 보이다 次韻李起居郎見和雪詩 卽和成二首 兼示李侍郎・河郎中」『후집』권8

「또 又」『후집』권8

「봄눈을 읊다가 절구 두 수를 짓다 詠春雪得二絶」『후집』권9

「왕태자가 설날에 삼가 지은 시에 화답하여 올리다—서문을 붙임 奉和王太子元日令製 幷序」『후집』권9

　　－「임금의 성수를 축원하는 두 수 祝聖壽 二首」

　　－「태자의 영수를 축원하는 두 수 祝令壽 二首」

「눈꽃을 읊어 공공 상인[景照]에게 보이다 雪花吟示空空上人」『후집』권9

「공공 상인[景照]이 화답하므로 다시 차운하다 上人見和 復次韻」『후집』권9

「이수 시랑이 화답하므로 차운하다 次韻李侍郎需見和」『후집』권9

「이수 시랑이 회문체로 화답한 장구 '눈 시' 30운에 차운하다—서문을 붙임 次韻李侍郎需以廻文和長句雪詩三十韻 幷序」『후집』권9

「끝에 종이가 남은 곳이 있기에 또 절구 한 수를 지어 보내다 末有餘紙 又以一絶寄之」『후집』권9

「이수 시랑이 거듭하여 회문으로 화답한 '눈 시'에 다시 차운하다 復次韻李侍郎重和雪詩廻文」『후집』권9

「또 회문체 절구에 차운하다─이 시도 내가 회문으로 화답했다 又次絕句廻文韻 此詩予
以廻文和之」『후집』권9

「공공 상인[景照]이 박 소년에게 준 50운 시에 차운하다 次韻空空上人 贈朴少
年五十韻」『후집』권9

「신축년 3월 3일에 홍주 태수로 부임하는 맏아들 함을 보내며 짓다 辛丑三月
三日 送長子涵以洪州守之任有作」『후집』권9

「이튿날 홀로 앉아 회포를 쓰다 明日獨坐書懷」『후집』권9

「머리를 빗다가 스스로 탄식하다 梳頭自嘆」『후집』권9

「눈병이 오래 치료되지 않았는데 사람들이 말하기를 눈동자 가에 허연 막이
끼었다고 하므로, 이를 탄식하며 짓다 眼病久不理 人云瞳邊有白膜 因嘆之有
題」『후집』권9

「3월 8일에 친척인 채 낭중과 크게 취하여 노래를 부르다 三月八日 與族人蔡
郎中大醉歌唱」『후집』권9

「이튿날 또 짓다 明日又作」『후집』권9

「또 눈병을 슬퍼하다 又傷目病」『후집』권9

「진양공[최우]이 용뇌와 의관을 보내어 눈병을 치료해 준 것에 감사하다─서문
을 붙임 謝晉陽公送龍腦及醫官理目病 幷序」『후집』권9

「또 진양공[최우]이 흰 쌀을 보내 준 것에 감사하다─서문을 붙임 又謝晉陽公送白
粲 幷序」『후집』권9

「3월 14일에 큰 우박이 떨어지다─2수 쌍운 三月十四日 大雨雹 二首 雙韻」『후집』
권9

「또 5언으로 짓다─쌍운 又五言 雙韻」『후집』권9

「옛 제비가 돌아오다 2수 舊燕來 二首」『후집』권9

「미인과 희롱하는 꿈을 꾸다가 깨고 나서 짓다─3월15일이다 夢與美人戲 覺而題
之 三月十五日也」『후집』권9

「이튿날 꿈에 또 미인과 희롱하다가 깨고 나서 또 짓다 明日夢 又與美人戲 寤

而又作」『후집』권9

「이수 시랑이 유홍개 제주 수령을 전별한 회문시에 차운하다 2수 次韻李侍郞
需餞庾濟州弘蓋 廻文 二首」『후집』권9

　　−「이 한 수는 태수에게 주는 것처럼 지었는데, 바람결에 부친다 右一擬贈
　　　太守 可因風寄之」

　　−「이 한 수는 회포를 적어 이수 군에게 준다 右二敍懷贈君」

「임 상국이 찾아와 준 것에 감사하다—서문을 붙임 謝任相國見訪 幷序」『후집』권9

「본성에서 보낸 학령선을 사람들에게 나누어 주며 得本省所送鶴翎扇分人」『후
집』권9

「눈에 병이 나서 꽃을 보지 못하여 탄식하다 病眼未看花有嘆」『후집』권9

「박인저 학사에게 부치다—서문을 붙임 寄朴學士仁著 幷序」『후집』권9

「박인저 학사가 화답하므로 차운하다 次韻朴學士見和」『후집』권9

「종이에 남은 곳이 있으므로 또 절구 한 수를 지어 남쪽으로 놀러 가자는 뜻
을 거절하다 紙有餘地 又作一絶 破南行之意」『후집』권9

「집 동산에 올라 바다를 바라보며 짓다 登家園望海有作」『후집』권9

「마음이 울적하여 짓다—쌍운 鬱懷有作 雙韻」『후집』권9

「정이안 학사가 보낸 술을 마시며 짓다 丁學士而安送酒酌飮有作」『후집』권9

「박인저 학사가 또 꽃을 보지 못한 시에 화답한 것에 차운하다 次韻朴學士又
和失看花詩」『후집』권9

「절구로 화답하다—쌍운 和絶句 雙韻」『후집』권9

「박인저 학사가 다시 화답하므로 차운하다 次韻朴學士復和」『후집』권9

「절구로 화답하다 和絶句」『후집』권9

「4월 6일에 송광산 무가 도사가 일 때문에 서울로 왔다가 산으로 돌아가면
서 시를 요청하므로 차운하다 四月六日 松廣山道者無可 因事到洛師 還山次乞
詩」『후집』권9

「무가의 반행인 탁연 도사가 시를 청하다 無可伴行卓然道者乞詩」『후집』권9

「이수 시랑이 내가 홍주로 부임하는 아들을 보내며 지은 시를 듣고 회문으로 화답한 한 수에 다시 차운하다 復次韻李侍郎需聞予送男赴洪州詩 以廻文見和一首」『후집』권9

「비를 갈구하며—쌍운 4월 11일 渴雨 雙韻 四月十一日」『후집』권9

「4월 일에 꾀꼬리 소리를 듣고 四月日聞鸎」『후집』권9

「우연히 읊다 偶吟」『후집』권9

「병중에 홀로 앉아 있으려니 울적한 마음에 장단구 한 수를 지었으나 보내서 보일 곳이 없으므로 이수 시랑에게 주다 病中獨坐鬱懷 得長短句一首 無處寄示 因贈李侍郎」『후집』권9

「이수 시랑이 성시 좌주의 경축연에 갔다가 이튿날 회문으로 감사한 시에 차운하다 次韻李侍郎赴省試座主慶筵 明日以廻文謝之」『후집』권9

「연지시 硯池詩」『후집』권10

「이수 시랑이 다시 울적한 마음을 읊은 시에 화답한 것에 차운하다 次韻李侍郎需復和鬱懷詩」『후집』권10

「또—군이 이 시에 회문으로 화답해 왔다 又 君於此篇 以廻文和之」『후집』권10

「또 짧은 시로 회문을 극도로 좋아하는 뜻을 깨우치다—쌍운 又以短篇 破酷嗜廻文之意 雙韻」『후집』권10

「자신을 돌아다보기는 어렵다—서문을 붙임 反觀難 幷序」『후집』권10

「누에를 치는 인가를 보고 짓다 見人家養蠶有作」『후집』권10

「해장술—쌍운 卯飮 雙韻」『후집』권10

「4월 19일에 밤비 소리를 들으며 四月十九日 聞夜雨」『후집』권10

「피리소리를 들으며—쌍운 聞笳聲 雙韻」『후집』권10

「개미가 벌레를 끌다—쌍운 蟻拖蟲 雙韻」『후집』권10

「4월 24일에 큰 비가 내리다—2수 모두 쌍운 四月二十四日 大雨 二首 皆雙韻」『후집』권10

「이수 시랑의 회문 장편에 차운하다—2수 서문을 붙임 次韻李侍郎需廻文長篇 二首

並序」『후집』권10

「뒷동산에 올라 영령공이 북쪽의 사신으로 가는 것을 바라보는 시—종실 영령
공을 달단의 조정에 배알하러 보냈다 登後園 望永寧公北使詩 遣宗室永寧公入達旦朝覲」[355]
『후집』권10

「신동 국수시—곽씨 성을 가진 어린아이가 바둑을 잘 두었는데, 항상 진양공[최우] 앞에서 두었다
神童國手詩 有姓郭小兒善棊 嘗於晉陽公前着之」『후집』권10

「5월 일에 문정식 제주가 술과 안주를 가지고 찾아왔는데 조금 뒤에 현원 선
사가 또 술과 과일을 가지고 찾아왔으므로 각기 시로 감사하다 五月日 文祭
酒廷軾 携酒殽來訪 俄有玄源禪師 又携酒果來訪 各以詩謝之」『후집』권10

  –「이것은 문 공에게 준다 右贈文公」

  –「이것은 원 공에게 준다 右贈源公」

「문정식 공이 화답하므로 다시 차운하다 文公見和 復次韻」『후집』권10

「병신년의 문생급제생들이 연회를 베풀고 종공 박정규 상서를 위로하므로
내가 그 자리에서 시 한 수를 지었다—서문을 붙임 丙申年 門生及第等設宴 慰宗
工朴尙書 予於筵上作詞一首 幷序」[356]『후집』권10

「이날 세 명의 박 학사[朴椐·朴仁著·朴暉][357]가 화답하므로 다시 차운하다 是
日三朴學士見和 復次韻」『후집』권10

「또 따로 문생에게 주다 又別贈門生」『후집』권10

「현원 선사가 앞서의 시에 화답하므로 차운하다 3수 次韻源禪師見和前詩 三首」
『후집』권10

「평상에 누워 바람을 쐬며 臥榻引風」『후집』권10

---

355 고종 28년 4월에 종실인 永寧公 綧을 (왕의) 아들이라고 하고, 의관자제 10여 명을 데리
고 몽고로 들어갔다(『고려사』권23 세가 고종 28년 4월).
356 고종 23년의 과거에 참지정사 이규보가 지공거가 되고, 판예부사 박정규가 동지공거가
되었다(『고려사』권73 선거지 1 선장, 고종 23년 5월).
357 앞의 시의 서문에 朴椐, 朴仁著, 朴暉라고 이름이 각각 밝혀져 있다.

「이수 시랑이 '계지향사'에 화답한 것을 보내왔으므로 차운하다 2수 次韻李 侍郎需和桂枝香詞見寄 二首」『후집』권10

「내가 나이 들어 오랫동안 색욕色慾은 물리쳤으니 시와 술은 버리지 못했다. 시와 술도 단지 때때로 흥미를 붙여야 할 뿐이지 벽癖을 이루는 것은 마땅 하지 않으니, 벽癖을 이루면 곧 마魔가 되는 것이다. 내가 이를 근심한 지 오래인데, 점차 조금씩 줄이고자 하여 먼저 세 가지 마에 대한 시를 지어 뜻 을 보인다 予年老久已除色慾 猶未去詩酒 詩酒但有時寓興而已 不宜成癖 成癖卽魔 予憂之久矣 漸欲少省 先作三魔詩以見志耳」『후집』권10

 – 「색마 色魔」

 – 「주마 酒魔」

 – 「시마 詩魔」

「6월 초하룻날에 박훤 학사가 화연을 베풀어 손님을 모으면서 나도 함께 불 러 주었는데, 술이 거나해지자 시 한 수를 짓다─청평악 六月一日 朴學士暄設華 筵會客 幷邀予叅赴 酒酣 作詞一首贈之 清平樂」『후집』권10

「또 절구 한 수를 짓다 又作一絶」『후집』권10

「좌객 최종재 복야가 화답하므로 다시 차운하여 답을 올리다 座客崔僕射宗梓 見和 復次韻奉答」『후집』권10

「여름날 즉흥적으로 3수 夏日卽事 三首」『후집』권10

「군수 여러 명이 장물로 죄를 지었다는 소식을 듣고 2수 聞郡守數人以贓被罪 二 首」『후집』권10

「6월 28일에 수상인 최종준 시중이 보내온 술과 얼음에 감사를 올리다 六月 二十八日 奉謝首相崔侍中惠送旨酒寒氷」『후집』권10

「유월인데 장마가 지지 않고 다만 이틀 밤에 비가 조금 내리다 六月 無霖 唯兩 夜小雨」『후집』권10

「7월과 8월에는 안질 때문에 시를 짓지 못하다─8월 29일에 지었는데, 9월 초이튿날 에 별세했다 七月八月 因患眼不作詩 八月二十九日作 九月初二日卽世」『후집』권10

〈서〉

「이수 시랑에게 주는 글 與李侍郎需書」³⁵⁸ 『후집』 권12

358 이 글은 이규보가 자신의 문집에 서문을 써 준 것을 감사하는 것인데, 이수는 고종 28년
(1241) 8월에 그 서문을 썼다(「『동국이상국문집』 서」).

제3장 _ 작품 목록

일러두기

1. 여기에 수록된 작품은 『동국이상국집』 중에서 지은 연대가 명확하거나 추정이 가능한 것만 모은 것으로, 모두 이 책 제2장에서 언급된 것들이다.

2. 작품의 배열순서는 원문제목의 가나다순으로 하였고, 이해를 돕고자 번역된 제목과 전거, 작품을 지은 나이를 함께 밝혔다.

3. 『開元天寶詠史詩 43首』 등과 같이 하나의 작품이 여러 편으로 되어 있는 경우에는 큰 제목 아래 '-' 표시를 하여 일일이 작은 제목들을 밝혀 두었다.

4. 한 작품을 지은 다음 잇달아 연관된 다른 작품을 지었으되 「又 또」·「復和 다시 화답하다」 등과 같이 제목을 간단하게 붙였을 경우, 독립된 표제어로 하지 않고 원작품 제목 아래 '들여쓰기'를 해서 연관된 작품임을 밝혀 두었다.

ㄱ

加耶琴因風自鳴 二首 가야금이 바람에 저절로 울다 2수, 『후집』권4, 고율시, 71세

家有衆鷄 匝宅啄蟲 予惡而斥之 因有詩 自三言至七言 집에 있는 여러 닭이 온 집안을
돌아다니면서 벌레를 쪼는지라 나는 그것이 미워서 닭들을 쫓아내고 시를 짓다
―3언으로부터 7언에 이른다, 『후집』권4, 고율시, 71세

家泉久涸 酒亦未繼 因賦之 집의 샘이 마르고 술 또한 잇지 못하기에 짓다, 『후집』권
3, 고율시, 71세

家圃六詠 집 채마밭의 여섯 가지를 읊다, 『후집』권4, 고율시, 71세
 - 右苽 오이
 - 右茄 가지
 - 右菁 무
 - 右葱 파
 - 右葵 아욱
 - 右瓠 박

看經終又作 경전(『능엄경』)을 다 읽고 또 짓다, 『후집』권5, 고율시, 71세

看汁酒 用樂天韻 거른 술을 보고 백낙천의 운을 써서, 『후집』권3, 고율시, 71세

渴雨 비를 갈구하며, 『후집』권3, 고율시, 71세
 是夜又作 이날 밤에 또 짓다, 위와 같음
 明日 大雨復作 四月三十日 이튿날 큰 비가 내려 다시 짓다―4월 30일, 위와 같음
 是日又作 이날, 4월 30일 또 짓다, 위와 같음

渴雨 雙韻 四月十一日 비를 갈구하며―쌍운 4월 11일, 『후집』권9, 고율시, 74세

甘露寺 감로사, 『전집』권11, 고율시, 35세

感興 감흥, 『전집』권8, 고율시, 31세

甲午年談禪日齋疏 갑오년 담선일에 재를 올리는 소, 『전집』권41, 석도소, 67세

甲午年禮部試策問 首望制可 갑오년의 예부시 책문―수망으로 제가되었다, 『후집』권11,
문답, 67세

同前策問 次望不行 앞과 같은 (갑오년의 예부시) 책문—차망으로 시행되지 못했다, 위와 같음

甲午正月日夜 直內省有作 明日 呈金相國仁鏡 癸巳十二月入省 至甲午正月入直 갑오년 정월 일 밤에 내성에서 숙직하며 지은 것을 이튿날 김인경 상국에게 드리다—계사년 12월에 성에 들어가 갑오년 정월까지 숙직했다, 『전집』권18, 고율시, 67세

江南舊遊 강남에서 예전에 놀 때, 『전집』권1, 고율시, 26세

江頭暮行 저물녘에 강 머리로 가다, 『전집』권6, 고율시, 29세

江上待舟 강가에서 배를 기다리며, 『전집』권6, 고율시, 29세

江上晚望 강가에서 저물녘에 바라보며, 『전집』권10, 고율시, 33세

江上晚雨 강가의 저녁 비, 『전집』권16, 고율시, 56세

江上偶吟 강가에서 우연히 읊다, 『전집』권1, 고율시, 26세

康宗大王忌晨慰表 강종대왕의 기신에 위로를 올리는 표, 『전집』권30, 표, 46세

康宗大王挽詞 翰林奏呈 강종대왕 만사—한림에서 지어 올리다, 『전집』권14, 고율시, 46세

江中鸕鶿石 강 가운데의 노자석, 『전집』권6, 고율시, 29세

江村路中 二首 강촌 길을 가다가 2수, 『전집』권17, 고율시, 59세

開國寺池上作 개국사 연못가에서 짓다, 『전집』권3, 고율시, 27세

開元天寶詠史詩 四十三首 개원천보영사시 43수, 『전집』권4, 고율시, 27세

- 金筯表直 금 젓가락으로 강직함을 드러내다
- 荔支 여지
- 風流陣 풍류진
- 木芍藥 목작약
- 步輦召學士 보련으로 학사를 부르다
- 辟寒犀 벽한서
- 月宮 월궁
- 金牌斷酒 금패로 술을 끊다
- 羯鼓 갈고
- 金籠蟋蟀 금 조롱 속의 귀뚜라미
- 美人呵筆 미인이 입김으로 붓을 녹이다

- 七寶山 칠보산
- 燕鬚 수염을 태우다
- 義竹 의죽
- 戴竿舞 대간무
- 木瓦 나무기와
- 楊妃吹玉笛 양귀비가 옥저를 불다
- 瑞龍腦 서룡뇌
- 嚴公界 엄공의 경계
- 記事珠 일을 기억하게 해 주는 구슬
- 截鐙留鞭 등자를 끊고 채찍을 붙잡다
- 花妖 꽃의 요정
- 綠衣使者 푸른 옷의 사자
- 醒醉草 술을 깨게 하는 풀
- 繡鳧鈒舟 비단으로 오리를 만들고 배를 조각하다
- 燭奴 초로 만든 남자종
- 剪髮 머리털을 베다
- 紅汗 붉은 땀
- 金函 금함
- 富窟 부굴
- 寵姐隔障歌 총저가 휘장 뒤에서 노래하다
- 念奴 염노
- 消恨花 한을 없애 주는 꽃
- 舞馬 춤추는 말
- 雪衣娘 설의랑
- 送妃子 귀비를 보내다
- 雨淋鈴 빗방울
- 凝碧池 응벽지
- 金粟環 계수나무꽃 옥고리
- 望月臺 망월대
- 爲祿山起第 안록산을 위해 집을 짓다
- 落妃池 낙비지
- 夢遊大眞院 꿈에 대진원에서 놀다

開天寺青石塔記銘 개천사의 청석탑에 대한 기명, 『전집』 권24, 기, 46세

開泰寺祖前願文 개태사의 태조 앞에 바치는 축원문, 『전집』 권38, 초소제문, 35세

客至忽歸有作 손님이 왔다가 갑자기 가자 짓다, 『전집』 권16, 고율시, 57세

乾聖寺帝釋殿主謙師所居樓 架蒲桃遮陽 賦者多矣 師請予次韻 건성사 제석전주인 겸 스님이 머무는 누각에 포도 넝쿨을 올려 햇볕을 막으니 글을 지은 이가 많았는데, 스님이 나에게도 청하므로 차운하다, 『전집』 권12, 고율시, 39세

乞退表 丙申十月十六日 上表 二十一日 內侍某至 奉傳聖旨 所上表留中 仍敎諭起視事 퇴직하기를 바라는 표―병신년 10월 16일 표를 올렸는데 21일에 내시 아무개[李永貂]가 와서 성지를 전하여, 올린 표는 궁중에 보류해 두고 나와서 일을 보라고 극진하게 타일렀다, 『전집』 권31, 표, 69세

檢校軍器少監行尙書工部郎中賜紫金魚袋吳君墓誌銘 幷序 오천유吳闡猷 묘지명, 『후집』 권12, 묘지명, 71세

憩施厚館 시후관에서 쉬며, 『전집』 권6, 고율시, 29세

憩聊城驛 次壁上詩韻 요성역에서 쉬면서 벽 위의 시의 운을 빌리다, 『전집』 권6, 고율시, 29세

見冬至曆 동지 달력을 보고, 『후집』 권2, 고율시, 70세

見稻稻生寢房南軒之旁有作 저절로 난 벼가 침실인 남헌 곁에 생긴 것을 보고 짓다, 『후집』 권7, 고율시, 73세

見兒童弄杫有作 아이들이 탱자를 가지고 노는 것을 보고 짓다, 『후집』 권8, 고율시, 73세

見人家養蠶有作 누에를 치는 인가를 보고 짓다, 『후집』 권10, 고율시, 74세

犬浦偶吟 견포에서 우연히 읊다, 『전집』 권10, 고율시, 33세

謙師方丈 觀柳紳乞米書 書其後 柳書今第一 겸 스님의 방장에서 유신의 '쌀을 꾸어 달라는 글'을 보고 그 뒤에 쓰다―유의 글씨가 지금 제일이다, 『전집』 권11, 고율시, 35세

景福寺路上作 경복사 길 위에서 짓다, 『전집』 권8, 고율시, 31세

京山府副使禮部員外郎白公墓誌銘 백분화白賁華 묘지명, 『전집』 권36, 묘지명, 57세

庚申五月 奉賀赦表朝天 遞馬叅禮驛有作 경신년 5월에 하사표를 받들고 서울로 가

면서 삼례역에서 말을 갈아타며 짓다,『전집』권9, 고율시, 33세

庚寅十一月二十一日 將流猬島 路次扶寧郡 寓宿故人資福寺堂頭宗誼上人方丈 明日 作詩二首示之 時尙書左丞宋恂・知御史臺事王猷等 皆同流于各島 경인년 11월 21일에 위도로 유배가면서 부령군을 지나다가 친구인 자복사 당두 종의 상인의 방장에서 묵었는데, 이튿날 시 2수를 지어 보여 주다—이때 송순 상서좌승・왕유 지어사대사 등이 모두 함께 각각 섬으로 유배되었다,『전집』권17, 고율시, 63세

庚子三月日 李學士百全病中大設筵幷妓樂 邀予及朴樞副・崔僕射・朴・丁二學士 觴之 卽席得詩二首呈之 경자년 3월 일에 이백전 학사가 병중에 크게 연회를 베풀어 기생과 풍악을 갖추고, 나와 박거 추부, 최 복야, 박인저・정이안 두 학사를 불러 술을 마셨는데, 즉석에서 시 두 수를 지어 올리다,『후집』권6, 고율시, 73세

庚子重九 경자년 중구일에,『후집』권7, 고율시, 73세

庚子九月十五日 修蒙古所送表狀有作 경자년 9월 15일에 몽고에 보내는 표장을 다듬으면서 짓다,『후집』권7, 고율시, 73세

庚子十二月日夢升天 경자년 12월 일에 하늘로 오르는 꿈을 꾸다,『후집』권8, 고율시, 73세

慶州東西兩岳祭文 경주 동・서 두 악에 올리는 제문,『전집』권38, 초소제문, 36세

鏡中鑑影 거울 속 모습을 보며,『후집』권2, 고율시, 70세

庚辰八月 予自桂陽 以起居注禮部郎中被召 入直西省有作 경진년 8월에 내가 계양으로부터 기거주 예부낭중으로 불려 왔는데, 서성西省(中書門下省)에 들어가 당직하며 짓다,『전집』권16, 고율시, 53세

更行尙州離營祭文 상주영을 떠나면서 다시 행하는 제문,『전집』권38, 초소제문, 35세

雞冠花滿苑盛開 自夏至秋季 愛而賦之 仍邀李百全學士同賦 계관화가 마당 가득 활짝 피어 여름부터 늦가을까지에 이르므로 사랑스러워 글을 짓고, 이어 이백전 학사를 맞이하여 함께 짓다,『후집』권5, 고율시, 71세

戒邊大神謝祭文 계변성 천신에게 감사하며 올리는 제문,『전집』권38, 초소제문, 36세

戒邊天神前復祭文 계변성 천신 앞에 다시 올리는 제문,『전집』권38, 초소제문, 36세

癸巳年御殿春帖子 계사년 어전의 춘첩자,『전집』권18, 고율시, 66세

癸巳六月日喜兒子涵拜翰林　계사년 6월 일에 아들 함이 한림에 제수된 것을 기뻐하며, 『후집』권1, 고율시, 66세

癸巳八月十八日 始直樞密院 寄內省金相國仁鏡 四首　계사년 8월 18일에 처음으로 추밀원에서 숙직하면서 내성의 김인경 상국에게 주다 4수, 『전집』권18, 고율시, 66세

　　相國見和 復答之　상국이 화답하므로 다시 답하다, 위와 같음

　　庾承宣敬玄見和 復答之　유경현 승선이 화답하므로 다시 답하다, 위와 같음

溪上偶作　골짜기 위에서 우연히 짓다, 『전집』권8, 고율시, 31세

桂陽祈雨城隍文　계양에서 성황에 비를 비는 제문, 『전집』권37, 제문, 52세

桂陽望海志　계양에서 바다를 바라보며 짓다, 『전집』권24, 기, 53세

桂陽所著狀　계양에서 지은 장, 『전집』권32, 장, 52세
　　- 初到官上按察使狀　처음 부임하여 안찰사에게 올리는 장
　　- 答江華縣令崔將軍狀　강화현령 최 장군에게 보내는 답장
　　- 答金浦縣令狀　김포현령에게 보내는 답장
　　- 答安山監務同前狀　안산감무에게 앞서와 같이 보내는 답장
　　- 答喬桐監務同前狀　교동감무에게 앞서와 같이 보내는 답장
　　- 答屬郡賀冬至狀 都行　속군이 동지를 하례한 데 대한 답장 도행
　　- 答江華尉初到官狀　강화현위가 처음 부임하여 올린 글에 대한 답장

桂陽自娛堂記　계양의 자오당기, 『전집』권24, 기, 52세

桂陽草亭記　계양의 초정기, 『전집』권24, 기, 53세

癸酉孟春十七日 與陳翰林澕夜飮林秀才元幹家大醉 林君請觀長篇律詩走筆 予使陳公唱韻賦之 文不加點 不容一瞥 是日無韻書 陳君直唱 故音無次第　계유년 1월 17일에 진화 한림과 함께 밤에 임원간 수재의 집에서 크게 취했다. 임 군이 장편 율시를 주필로 써 보여 주기를 청하므로 내가 진 공에게 운을 부르게 하고 지었는데, 글에 하나도 고친 곳이 없고 한 식경도 지나지 않았다―이날 운서가 없어서 진 군이 직접 불렀으므로 음에 순서가 없다, 『전집』권13, 고율시, 46세

故寶鏡寺住持大禪師贈諡圓眞國師敎書官誥　돌아가신 보경사 주지 대선사를 원진국사로 추증하여 시호를 내리는 교서와 관고, 『전집』권34, 교서·마제·관고, 54세
　　- 敎書 교서

- 官誥 관고

苦熱 二首 무더위 2수,『전집』권16, 고율시, 56세

苦熱 무더위,『전집』권17, 고율시, 64세

苦熱在省中作 무더위에 성중에서 짓다,『전집』권14, 고율시, 51세

苦雨 거센 비,『전집』권16, 고율시, 57세

苦雨 거센 비,『전집』권17, 고율시, 64세

苦雨歌 雙韻下犯傍韻 거센 비의 노래—쌍운인데 아래는 방운으로 짓기도 했다,『전집』권10,
     고율시, 34세

故朝議大夫司宰卿右諫議大夫寶文閣直學士知制誥賜紫金魚袋李君墓誌銘 并序 이
     세화李世華 묘지명,『후집』권12, 묘지명, 71세

故叅知政事鄭克溫配享神宗大王敎書 고 정극온 참지정사를 신종대왕에게 배향하는
     교서,『전집』권33, 교서 , 48세

苦寒 매서운 추위,『후집』권7, 고율시, 73세

苦寒吟 매서운 추위에 읊다,『전집』권2, 고율시, 26세

故戶部尙書檜谷居士朴公仁碩眞贊 并序 고 호부상서 회곡거사 박인석 공의 진영에
     대한 찬—서문을 붙임,『전집』권19, 찬, 55세

故華藏寺住持王師定印大禪師追封靜覺國師碑銘 奉宣述 정각국사 비명—왕명을 받아
     지었다,『전집』권35, 비명, 65세

哭李學士百順 이백순 학사를 곡하며,『전집』권18, 고율시, 70세

哭李學士百全 示朴學士仁柢 七月十日卒 이백전 학사를 곡하여 박인저 학사에게 보이
     다—7월 10일에 사망했다,『후집』권6, 고율시, 73세

空空上人兎角庵記 공공 상인[景照]의 토각암기,『후집』권11, 기, 71세

公舍弟學士百全見和 復次韻寄之 공[이백순]의 동생인 이백전 학사가 화답하므로,
     다시 차운하여 보내다,『전집』권18, 고율시, 70세

公山大王謝祭文 공산대왕에게 감사를 올리는 제문,『전집』권38, 초소제문, 37세

孔巖江上吟 공암 강가에서 읊다,『전집』권15, 고율시, 53세

公主謝王后表 공주가 왕후에게 사은하는 표,『전집』권30, 표, 45세

公主謝下嫁表 공주가 결혼하면서 사은하는 표, 『전집』 권30, 표, 45세

過松林縣 송림현을 지나며, 『전집』 권11, 고율시, 35세

過延福亭 연복정을 지나며, 『전집』 권2, 고율시, 26세

管記李君以公事免官將歸 予不能無悲 以詩送之 관기 이 군이 공사로 관직에서 파면되어 돌아가려 할 때 내가 능히 슬픔을 참지 못하고 시로 송별하다, 『전집』 권15, 고율시, 52세

觀弄幻有作 요술을 보고 짓다, 『후집』 권3, 고율시, 71세

觀白樂天集家釀新熟 每嘗輒醉 妻姪等勸令少飮之詩 此亦類予 故和之云 『백낙천집』에 '집에서 빚은 술이 새로 익어 맛볼 때마다 문득 취하므로 처와 조카들이 조금씩 마시라고 권한다'라는 시를 보니, 이것 역시 나와 비슷하므로 화답한다, 『후집』 권2, 고율시, 70세

冠成 置酒朴生園 餞梁平州公老 得黃字 갓이 만들어지자 박생의 동산에 술자리를 마련하여 평주로 부임하는 양공로를 전별하면서 '황黃' 자를 얻다, 『전집』 권7, 고율시, 30세

冠成又作 갓이 만들어지자 또 짓다, 『전집』 권7, 고율시, 30세

觀身 又値微病偶題 육신을 바라보며—또 병이 나자 우연히 짓다, 『후집』 권3, 고율시, 71세

灌竹 대나무에 물주기, 『전집』 권14, 고율시, 46세

觀晉生公度理園 取東坡詩韻贈之 晉生予之妻兄 時同在一家 진공도가 동산을 손질하는 것을 보고 동파 시의 운을 따서 주다—진생은 나의 처형인데 이때 한집에 같이 있었다, 『전집』 권11, 고율시, 35세

觀菁蟲上壁化蝶 무 벌레가 벽 위로 올라와 나비로 변하는 것을 보고, 『후집』 권4, 고율시, 71세

狂辨 미쳤다는 것에 대한 변별, 『전집』 권20, 잡저, 31세

久病 오래 병을 앓다, 『전집』 권18, 고율시, 70세

龜山寺璨師方丈 十五夜翫月 以詩律輸君一百籌爲韻 予得律字 구산사 방장인 회찬懷璨 스님이 보름날 밤에 달구경을 하면서 '그대에게 100개의 운을 주니 아무 글자나 뽑아서 시율로 지으라'라고 하기에, 내가 '율律' 자를 고르다, 『전집』 권1, 고율시, 26세

舊鷰來 옛 제비가 돌아오다, 『후집』 권3, 고율시, 71세

舊燕來 二首 옛 제비가 돌아오다 2수, 『후집』 권9, 고율시, 74세

九月苦雨 9월의 세찬 비, 『전집』 권11, 고율시, 35세

九月二日 書記開筵公舍見邀 醉贈一首 9월 2일에 서기가 공사에서 연회를 열고 불러 주었는데 취하여 한 수를 주다, 『전집』 권6, 고율시, 29세

九月六日 聞虜兵來屯江外 國人不能無驚 以詩解之 9월 6일에 오랑캐가 와서 강 건너에 주둔한다는 말을 듣고 나라 사람들이 놀라지 않을 수가 없으므로 시로 해명하다, 『후집』 권5, 고율시, 71세
又 또, 위와 같음

九月初七日 訪樞府朴公椐 觀所構新宅 富貴蕭洒兼備 皆出意表 誠不可虛賞 及酒酣 走筆 記所見奉呈云 9월 초이레에 추부 박거 공을 찾아가 새로 지은 집을 구경했다. 호화로우면서도 깔끔함을 겸하여 갖춘 것이 모두 생각 밖이어서 실로 헛되게 감상할 수가 없었는데, 술이 거나해지자 주필로 본 것을 기록하여 바치면서 이른다, 『후집』 권6, 고율시, 72세

九月九日 訪資福寺住老 留飮 9월 9일 자복사 주지를 찾아갔다가 머물며 마시다, 『전집』 권6, 고율시, 29세

九月十三日 會客旅舍 示諸先輩 9월 13일에 여사에서 손님들과 모였는데 여러 선배에게 보이다, 『전집』 권6, 고율시, 29세

九月十三日 發長安 將赴全州 臨津江船上 與晉公度 · 韓韶相別 9월 13일에 장안을 떠나 전주로 부임하며 임진강의 배 위에 진공도와 한소와 서로 작별하면서, 『전집』 권9, 고율시, 32세

九月十三日 泛菊 9월 13일에 국화를 띄우다, 『후집』 권5, 고율시, 71세

九月十五日 發尙州 9월 15일에 상주를 떠나다, 『전집』 권6, 고율시, 29세

九月一十五日 旅舍書懷 9월 15일에 여사에서 품은 생각을 쓰다, 『전집』 권6, 고율시, 29세

九月十八日 馬上有作 示同行道士金之命 9월 18일 말 위에서 지어 동행하는 김지명 도사에게 보이다, 『전집』 권6, 고율시, 29세

九月十九日 宿彌勒院 有僧素所未識 置酒饌慰訊 以詩謝之 9월 19일에 미륵원에서

자는데 평소 알지 못하던 스님이나 술과 안주를 마련하여 위로해 주므로 시로써 감사하다, 『전집』 권6, 고율시, 29세

九月二十三日 入全州 馬上書懷 9월 23일에 전주에 들어가며 말 위에서 감회를 쓰다, 『전집』 권9, 고율시, 32세

九月二十七日 夢削靑竹作筆管 不知其數 是何祥耶 以詩記之 9월 27일 꿈에 청죽을 베어 붓대를 수도 없이 만들었는데, 이 무슨 징조인지 시를 지어 적는다, 『후집』 권1, 고율시, 70세

九月二十九日 發黃驪 鄕黨諸公出餞於南亭 李秀才贈以詩 卽次韻答之 9월 29일에 황려를 떠나는데 시골의 친척 여러분들이 남정에 나와서 전송해 주었다. 이대성 수재가 시를 주기에 곧 차운하여 답하다, 『전집』 권6, 고율시, 29세

九月二十九 朴樞府又邀飮賞菊 未置酒 卽席口號 9월 29일에 박거 추부가 또 불러 술을 마시면서 국화를 감상했는데, 술이 나오기 전에 즉석에서 구호하다, 『후집』 권6, 고율시, 72세
　　妓至又和 기생이 왔으므로 또 화답하다, 위와 같음
　　相國及坐客見和 復次韻 상국(朴椐)과 좌객이 화답하자 다시 차운하다, 위와 같음

九日 중양절, 『전집』 권16, 고율시, 56세

九日無聊有作 아흐레를 심심하게 보내다가 짓다, 『전집』 권2, 고율시, 26세

國銜行 答蒙古書 壬辰二月 국함으로 지어 몽고에게 답하는 서―임진년 2월, 『전집』 권28, 서, 65세

軍幕書情 呈簽判朴侍郎仁碩 時屯雲門山 군막에서의 정을 써서 첨판 박인석 시랑에게 드리다―이때 운문산에 주둔하고 있었다, 『전집』 권12, 고율시, 36세

軍幕有感 用趙渭南長安秋晩詩韻 군막에서 느낌이 있어 조위남의 '장안추만' 시의 운을 써서, 『전집』 권12, 고율시, 35세

軍中答安處士置民手書 군중에서 안치민 처사에게 답하는 편지, 『전집』 권27, 서, 36세

群蟲詠 八首 여러 벌레들을 노래하다 8수, 『전집』 권3, 고율시, 27세
　　- 蟾 두꺼비
　　- 蛙 개구리
　　- 鼠 쥐

- 蝸 달팽이
- 蟻 개미
- 蛛 거미
- 蠅 파리
- 蠶 누에

軍還後 寄兵馬留後朴郞中仁碩手書 군막에서 돌아온 뒤 병마유후사 박인석 낭중에
　　게 부치는 편지, 『전집』 권27, 서, 37세

窮宰相 가난한 재상, 『후집』 권4, 고율시, 71세

歸法寺川上有感 冠童趂歲夏課處也 予少年時 亦慣遊 귀법사 시냇가에서 느낌이 있어ㅡ관
　　동들이 해마다 하과를 하는 곳인데, 나도 소년이었을 때에 자주 와서 놀았다, 『전집』 권14,
　　고율시, 50세

歸燕 돌아가는 제비, 『전집』 권18, 고율시, 69세

閨情 二首 규정 2수, 『전집』 권16, 고율시, 58세

橘盞 귤 술잔, 『전집』 권9, 고율시, 33세

近有屢空之歎 因賦之 요사이 식량이 자주 떨어져 탄식하다가 인하여 짓다, 『후집』
　　권3, 고율시, 71세

琴諫議讓同知貢擧表 금의 간의가 동지공거를 사양하는 표, 『전집』 권29, 표, 41세
　　同前謝表 앞과 같이 (금의 간의가 동지공거를) 사은하는 표, 위와 같음

琴祕監讓翰林侍讀學士表 금의 비서감이 한림시독학사를 사양하는 표, 『전집』 권29,
　　표, 41세
　　同前謝表 앞과 같이 (금의 비서감이 한림시독학사에 제수됨에) 사은하는 표, 위
　　와 같음.

禁內文儒六官謝宣賜表 在翰林作 금내의 문유6관이 선사에 사은하는 표ㅡ한림에 있을
　　때 지었다, 『전집』 권30, 표, 41세

金紫光祿大夫守大尉門下侍郞同中書門下平章事上將軍修文殿大學士修國史判禮部
　　事 趙公誄書 조충趙冲 뇌서, 『전집』 권36, 뇌서, 53세

金紫光祿大夫守司空尙書左僕射太子賓客田公墓誌銘 전원균田元均 묘지명, 『전집』
　　권35, 묘지명, 51세

金紫光祿大夫叅知政事判禮部事鄭公墓誌銘 정극온鄭克溫 묘지명, 『전집』권35, 묘지명, 48세

衿州客舍 次孫舍人留題詞韻 금주 객사에서 손 사인이 남긴 글의 운을 빌려서, 『전집』권15, 고율시, 53세

衾中笑 이불 속에서 웃다, 『후집』권2, 고율시, 70세

氣毬答 기구가 답하다, 『후집』권6, 고율시, 72세

寄金學士敞 幷序 庚子年 김창 학사에게 주다―서문을 붙임 경자년, 『후집』권7, 고율시, 73세

己卯四月日 得桂陽守 將渡祖江有作 기묘년 4월 일에 계양의 수령이 되어 조강을 건너면서 짓다, 『전집』권14, 고율시, 52세

寄文大禪師手簡 혜문 대선사에게 부치는 편지, 『후집』권12, 서, 67세

己未五月日 知奏事崔公宅 後爲晉康公 千葉榴花盛開 世所罕見 特喚李內翰仁老 · 金內翰克己 · 李留院湛之 · 咸司直淳及予 占韻命賦云 기미년 5월 일에 상공 최충헌―뒤에 진강공이 되었다―지주사 댁에 천엽유화가 활짝 피자 세상에 보기 드문 것이라 특별히 이인로 내한, 김극기 내한, 이담지 유원, 함순 사직과 나를 불러서 운을 골라 시를 짓게 했다, 『전집』권9, 고율시, 32세

寄朴學士仁著 幷序 박인저 학사에게 부치다―서문을 붙임, 『후집』권9, 고율시, 74세
　　次韻朴學士見和 박인저 학사가 화답하므로 차운하다, 위와 같음

寄朴學士還加耶琴 二首 以長日難消借之 期以秋奉還 박인저 학사에게 시를 부치며 가야금을 돌려보내다―2수 긴 날을 보내기 어려워 빌렸는데 가을에 돌려주기로 약속했다, 『후집』권4, 고율시, 71세

己巳年燈夕 翰林奏呈 기사년 등석―한림에서 지어 올리다, 『전집』권13, 고율시, 42세
　　– 文機障子詩 二首 문기장자시 2수
　　– 燈籠詩 四首 등롱시 4수

奇尙書宅 賦美人鸚鵡 기홍수 상서댁의 미인과 앵무새에 대해 짓다, 『전집』권3, 고율시, 27세

奇尙書林塘次古人韻 기홍수 상서의 임당에 옛 사람의 운을 빌려 부치다, 『전집』권1, 고율시, 26세

奇尙書宅賦怒猿 기홍수 상서댁의 성난 원숭이에 대해 짓다, 『전집』권9, 고율시, 31세

奇尙書退食齋 用東坡韻賦一絶 기홍수 상서의 퇴식재에서 동파의 운을 써서 절구 한 수를 짓다, 『전집』권11, 고율시, 35세

奇尙書退食齋八詠 幷引 기홍수 상서의 퇴식재 8영—인문을 붙임, 『전집』권2, 고율시, 26세
- 退食齋 퇴식재
- 靈泉洞 영천동
- 滌暑亭 척서정
- 獨樂園 독락원
- 燕黙堂 연묵당
- 漣漪池 연의지
- 綠筠軒 녹균헌
- 大湖石 대호석

寄西京妓眞珠 서경 기생 진주에게 주다, 『전집』권11, 고율시, 35세

寄松廣社主禪師夢如手書 송광사 주지 몽여 선사에게 부치는 편지, 『후집』권12, 서, 69세

其僧見和 復次韻戲贈 그 중들이 화답하므로 다시 차운하여 장난삼아 주다, 『후집』권4, 고율시, 71세

寄吳東閣世文論潮水書 오세문 동각이 조수를 논한 글에 부치는 서, 『전집』권26, 서, 27세

寄李侍郎需 幷序 織錦體 이수 시랑에게 주다—서문을 붙임 직금체, 『후집』권2, 고율시, 71세

基州太祖眞前祭文 기주의 태조 진영 앞에 올리는 제문, 『전집』권38, 초소제문, 35세

妓至又和 기생이 왔으므로 또 화답하다, 『후집』권6, 고율시, 72세

奇平章乞辭位表 기홍수 평장사가 벼슬에서 물러나기를 청하는 표, 『전집』권29, 표, 42세
- 第二表 두 번째 표

奇平章挽詞 翰林奏呈 기홍수 평장사의 만사—한림에서 지어 올리다, 『전집』권13, 고율시, 42세

己亥五月七日 家泉復出 戲成問答五首　기해년 5월 7일에 집의 샘이 다시 솟아나자 희롱 삼아 문답 5수를 이루다, 『후집』 권6, 고율시, 72세

- 主人問泉　주인이 샘에 묻다
- 泉答主人　샘이 주인에게 답하다
- 主人復答　주인이 다시 답하다
- 泉復答　샘이 다시 답하다
- 主人又答　주인이 또 답하다

己亥正旦 飮神明丹戲作　기해년 설날에 신명단을 마시면서 희롱 삼아 짓다, 『후집』 권5, 고율시, 72세

旣和樂天詩 獨飮戲作　백낙천의 시에 화답하고 혼자 마시면서 희롱 삼아 짓다, 『후집』 권3, 고율시, 71세

旣和樂天十五首詩 因書集背　백낙천의 15수에 화답을 끝내고 시집 뒤에 적다, 『후집』 권2, 고율시, 70세

寄懷璨首座手書　회찬 수좌에게 부치는 편지, 『전집』 권26, 서, 32세

吉秀才德才家筵 有妓獻花 予所得一枝 有葉無花 佯不悅而不揷 因以戲之 坐客請爲詩 卽口占一絶云　길덕재 수재 집의 연회에서 기생이 꽃을 올리는데 내가 받은 한 가지에는 잎만 있고 꽃은 없는지라 짐짓 기쁘지 않은 척하며 머리에 꽂지 않으면서 인하여 희롱하였더니 좌객들이 시를 청하므로 즉시 절구 한 수를 구점하다, 『전집』 권12, 고율시, 38세

金君乞賦所飮綠甆盃 用白公詩韻同賦　김철 군이 평소 마시는 녹자 술잔에 시를 지어 달라고 하기에 백 공 시의 운을 써서 같이 짓다, 『전집』 권8, 고율시, 31세

金內翰莘鼎携酒來訪 卽席走筆謝之　김신정 내한이 술을 가지고 찾아와 주어 즉석에서 주필로 사례하다, 『후집』 권5, 고율시, 72세
　　復次韻金君見和　다시 김 군이 화답한 것에 차운하다, 위와 같음

金大丈子由得尹學錄所贈朱藤杖 請予賦之　김자유 대장이 윤세유 학록이 준 붉은 등나무 지팡이를 받고 나에게 글을 지어 줄 것을 청하다, 『전집』 권7, 고율시, 31세

金先達南秀見和 走筆奉答　김남수 선달이 화답하므로 주필로 답을 올리다, 『전집』 권12, 고율시, 38세

ㄴ

暖堗 따뜻한 온돌, 『후집』 권7, 고율시, 73세

覽鏡 贈梁校勘 二首 거울을 보고 양 교감에게 주다 2수, 『전집』 권13, 고율시, 46세
  　梁校勘見和 復用前韻 양 교감이 화답하므로 다시 앞의 운을 써서, 위와 같음

南窓熟睡 夢到長安 覺而志之 남창에서 깊게 잠들었는데 꿈에 장안에 이르렀다가 깨
  어나 적다, 『전집』 권6, 고율시, 29세

南行月日記 남행월일기, 『전집』 권23, 기, 34세

南軒答客 남헌에서 손님에게 답하다, 『후집』 권6, 고율시, 72세

南軒獨酌戲作 남헌에서 혼자 마시면서 희롱 삼아 짓다, 『후집』 권2, 고율시, 70세

南軒獨坐 남헌에 혼자 앉아, 『후집』 권5, 고율시, 72세

南軒屛客 남헌에서 손님을 물리치고, 『후집』 권2, 고율시, 70세

南軒偶吟 남헌에서 우연히 읊다, 『후집』 권2, 고율시, 70세

南軒戲作 二首 幷序 남헌에서 희롱 삼아 짓다―2수 서문을 붙임, 『후집』 권2, 고율시, 70세

朗山縣監倉後有作 낭산현의 창고를 조사한 뒤 짓다, 『전집』 권9, 고율시, 33세

內殿扈從後有感 내전에서 호종한 뒤 느낌이 있어, 『전집』 권18, 고율시, 70세

內直玉堂 궁궐의 옥당에서 숙직하다, 「연보」 임인: 하과夏課에서 지은 시, 15세

內直有感 示右拾遺水丘源 궁궐에서 숙직하다가 느낌이 있어 수구원 우습유에게 보
  이다, 『전집』 권14, 고율시, 52세

盧克淸傳 予修明宗實錄 立此傳 有可激貪競故附之 노극청전―내가 『명종실록』을 편찬할 때 이
  전을 지었는데, 욕심 많게 다투는 자들에게 격려시킬 만하므로 이를 붙였다, 『전집』 권20,
  전, 60세

老妓 늙은 기생, 『후집』 권1, 고율시, 70세

老巫篇 幷序 늙은 무당의 노래―서문을 붙임, 『전집』 권2, 고율시, 26세

路上逢故人口號 길 위에서 친구를 만나 구점하다, 『전집』 권16, 고율시, 56세

路上詠雪 二首 길에서 눈을 읊다 2수, 『전집』 권16, 고율시, 53세

路上又吟 길 위에서 또 읊다, 『전집』 권6, 고율시, 29세

路上有作 示甥壻韓韶 韶自京師 至全州迎去 길 위에서 지어 조카사위 한소에게 보이다 —소가 서울에서 전주까지 와서 맞이해 갔다, 『전집』 권10, 고율시, 33세

老將 此與前篇皆自況 늙은 장수—이것은 위의 글과 함께 모두 자신을 비유한 것이다, 『후집』 권1, 고율시, 70세

路中聞樓上棊聲 길을 가다 누각 위의 바둑 두는 소리를 듣고, 『전집』 권2, 고율시, 26세

路中遇雪 行至安和寺呈幢師 三首 길을 가다 도중에서 눈을 만났는데 안화사에 이르러 당 스님에게 올리다 3수, 『전집』 권2, 고율시, 26세

盧之正金吾衛上將軍官誥 노지정을 금오위상장군으로 삼는 관고, 『전집』 권34, 관고, 59세

奴逋 移都後 종이 도망가다—도읍을 옮긴 뒤의 일이다, 『후집』 권1, 고율시, 65세

綠瓷枕 녹자 베개, 『전집』 권16, 고율시, 58세

論日嚴事 일엄의 일을 논함, 『전집』 권22, 잡문, 60세

論地棠花寄李少卿需 并序 지당화를 논하여 이수 소경에게 부치다—서문을 붙임, 『후집』 권3, 고율시, 71세

籠中鳥詞 望江南令 조롱 안의 새의 노래로 강남의 명령을 바라다, 『전집』 권15, 고율시, 52세

屢食朱李 六月二十七日 여러 번 붉은 오얏을 먹다—6월 27일, 『후집』 권4, 고율시, 71세

漏窓寒坐 창은 구멍 나고 추운 데 앉아서, 『후집』 권8, 고율시, 73세

ㄷ

答安山監務同前狀 안산감무에게 앞서와 같이 보내는 답장,『전집』권32, 장, 52세

答李允甫手書 이윤보에게 답하는 편지,『전집』권27, 서, 34세

答頤知識手簡 이 지식에게 답하는 편지,『후집』권12, 서, 69세

答全·朴兩友生自京師致問手書 전이지·박환고 두 친구가 서울에서 문안한 것에
　　답하는 편지,『전집』권27, 서, 36세

答諸公嘲 제공의 조롱에 답하다,『전집』권6, 고율시, 29세

答鍾義禪師手書 종의 선사에게 답하는 글,『전집』권27, 서, 31세

答河西元帥書 壬辰五月 하서 원수에게 답하는 서―임진년 5월,『전집』권28, 서, 65세

戴君若鰲冠靈山 임금을 떠받드는 데는 마치 큰 거북이 큰 산을 머리에 인 것처럼 해
　　야 한다,「연보」경술: 예부시 시제, 23세

代美人答 미인을 대신해 답하다,『전집』권12, 고율시, 39세

代仙人寄予書 선인을 대신하여 나에게 보내는 글,『전집』권26, 서, 31세

大孫誕生三日賜大子敎書 上同 태손이 탄생한 지 사흘이 되자 태자에게 내리는 교
　　서,『전집』권33, 교서, 69세

代人答 다른 사람을 대신해 답하다,『후집』권3, 고율시, 71세

代人書寢屛四時詞 남을 대신하여 침실의 병풍에 사시사를 쓰다,『전집』권3, 고율
　　시, 27세
　　　- 春日 봄날
　　　- 夏日 여름날
　　　- 秋日 가을날
　　　- 冬日 겨울날

代人和 夢覺作 다른 사람을 대신해 화답하다―꿈에서 깨어나 짓다,『후집』권3, 고율시,
　　71세

大藏刻板君臣祈告文 丁酉年行 대장경을 판각하고 임금과 신하가 기도하며 고하는 글
　　―정유년에 지었다,『전집』권25, 잡저, 70세

大藏經道場音讚詩 대장경도량음찬시,『전집』권18, 고율시, 65세

代陳同年湜 和舍弟湀隨父之東京 憶兄見寄 二首 진식 동년의 아우 화가 부친을 따라

동경에 갔다가 형을 생각하고 보낸 시에 대신하여 화답하다 2수,『전집』권8, 고
율시, 31세

**對春雪偶吟 得長句二十六韻 奉寄芸閣李學士需·秋部河郎中千旦·內省李起居淳
牧** 봄눈을 마주하고 우연히 읊다가 장구 26운을 지어 운각의 이수 학사와 추부
의 하천단 낭중, 내성의 이순목 기거에게 보내다,『후집』권8, 고율시, 74세

大醉走筆 示東皐子 크게 취하여 주필로 동고자[朴還古]에게 보이다,『전집』권10, 고
율시, 34세

大學韓大博昌綏·尹學正復圭·崔學諭宗裕·皇甫學諭琯見和 復用前韻各答 대학
의 한창유 대학박사, 윤복규 학정, 최종유(崔滋) 학유, 황보관 학유가 화답하므
로 다시 앞의 운을 써서 각기 답하다,『전집』권16, 고율시, 56세
  - **韓大博** 한창유 대학박사에게
  - **尹學正** 윤복규 학정에게
  - **崔學諭** 최종유(최자) 학유에게
  - **皇甫學諭** 황보관 학유에게

大后殿春帖子 五言七言 태후전의 춘첩자 5언·7언,『전집』권17, 고율시, 59세

道場齋醮疏祭文 東京招討兵馬所製 도량재초소제문─동경초토병마에서 지은 글,『전집』
권38, 초소제문, 36세

悼朴生兒 兼書夢中事 幷序 박환고의 아이를 애도하면서 겸하여 꿈속의 일을 적다─
서문을 붙임,『전집』권8, 고율시, 31세

渡沙平有作 사평을 건너며 짓다,『전집』권6, 고율시, 29세

悼小女 어린 딸을 애도하며,『전집』권5, 고율시, 29세

到龍巖寺 書壁上 용암사에 도착하여 벽 위에 쓰다,『전집』권6, 고율시, 29세

渡臨津 임진을 건너며,『전집』권6, 고율시, 29세

渡赤城江 적성강을 건너며,『전집』권9, 고율시, 33세

塗窓 창을 바르다,『후집』권8, 고율시, 73세

稻畦魚 벼포기 사이에서 고기를 잡다,『전집』권14, 고율시, 51세

讀陶潛詩 도잠 시를 읽고,『전집』권14, 고율시, 47세

讀本草 『본초』를 읽으며, 『전집』 권10, 고율시, 33세

讀書 글을 읽다가, 『후집』 권8, 고율시, 73세

讀易 『주역』을 읽다, 『전집』 권17, 고율시, 63세

讀李白詩 이백의 시를 읽고, 『전집』 권14, 고율시, 46세

讀林椿詩 임춘의 시를 읽다가, 『전집』 권10, 고율시, 34세

獨酌自嘲 혼자 마시면서 자신을 비웃다, 『후집』 권6, 고율시, 72세

敦裕三重謝首座表 돈유 삼중선사가 수좌에 제수된 것을 사은하는 표, 『전집』 권30, 표, 59세

東京西岳祭文 동경 서악에 올리는 제문, 『전집』 권38, 초소제문, 36세

東郊卽事 동교에서 즉흥적으로, 『전집』 권16, 고율시, 57세

東宮妃主諡册文 동궁비주의 시책문, 『전집』 권36, 시책, 70세
　　同前哀册文 앞과 같이 (동궁비주의) 애책문, 위와 같음

同年宰相書名記 동년재상서명기, 『전집』 권25, 기, 68세

東堂試院 과거 시험장, 『전집』 권18, 고율시, 69세

洞名詩呈後洞朴僕射椐·朴學士仁著·李學士百全 幷序 동네 이름에 대한 시를 지어 후동의 박거 복야·박인저 학사·이백전 학사에게 드리다―서문을 붙임, 『후집』 권5, 고율시, 71세
　　－跋尾 끝에 쓰다

東明王篇 幷序 동명왕편―서문을 붙임, 『전집』 권3, 고율시, 26세

東門外觀稼 동문 밖에서 들판을 보며, 『전집』 권14, 고율시, 51세

同文長老方崔秀才升圭 用古人韻各賦 혜문 장로와 함께 최승규 수재를 찾아가 옛사람의 운을 써서 각기 짓다, 『전집』 권8, 고율시, 31세

同文長老訪尹學錄世儒家 主人與文公次古人韻作詩 予亦次韻 혜문 장로와 같이 윤세유 학록의 집을 찾아갔는데, 주인과 문 공이 옛사람의 운을 빌려 시를 짓기에 나도 또한 차운하다, 『전집』 권2, 고율시, 26세
　　又和 또 화답하다, 위와 같음

同文長老·韓韶 訪崔秀才宗藩書室 혜문 장로·한소와 함께 최종번 수재의 서실을

찾아가다,『전집』권8, 고율시, 31세

同朴公將向東萊浴湯池口占 박인석 공과 함께 동래 욕탕지로 가며 구점하다,『전집』
권12, 고율시, 36세

同朴侍御將向梁州 泛舟黃山江口占 박인석 시어사와 함께 양주로 가면서 황산강에
배를 띄우며 구점하다,『전집』권12, 고율시, 36세

冬柏花 동백꽃,『전집』권16, 고율시, 57세

東西兩岳合祭文 동·서 양악에 합쳐서 올리는 제문,『전집』권38, 초소제문, 36세

童城客舍 次壁上諸賢韻 동성 객사에서 벽 위의 제현의 운을 빌려서,『전집』권15,
고율시, 53세

東岳祭文 동악에 올리는 제문,『전집』권38, 초소제문, 36세

同劉·兪兩同年訪文長老 用溫飛卿詩韻各賦 유충기·유승단 두 동년과 함께 혜문 장
로를 찾아갔다가 온비경의 시의 운을 써서 각기 짓다,『전집』권5, 고율시, 29세

冬日與客飮冷酒 戲作 겨울날 손님과 함께 찬 술을 마시면서 희롱 삼아 짓다,『전집』
권12, 고율시, 35세

冬日與僧飮戲贈 겨울날 스님과 함께 술을 마시다가 희롱 삼아 주다,『전집』권16, 고
율시, 53세

同前答兒巨元帥狀 앞과 같이 아거 원수에게 답하는 장,『전집』권28, 장, 65세

同前寺藥師如來點眼疏 앞과 같이 (진강공 최충헌을 위해 순천사의) 약사여래에 점
안하는 소,『전집』권41, 석도소, 50세

同前謝表 앞과 같이 (왕면 종실이 수사도 광릉후를) 사은하는 표,『전집』권29, 표,
30세

同前謝表 앞과 같이 (금의 비서감이 한림시독학사에 제수됨을) 사은하는 표,『전집』
권29, 표, 41세

同前謝表 앞과 같이 (보문각대제를) 사은하는 표,『전집』권31, 표, 54세

同前謝表 앞과 같이 (조의대부 국자제주 한림시강학사를) 사은하는 표,『전집』권31,
표, 57세

同前謝表 앞과 같이 (우간의대부를) 사은하는 표,『전집』권31, 표, 58세

同前謝表 앞과 같이 (은청광록대부 추밀원부사 좌산기상시 보문각학사를) 사은하는 표, 『전집』 권31, 표, 66세

同前謝表 앞과 같이 (금자광록대부 지문하성사 호부상서 집현전대학사를) 사은하는 표, 『전집』 권31, 표, 66세

同前謝表 앞과 같이 (동지공거를) 사은하는 표, 『전집』 권31, 표, 61세

同前謝表 앞과 같이 (갑오년의 지공거를) 사은하는 표, 『전집』 권31, 표, 67세

同前謝表 앞과 같이 (병신년의 지공거를) 사은하는 표, 『전집』 권31, 표, 69세

同前禪會請說禪文 앞과 같이 (최우 상국이 거란군사를 물리치기 위해) 선회를 열어 선을 설하기를 청하는 글, 『전집』 권41, 석도소, 51세

同前小簡 앞과 같이 (돈유敦裕 수좌에게 답하는) 짧은 편지, 『후집』 권12, 서, 69세

同前攘丹兵天帝釋齋疏 앞과 같이 (상부가) 거란병을 물리치기 위해 제석천재를 올리는 소, 『전집』 권41, 석도소, 50세

同前哀册文 앞과 같이 (동궁비주의) 애책문, 『전집』 권36, 시책, 70세

同前六丁神醮禮文 앞과 같이 (상부가) 육정신에게 올리는 초례문, 『전집』 권41, 석도소, 50세

同前願神衆法席一七日疏 앞과 같이 (최우 상국이 거란군사를 물리치기 위해) 신중 법석의 첫 7일에 기원하는 소, 『전집』 권41, 석도소, 51세

同前策問 次望不行 앞과 같이 (갑오년의) 예부시 책문―차망으로 시행되지 못했다, 『후집』 권11, 문답, 67세

冬至 以新曆寄李學士百全 二首 동지에 새 달력을 이백전 학사에게 부치다 2수, 『후집』 권2, 고율시, 70세

冬至曆 寄河郎中 동지력을 하천단 낭중에게 보내다, 『후집』 권8, 고율시, 73세
  走筆次韻河郎中見和 하천단 낭중이 화답하므로 주필로 차운하다, 위와 같음

冬至曆若干 各寄朴·丁兩學士 書後書一絶 兼簡兩公 동지력 몇 권을 박인저·정이 안 두 학사에게 각각 보내면서 책 뒤에 절구 한 수씩을 쓰고 겸하여 두 공에게 편지를 쓰다, 『후집』 권8, 고율시, 73세

冬至賀狀 동지를 하례하는 글, 『전집』 권32, 장, 32세

- 上延昌侯 연창후에게 올림
- 廣陵侯 광릉후
- 昌化伯 창화백
- 趙平章永仁 조영인 평장사
- 奇平章洪壽 기홍수 평장사

同晉生遊九品寺 次韻潁僧統壁上所留詩 書其後 진공도와 함께 구품사에서 놀며 영
　　　승통이 벽 위에 남긴 시에 차운하여 그 뒤에 쓰다,『전집』권11, 고율시, 35세

頭童自嘲 머리가 벗겨진 것을 스스로 조롱하며,『전집』권18, 고율시, 69세

杜門 문을 걸고 들어앉다,『전집』권10, 고율시, 34세

得南人所餉鐵甁試茶 남쪽 사람이 보내 준 쇠병을 얻어 차를 끓이며,『전집』권3, 고
　　　율시, 27세

得本省所送鶴翎扇分人 본성에서 보낸 학령선을 사람들에게 나누어 주며,『후집』권
　　　9, 고율시, 74세

得蟬鳴稻 早稻謂之蟬鳴稻 선명도를 얻다―올벼를 일컬어 선명도라 한다,『전집』권14, 고
　　　율시, 51세

得黑貓兒 검은 새끼고양이를 얻다,『전집』권10, 고율시, 34세

登家園 望海有作 집 동산에 올라 바다를 바라보며 짓다,『후집』권9, 고율시, 74세

登家園 遙聽樂聲卽作詞漁家傲 집 동산에 올라 멀리서의 음악 소리를 듣고 즉석에서
　　　어가오 조로 글을 짓다,『후집』권4, 고율시, 71세

登鵠嶺有作 곡령에 올라 짓다,『전집』권14, 고율시 , 47세

燈籠詩 四首 등롱시 4수,『전집』권13, 고율시 , 42세

燈籠詩 등롱시,『전집』권13, 고율시 , 46세

燈籠詩 등롱시,『전집』권14, 고율시 , 47세

登北岳望都城 북악에 올라 도성을 바라보다,『전집』권12, 고율시, 39세

燈夕 등석,『전집』권14, 고율시 , 47세
- 文機障子詩 문기장자시
- 燈籠詩 등롱시

燈夕與劉大諫冲祺 聯行侍宴有作 二首 등석에 유충기 대간과 함께 궁궐의 연회에 참석하여 짓다 2수, 『전집』 권16, 고율시, 55세

　　劉見和 復答之 유충기가 화답하므로 다시 답하다, 위와 같음

燈夕入闕有感 등석에 궁궐에 들어갔다가 느낌이 있어, 『전집』 권10, 고율시, 34세

燈前炤影 등불 앞에서 그림자를 비추며, 『후집』 권2, 고율시, 70세

登後園 望永寧公北使詩 遣宗室永寧公入達旦朝覲 뒷동산에 올라 영령공이 북쪽의 사신으로 가는 것을 바라보는 시─종실 영령공을 달단의 조정에 배알하러 보냈다, 『후집』 권10, 고율시, 74세

ㅁ

馬上有作 말 위에서 짓다,『전집』권6, 고율시, 29세

馬巖會賓友 大醉夜歸 記所見 贈鄕校諸君 마암에서 가까운 친구들이 모이자 크게
　　취하였는데 밤에 돌아와서 본 바를 적어 향교의 제군들에게 보이다,『전집』권6,
　　고율시, 29세

莫導爲州樂 四首 지방살이 즐겁다고 이르지 말 것 4수,『전집』권9, 고율시, 32세

幕中書懷示同營諸公 막중에서 회포를 써서 같은 병영의 제공들에게 보이다,『전집』
　　권12, 고율시, 35세

莫笞牛行 소를 채찍질하지 말라는 노래,『전집』권2, 고율시, 26세

萬頃縣路上 만경현 길 위에서,『전집』권10, 고율시, 33세

晚望 저물녘에 바라보며,『전집』권1, 고율시, 26세

晚步待人 천천히 걸으면서 사람을 기다리다,『전집』권14, 고율시, 46세

萬寶殿醮夜 만보전에서 초제를 지내는 밤에,『전집』권14, 고율시, 51세

漫成 부질없이 짓다,『전집』권17, 고율시, 64세

漫成 丁酉八月 부질없이 짓다─정유년 8월,『후집』권1, 고율시, 70세

漫成次古人韻 부질없이 옛 사람의 운을 빌려 짓다,『전집』권6, 고율시, 29세

萬日寺 謝寮友諸君爲老夫展齋聖殿 仍置酒見慰 만일사에서 동료 제군이 늙은이를
　　위해 성전에서 재를 올리고 이어 술자리를 벌여 위로해 준 것에 감사하다,『전
　　집』권15, 고율시, 53세

末有餘紙 又以一絶寄之 끝에 종이가 남은 곳이 있기에 또 절구 한 수를 지어 보내다,
　　『후집』권9, 고율시, 74세

望故李學士百順家有感 고 이백순 학사의 집을 바라보며 느낌이 있어,『전집』권18,
　　고율시, 70세

望南家吟 남쪽 집들을 바라보며 읊다,『전집』권1, 고율시, 26세

望海因追慶遷都 바다를 바라보며 천도한 것을 뒤늦게 경축하다,『전집』권18, 고율시, 67세

梅花 매화,『전집』권1, 고율시, 26세

孟夏向晚無鸎 4월도 저무는데 꾀꼬리가 없다,『후집』권3, 고율시, 71세

明日見朴君所留壁上詩 次韻 이튿날 박문로 군이 남긴 벽 위의 시를 보고 차운하다,『전집』권6, 고율시, 29세

明日 大雨復作 四月三十日 이튿날 큰 비가 내려 다시 짓다―4월 30일,『후집』권3, 고율시, 71세

明日獨坐書懷 이튿날 홀로 앉아 회포를 쓰다,『후집』권9, 고율시, 74세

明日夢 又與美人戲 寤而又作 이튿날 꿈에 또 미인과 희롱하다가 깨고 나서 또 짓다,『후집』권9, 고율시, 74세

明日 朴還古有詩 走筆和之 이튿날 박환고가 시를 지었기에 주필로 화답하다,『전집』권8, 고율시, 31세

明日 放舟不棹 順流東下 舟去如飛 夜泊元興寺前 寄宿船中 時夜靜人眠 唯聞水中跳出之魚鱍鱍然有聲 予亦枕臂小眠 夜寒不得久寐 漁歌商笛 相聞于遠近 天高水淸 沙明岸白 波光月影 搖蕩船閣 前有奇巖怪石 如虎踞熊蹲 予岸幘徙倚 頗得江湖之樂 噫 江湖之樂 雖病中不可以不樂 況乎日擁紅粧 彈朱絃 得意而遊 則其樂曷勝道哉 得詩二首云 다음 날 배를 띄우되 삿대질은 하지 않고 물결을 따라 동쪽으로 내려가니 배가 나는 듯이 가서 밤에 원흥사 앞에 정박했다. 배 안에서 자는데 때는 밤이 고요하여 사람들은 잠에 빠지고 오직 물속에서 뛰어오른 물고기가 꼬리치는 듯한 소리만 들려올 뿐이었다. 나 또한 팔을 베고 잠깐 잠들었으나 한밤의 추위에 오래 자지는 못했다. 고기 잡는 노래와 장사꾼의 피리소리가 멀고 가까운 데서 서로 들려오는데 하늘은 높고 물은 맑으며 모래는 밝고 언덕은 희다. 물결의 빛과 달그림자는 뱃집에 흔들리는데 앞에 있는 기암괴석은 마치 호랑이가 걸터앉고 곰이 꿇어앉아 있는 듯했다. 나는 두건을 벗고 비스듬히 기대앉으니 자못 강호의 즐거움을 얻었도다. 아, 강호의 즐거움이란 비록 병중이라 할지라도 즐겁지 않을 수가 없다. 하물며 날마다 곱게 단장한 기생을 끼고 붉은 가야금을 타며 마음대로 노니 그러한 즉 이 즐거움을 어찌 이길 길이 있으랴. 시 두 수를 얻어 적는다,『전집』권6, 고율시, 29세

明日 師挽留 迫事幹固還 書一絶 이튿날 스님이 만류하였으나 급하게 맡은 일 때문에 군이 사양하고 돌아오면서 절구 한 수를 쓰다,『전집』권11, 고율시, 35세

明日 僧統和寄 復次韻奉呈 二首 이튿날 승통[守其]이 화답한 것을 보내왔으므로 차운하여 올리다 2수,『후집』권6, 고율시, 73세

明日 與二三子登環碧亭 又閱御室 還至別閣小酌 用蘇公詩韻 이튿날 두세 명과 환벽정에 오르고 또 어실을 구경하다 돌아와 별각에 이르러 한 잔 마시면서 소 공 시의 운을 써서,『전집』권8, 고율시, 31세

明日 用此韻 寄朴學士借伽倻琴 이튿날 같은 운을 써서 박인저 학사에게 보내고 가야금을 빌리다,『후집』권4, 고율시, 71세

明日 又用朴仁範詩韻各賦 이튿날 또 박인범 시의 운을 써서 각자 짓다,『전집』권7, 고율시, 30세

明日 又作 이튿날 또 짓다,『전집』권6, 고율시, 29세

明日 偶題一首 이튿날 우연히 한 수를 읊다,『후집』권8, 고율시, 73세

明日 雨中 與全履之・朴還古復賞 이튿날 빗속에서 전이지・박환고와 같이 다시 감상하다,『전집』권5, 고율시, 29세

明日 以長篇贈徐學錄陵 이튿날 서릉 학록에게 긴 시를 주다,『전집』권12, 고율시, 38세
徐學錄見和 復次韻答之 서릉 학록이 화답하므로 다시 차운하여 답하다, 위와 같음
復答徐公 다시 서릉 공에게 답하다, 위와 같음
復答 幷序 다시 답하다—서문을 붙임, 위와 같음

明日 臨行 用過客所留詩韻贈之 이튿날 (북산을) 떠나면서 과객이 남겨 놓은 시의 운을 써서 주다,『전집』권9, 고율시, 32세

明日 將還 用古人韻 書壁上示主人 이튿날 떠나면서 옛 사람의 운으로 벽 위에 써서 주인에게 보이다,『전집』권3, 고율시, 27세

明日 次夏課諸生韻 이튿날 하과의 제생이 지은 시의 운을 빌려서,『전집』권14, 고율시, 50세

明日 學士見和寄之 次韻奉答 兼謝華筵 二首 이튿날 이백전 학사가 화답을 보내왔

으므로 차운하여 답을 올리고 겸하여 화연을 감사하다 2수, 『후집』 권5, 고율시, 71세

明日 學士又和寄 次韻奉答 이튿날 이백전 학사가 또 화답하여 보내왔으므로 차운하여 답을 올리다, 『후집』 권6, 고율시, 73세

暮入幽谷驛 與金君飮酒贈之 저물녘에 유곡역에 들어가 김지명 군과 함께 술을 마시며 주다, 『전집』 권6, 고율시, 29세

暮春 同崔博士甫淳 訪尹注簿世儒 置酒用東坡詩韻各賦 늦은 봄에 최보순 박사와 함께 윤세유 주부를 찾아가 술자리를 벌이고 동파 시의 운을 써서 각기 짓다, 『전집』 권8, 고율시, 31세
復和 다시 화답하다, 위와 같음.

暮春江上 送人後有感 六言 늦은 봄에 강가에서 사람을 보낸 뒤 느낌이 있어 6언, 『전집』 권3, 고율시, 27세

暮春燈下北寺樓 늦은 봄에 등하 북사루에서, 『전집』 권17, 고율시, 64세

目翳偶吟 눈이 어둑해져서 우연히 읊다, 『후집』 권5, 고율시, 71세

木筆花 목필화, 『전집』 권12, 고율시, 39세

蒙古國使齎廻 上皇弟表 몽고의 국사가 돌아가는 편에 황제에게 올리는 표, 『전집』 권28, 서, 52세

蒙古國使齎廻 上皇太弟書 몽고의 국사가 돌아가는 편에 황태제에게 올리는 서, 『전집』 권28, 서, 52세

蒙古兵馬元帥幕 送酒果書 都省行 몽고 병마원수의 군막에 술과 과일을 보내는 서ㅡ도성에서 보낸 것이다, 『전집』 권28, 서, 52세

蒙古行李齎去 上皇帝表 辛卯年 몽고 사신이 돌아가는 편에 황제에게 올리는 표ㅡ신묘년, 『전집』 권28, 표, 64세

蒙古皇帝上起居表 戊戌十二月日 以致仕述 몽고 황제에게 올리는 기거표ㅡ무술년 12월 일에 치사하면서 적은 것이다, 『전집』 권28, 표, 71세
－ 表 표
－ 物狀 물장

夢說 꿈에 대한 설, 『전집』 권21, 설, 67세

夢與美人戱 覺而題之 三月十五日也 미인과 희롱하는 꿈을 꾸다가 깨고 나서 짓다―3월
　　15일이다,『후집』권9, 고율시, 74세

　　明日夢 又與美人戱 寤而又作 이튿날 꿈에 또 미인과 희롱하다가 깨고 나서 또
　　짓다, 위와 같음

夢玉甁 幷序 옥병을 꿈꾸다―서문을 붙임,『전집』권5, 고율시, 29세

夢驗記 꿈의 영험에 대한 기,『전집』권25, 기, 67세

卯飮 雙韻 해장술 쌍운,『후집』권10, 고율시, 74세

妙香山普賢寺堂主毗盧遮那如來丈六塑像記 묘향산 보현사의 당주인 비로자나여래
　　장육상에 대한 기,『전집』권24, 기, 56세

無可伴行卓然道者乞詩 무가의 반행인 탁연 도사가 시를 청하다,『후집』권9, 고율
　　시, 74세

無客 손님이 없어서,『후집』권6, 고율시, 72세

無官嘆 관직이 없음을 한탄함,『전집』권3, 고율시, 27세

戊戌元日 무술년 설날에,『후집』권2, 고율시, 71세

戊戌正月十五日 大雪 무술년 정월 15일에 큰 눈이 내리다,『후집』권2, 고율시, 71세

戊午二月九日 同全履之餞朴還古之南 得舊字 무오년 2월 9일에 전이지와 함께 박
　　환고가 남쪽으로 가는 것을 전별하는데, '구舊' 자를 얻다,『전집』권7, 고율시,
　　31세

無酒 술이 없다,『전집』권15, 고율시, 52세

無酒 술이 없다,『후집』권3, 고율시, 71세

無酒 술이 없다,『후집』권7, 고율시, 73세

無炭 숯이 없지만,『후집』권5, 고율시, 71세

聞笛聲 雙韻 피리소리를 들으며 쌍운,『후집』권10, 고율시, 74세

聞江南賊起 강남에 도적이 일어났다는 소식을 듣고,『전집』권2, 고율시, 26세

文公見和 復次韻 문정식 공이 화답하므로 다시 차운하다,『후집』권10, 고율시, 74세

聞官軍與虜戰捷 與契丹戰 관군이 오랑캐와 싸워 이겼다는 말을 듣고―거란과 싸웠다,

『전집』권14, 고율시, 50세

又 또, 위와 같음

聞官妓彈琵琶 관기가 비파를 뜯는 것을 듣고, 『전집』권6, 고율시, 29세

聞郡守數人以贓被罪 二首 군수 여러 명이 장물로 죄를 지었다는 소식을 듣고 2수, 『후집』권10, 고율시, 74세

文機障子 문기장자, 『전집』권13, 고율시, 46세

文機障子詩 四首 문기장자시 4수, 『전집』권13, 고율시, 42세

文機障子詩 문기장자시, 『전집』권14, 고율시, 47세

問金大年 김대년에게 묻다, 『전집』권12, 고율시, 39세

聞達旦入江南 달단이 강남에 들어갔다는 말을 듣고, 『전집』권18, 고율시, 69세

聞同年韓樞密薨 丁酉年作 동년인 한광연 추밀의 부음을 듣고─정유년에 지었다, 『전집』권18, 고율시, 70세

聞東堂放牓 閏四月 동당에서 과거합격자를 발표했다는 소식을 듣고─윤사월, 『후집』권3, 고율시, 71세

文禪師見和 復次韻答之 혜문 선사가 화답한 것을 보고 다시 차운하여 답하다, 『전집』권13, 고율시, 46세

文禪師哀詞 혜문선사 애사, 『전집』권37, 애사, 67세

捫蝨 三首 이를 잡으며 3수, 『후집』권4, 고율시, 71세

聞僧錄光敍入山 광서 승록의 입산을 듣고, 『전집』권16, 고율시, 56세

聞鶯 꾀꼬리 소리를 들으며, 『전집』권13, 고율시, 46세

聞鶯 三首 꾀꼬리 소리를 들으며 3수, 『전집』권14, 고율시, 46세

聞鶯 꾀꼬리 소리를 들으며, 『후집』권3, 고율시, 71세

聞友人以銀杯換馬 친구가 은잔을 말과 바꾸었다는 말을 듣고, 『전집』권16, 고율시, 57세

文長老見和 多至 九首 每篇皆警策遲鈍 勉強備數奉贐耳 혜문 장로가 화답한 것이 많아 아홉 수에 이르렀는데, 매 편마다 모두 아둔함을 경계하고 채찍질하였기에

부지런히 힘써 숫자를 갖추어서 받들어 올리다, 『전집』권11, 고율시, 35세

問謫仙行 贈內翰李眉叟坐上作 '귀양 온 신선에게 묻는 노래'를 이미수 내한에게 앉은 자리에서 지어 주다, 『전집』권13, 고율시, 39세

聞早雞 일찍 우는 닭소리를 듣고, 『후집』권3, 고율시, 71세

聞早鶯 아침에 꾀꼬리 소리를 듣고, 『전집』권18, 고율시, 69세

門下平章上將軍金元義乞致仕不允敎書 김원의 문하평장사 상장군이 치사하기를 청하였으나 허락하지 않는 교서, 『전집』권33, 교서, 48세

聞胡種入江東城自保 在省中作 오랑캐가 강동성에 들어가 버티고 있다는 말을 듣고 성중에서 짓다, 『전집』권14, 고율시, 51세

美人怨 廻文 미인의 원망—회문, 『전집』권10, 고율시, 34세
　　同前 雙韻廻文 앞과 같음—쌍운회문, 위와 같음

閔常侍令賦雙馬圖 민식 상시의 명령으로 '쌍마도'에 짓다, 『전집』권9, 고율시, 31세

閔懷珠蓄斑竹笛 請予賦之 민회주가 얼룩무늬 대나무 피리를 가지고 있는데 나에게 글을 지어 주기를 청하다, 『전집』권11, 고율시, 35세

密告女眞漢兒文 여진과 한아에게 몰래 고하는 글, 『전집』권28, 서, 68세

ㅂ

朴君玄球家 賦雙鷺圖 박현구 군 집의 '쌍로도'에 짓다, 『전집』 권8, 고율시, 31세

朴侍御見和 復次韻奉答 박인석 시어사의 화답을 보고 다시 차운하여 답을 바치다, 『전집』 권12, 고율시, 36세

　　復和 다시 화답하다, 위와 같음

朴知院椐邀飮 方見公以予曾所著有嘉堂記 親書上板釘壁 卽席以詩謝之 박거 지원이 술자리에 불러 주었는데, 바야흐로 공을 보자 내가 일찍이 지었던 '유가당기'를 직접 써서 판 위에 못을 박아 걸므로 즉석에서 시로 감사하다, 『후집』 권6, 고율시, 73세

朴·崔二君見和 復次韻答之 박문로·최백환 두 군이 화답하므로 다시 차운하여 답하다, 『전집』 권6, 고율시, 29세

朴樞府有嘉堂記 박거 추부가 지은 유가당에 대한 기, 『후집』 권11, 기, 72세

朴學士見和 復次韻 박인저 학사가 화답하므로 다시 차운하다, 『후집』 권7, 고율시, 73세

反觀難 幷序 자신을 돌아다보기는 어렵다—서문을 붙임, 『후집』 권10, 고율시, 74세

發州有作 示餞客 고을을 떠나며 지어 전별객에게 보이다, 『전집』 권15, 고율시, 53세

發忠州 將指黃驪有作 충주를 떠나 황려로 향해 가면서 짓다, 『전집』 권6, 고율시, 29세

發漢山 路上戱作 示韓韶 한산을 출발하여 길 위에서 희롱 삼아 지어 한소에게 보이다, 『전집』 권10, 고율시, 34세

訪覺月師 用東坡詩韻各賦 각월 스님을 찾아갔다가 동파 시의 운을 써서 각기 짓다, 『전집』 권11, 고율시, 35세

訪金同年延脩家 用古人詩韻 김연수 동년의 집을 찾아갔다가 옛 사람의 시의 운을 써서, 『전집』 권13, 고율시, 40세

訪盧秀才永祺 用白樂天韻同賦 노영기 수재를 찾아갔다가 백낙천의 운을 써서 함께 짓다, 『전집』 권7, 고율시, 30세

復和 다시 화답하다, 위와 같음

訪閔秀才 用古人韻 민 수재를 찾아갔다가 옛사람의 운을 써서,『전집』권7, 고율시, 30세

又次韻 二首 또 차운하다 2수, 위와 같음

訪佛恩寺雲公 聞國令禁僧家飲 불은사의 운 공을 찾아갔으나 국령으로 승가의 음주를 금지한다는 말을 듣고,『전집』권7, 고율시, 30세

放鼠 쥐를 놓아 주며,『전집』권16, 고율시, 57세

訪安和寺幢禪師 師請賦一篇 안화사의 당 선사를 찾아갔는데 스님이 시 한 편을 청하다,『전집』권14, 고율시, 51세

訪養淵師 賦所蓄白鶴圖 양연 스님을 찾아갔다가 가지고 있는 '백학도'에 붙이다,『전집』권5, 고율시, 29세

訪梁叅軍 梁不在 呼子壻李君與語 俄有玉川生來 因置酒留長句 양 참군사를 찾아갔으나 있지 않기에 사위인 이 군을 불러 함께 이야기를 했는데, 갑자기 옥천생이 왔으므로 인하여 술자리를 벌이고 장구를 남기다,『전집』권7, 고율시, 30세

訪嚴禪老 用壁上書簇詩韻 幷序 묘엄 선로를 찾아가 벽에 걸린 족자의 시의 운을 써서—서문을 붙임,『전집』권8, 고율시, 31세

訪聆首座 夜臥方丈 次聆公韻 二首 종령 수좌를 찾아갔다가 밤에 방장에 누워서 종령 공의 운을 빌려서 2수,『전집』권2, 고율시, 26세

訪外院可上人 用壁上古人韻 외원의 가 상인을 찾아갔다가 벽 위의 옛 사람의 운을 써서,『전집』권3, 고율시, 27세

訪應禪師方丈 응 선사의 방장을 찾아갔다가,『전집』권13, 고율시, 45세

訪李允甫 次李君韻 이윤보를 찾아갔다가 이 군의 운을 따서,『전집』권2, 고율시, 26세

房狀元衍寶見和 次韻答之 방연보 장원이 화답하므로 차운하여 답하다,『전집』권13, 고율시, 42세

訪足庵聆首座 족암의 종령 수좌를 찾아가다,『전집』권2, 고율시, 26세

訪通首座 劇飲走筆 정통 수좌를 찾아가 극도로 마시고 주필로 쓰다,『전집』권11, 고율시, 35세

訪寒溪住老覺師旅寓 用參寥子詩韻贈之 한계사 주지 각 스님이 머무는 곳에 찾아갔다가 삼료자의 시의 운을 써서 주다, 『전집』 권8, 고율시, 31세

又用東坡詩韻贈之 또 동파 시의 운을 써서 주다, 위와 같음

拜大尉有作 태위에 제수되고 짓다, 『전집』 권18, 고율시, 70세

陪崔相國詵 飮季嗣郎中水亭 相國曾有詩 命予卽席奉和 최선 상국을 모시고 막내아들(崔宗藩) 낭중의 수정에서 술을 마시는데 상국이 일찍이 지은 시가 있었다. 명을 받아 나도 즉석에서 화답하여 올렸다, 『전집』 권11, 고율시, 35세

白雲居士語錄 백운거사 어록, 『전집』 권20, 어록, 25세

白雲居士傳 백운거사전, 『전집』 권20, 전, 25세

白酒詩一首 백주시 한 수, 『후집』 권3, 고율시, 71세

白天院賁華家賦海棠 用樂天詩韻 李秀才同賦 백분화 천원의 집에서 해당화 시를 지었는데, 백낙천 시의 운을 쓰다─이 수재도 같이 지었다, 『전집』 권13, 고율시, 45세

泛小船 鄕校諸生 爲予具船楫泛江 작은 배를 띄우며─향교의 제생들이 나를 위해 배를 마련해서 강에 띄워 주었다, 『전집』 권6, 고율시, 29세

泛舟 배를 띄우며, 『전집』 권6, 고율시, 29세

壁上三韓大匡金紫光祿大夫守大保門下侍郎同中書門下平章事修文殿大學士判吏部事致仕琴公墓誌銘 금의琴儀 묘지명, 『전집』 권36, 묘지명, 63세

邊山路上作 변산 가는 길 위에서 짓다, 『전집』 권9, 고율시, 33세

辨諱詩 휘를 판별하는 시, 『후집』 권8, 고율시, 73세

病起 謝友人携酒見訪 병에서 일어나자 친구가 술을 들고 찾아와 준 것에 감사하다, 『전집』 권3, 고율시, 27세

病復作 병이 다시 나다, 『후집』 권3, 고율시, 71세

丙申年 門生及第等設宴 慰宗工朴尙書 予於筵上作詞一首 幷序 병신년의 문생급제생들이 연회를 베풀고 종공 박정규 상서를 위로하므로 내가 그 자리에서 시 한 수를 지었다─서문을 붙임, 『후집』 권10, 고율시, 74세

是日三朴學士見和 復次韻 이날 세 명의 박 학사(박거·박인저·박휘)가 화답하므로 다시 차운하다, 위와 같음

又別贈門生 또 따로 문생에게 주다, 위와 같음

丙申元日 병신년 새해 첫날, 『전집』권18, 고율시, 69세

丙申十月日 上表乞退 上留表於內 遣內侍金永貂 曲諭復起 是日送天使後有作 병신년 10월 일에 표를 올려 퇴직을 청하였으나 임금이 표를 궁궐에 보류시키고 김영초 내시를 보내 다시 근무하라고 간절하게 타이르므로, 이날 중국 사신을 보내고 난 뒤 짓다, 『전집』권18, 고율시, 69세

屛兒孫獨坐 자손들을 물리치고 혼자 앉아서, 『후집』권2, 고율시, 71세

病眼未看花有嘆 눈에 병이 나서 꽃을 보지 못하여 탄식하다, 『후집』권9, 고율시, 74세

病中 丁酉九月 병중에―정유년 9월, 『후집』권1, 고율시, 70세

病中獨坐鬱懷 得長短句一首 無處寄示 因贈李侍郎 병중에 홀로 앉아 있으려니 울적한 마음에 장단구 한 수를 지었으나 보내서 보일 곳이 없으므로 이수 시랑에게 주다, 『후집』권9, 고율시, 74세

病中謝金學士仁鏡見訪 병중에 김인경 학사가 찾아와 준 것에 감사하다, 『전집』권17, 고율시, 59세

病中 示文學宋君 병중에 문학 송 군에게 보이다, 『전집』권15, 고율시, 53세

病中有作 병중에 짓다, 『후집』권2, 고율시, 70세

病中作 示友人 병중에 지어 친구에게 보이다, 『전집』권16, 고율시, 57세

病後飮 병을 앓은 뒤 술을 마시고, 『후집』권8, 고율시, 73세

普光堂頭精通師蓄藜杖甚奇 請予賦之 보광사의 당두 정통 스님이 명아주 지팡이를 가지고 있는데 매우 기이한지라 나에게 글을 지어 달라고 청하다, 『전집』권8, 고율시, 31세

卜居鷰溪 偶書草堂閑適 兼敍兩家來往之樂 贈西隣梁閣校 앵계에 거처를 정해 살면서 우연히 초당의 한적함을 쓰고, 겸하여 두 집이 오가는 즐거움을 서술하여 서쪽의 이웃인 양 각교에게 주다, 『전집』권5, 고율시, 28세

復京後乙丑三月 遇征東軍幕舊寮贈之 서울로 돌아온 뒤 을축년 3월에 정동 군막의 옛 동료를 만나 주다, 『전집』권12, 고율시, 38세

腹皷歌 戲友人獨飮 '배를 두드리며 부르는 노래'로 친구가 홀로 술 마시는 것을 희롱하다, 『전집』권10, 고율시, 34세

復用前所寄詩韻 寄其僧統 幷序 다시 전번에 부쳤던 시의 운을 써서 수기 승통에게 부치다―서문을 붙임,『후집』권5, 고율시, 71세

復用前韻 上晉康侯 禁內諸儒同作 다시 앞의 운을 써서 진강후[최충헌]에게 올리다―금 내의 여러 유신이 같이 지었다,『전집』권13, 고율시, 41세

復遊茅亭 次韻皇甫書記 다시 모정에서 놀다가 황보관 서기에게 차운하다,『전집』 권15, 고율시, 53세

復遊西郊草堂 다시 서교 초당에서 놀며,『전집』권2, 고율시, 26세

復自傷詩癖 予舊作詩 自傷詩癖猶不能止 復傷之 다시 자신의 시벽을 슬퍼하며―내가 옛날 에 시를 지어 스스로 시벽을 슬퍼했으나 아직도 그치지 못하므로 다시 슬퍼한다,『후집』권8, 고율시, 73세

復次韻李侍郎見和 다시 이수 시랑이 화답한 것에 차운하다,『후집』권5, 고율시, 72세

復次韻李侍郎所著女童詩 이수 시랑이 지은 '여동시'에 다시 차운하다,『후집』권8, 고율시, 73세

　復次韻李侍郎見和 이수 시랑이 화답하므로 다시 차운하다, 위와 같음

復次韻李侍郎需聞予送男赴洪州詩 以廻文見和一首 이수 시랑이 내가 홍주로 부 임하는 아들을 보내며 지은 시를 듣고 회문으로 화답한 한 수에 다시 차운하다, 『후집』권9, 고율시, 74세

復次韻李侍郎重和雪詩廻文 이수 시랑이 거듭하여 회문으로 화답한 '눈 시'에 다시 차운하다,『후집』권9, 고율시, 74세

　又次絶句廻文韻 此詩予以廻文和之 또 회문체 절구에 차운하다―이 시도 내가 회문 으로 화답했다, 위와 같음

復次韻李平章見和兼邀飮 다시 이인식 평장사가 화답하므로 겸하여 맞이하여 술을 마시면서 차운하다,『후집』권5, 고율시, 72세

復次韻丁學士見和寄曆詩 정이안 학사가 역서와 시를 보낸 것에 화답하므로 다시 차 운하다,『후집』권8, 고율시, 73세

復黃驪 示李秀才 황려로 돌아와 이대성 수재에게 보이다,『전집』권6, 고율시, 29세

奉寄張學士自牧・裵天院端 兼簡足庵聆首座 幷序 장자목 학사와 배단 천원에게 바치 면서 겸하여 족암의 종령 수좌에게 편지를 보내다―서문을 붙임,『전집』권2, 고

율시, 26세

奉謝冢宰侍中崔公惠柱杖 并序 총재 시중 최 공[崔宗峻]이 지팡이를 준 것에 감사를
바치다—서문을 붙임,『후집』권6, 고율시, 72세

　　意有未足 又作一絶奉呈 마음에 만족하지 않은 것이 있어 다시 절구 한 수를 지
어 바치다, 위와 같음

　　相國和絶句見寄 復次韻奉答 상국[崔宗峻]이 절구에 화답한 시를 보내왔으므로
다시 차운하여 받들어 답하다, 위와 같음

奉宣旨 省屬郡冤獄 선지를 받들어 속군의 억울한 죄수들을 살피다,『전집』권9, 고
율시, 33세

奉恩寺 告太祖眞前文 봉은사에서 태조의 진영 앞에 고하는 글,『전집』권38, 초소제
문, 35세

奉和王太子元日令製 并序 왕태자가 설날에 삼가 지은 시에 화답하여 올리다—서문을
붙임,『후집』권9, 고율시, 74세

　　- **祝聖壽 二首** 임금의 성수를 축원하는 두 수

　　- **祝令壽 二首** 태자의 영수를 축원하는 두 수

缶溪縣客舍 次韻板上諸公詩 부계현 객사에서 현판 위의 제공의 시에 차운하다,『전
집』권12, 고율시, 36세

扶寧客舍 次板上李祭酒純佑詩韻 부령 객사에서 현판 위에 있는 이순우 제주의 시에
차운하다,『전집』권9, 고율시, 32세

父老答太守 어르신들이 태수에게 답하다,『전집』권15, 고율시, 52세

浮石寺丈六前願文 부석사의 장육전 앞에 바치는 축원문,『전집』권38, 초소제문,
35세

北山雜題 九首 북산 잡제 9수,『전집』권5, 고율시, 28세

北兄山祭文 북형산에 올리는 제문,『전집』권38, 초소제문, 36세

焚藁 焚三百餘首 시 원고를 태우며—300여 수를 태우다,『전집』권13, 고율시, 45세

分行驛樓上 次金學士黃文詩韻 분행역 누각 위에서 김황문 학사의 시에 차운하다,
『전집』권10, 고율시, 34세 ．

分行驛 次板上韻 憶舊 甲子年 携妓宴此樓 분행역에서 현판 위의 운을 빌려서 옛날을

추억하다―갑자년(1204, 37세)에 기생을 데리고 이 누각에서 연회를 열었다, 『전집』 권15, 고율시, 53세

不平 三首 불평 3수, 『후집』 권5, 고율시, 71세

飛花 날리는 꽃잎, 『전집』 권3, 고율시, 27세

思家 집을 생각하며,『전집』권6, 고율시, 29세

四可齋記 사가재기,『전집』권23, 기, 26세

謝江南靜上人惠松扇十柄 강남의 정 상인이 솔부채 10자루를 준 것에 감사하면서,
　『전집』권2, 고율시, 26세

四季花 三首 사계절의 꽃 3수,『전집』권11, 고율시, 35세

謝古阜大守吳同年闊猷携酒來訪 고부 태수 오천유 동년이 술을 가지고 찾아왔기에
　감사하다,『전집』권17, 고율시, 63세
　　吳君見和 復次韻 오천유 군이 화답하므로 다시 차운하다, 위와 같음

謝衿州退老姜大丈惠酒 以中軍錄事 解官來居 늙어 퇴직하여 금주에 있는 강 대장이 술
　을 보내 주므로 감사하며—중군녹사로 벼슬에서 물러나 살러 왔다,『전집』권15, 고율
　시, 52세

謝其禪師送細餛飩 수기 선사가 조그만 경단을 보내온 것에 감사하다,『후집』권7,
　고율시, 73세
　　禪師見和 以二首答之 선사가 화답하므로 두 수로 답하다, 위와 같음
　　次韻禪師見和 二首 선사가 화답하므로 차운하다 2수, 위와 같음
　　次韻李侍郎見和 二首 이수 시랑이 화답하므로 차운하다 2수, 위와 같음

四輪亭記 사륜정기,『전집』권23, 기, 34세

謝蒙古皇帝表 不行 몽고 황제에게 감사하는 표—보내지 않았다,『전집』권28, 서, 52세

謝門生趙廉右留院持加耶琴來貺 문생인 조염우 유원이 가야금을 가져다 준 것에 감
　사하며,『후집』권4, 고율시, 71세

謝文禪老惠米與綿 혜문 선로가 쌀과 솜을 보내 준 것에 감사하며,『전집』권10, 고율
　시, 34세

私門春帖子 개인집 대문의 춘첩자,『전집』권17, 고율시, 63세

謝蜜谷住老寄布袴 밀곡사의 주지가 베바지를 보내 준 것에 감사하며,『전집』권12,

고율시, 35세

謝申大丈敎授愚息澄 申君年八十餘 常集學子敎授　신 대장이 내 아들 징을 가르쳐 주어
　　감사하다─신군은 80여 세인데 항상 학생을 모아 가르쳤다, 『전집』 권16, 고율시, 55세

謝按部李少卿儆許赴華筵 明日以鹿髓見惠　안부 이경 소경이 부임하는 연회에 참석
　　하게 하고, 이튿날 녹수를 보내 준 것에 감사하다, 『전집』 권9, 고율시, 32세

謝梁校勘國峻送櫻桃 後復經二首 皆亡 梁作二首　양국준 교감이 앵도를 보내 준 것에 감
　　사하다─뒤에 다시 두 수를 지었는데 모두 없어지고 양이 지은 두 수만 남았다, 『전집』 권7,
　　고율시, 30세

謝禮部郎中起居注知制誥表　예부낭중 기거주 지제고를 사은하는 표, 『전집』 권31,
　　표, 53세

謝友人送酒 술을 보내 준 친구에게 감사하며, 『전집』 권2, 고율시, 26세

謝右正言知制誥表 우정언 지제고를 사은하는 표, 『전집』 권31, 표, 48세

謝元興倉通判金君携糧酒見訪 원흥창 통판 김 군이 양식과 술을 가지고 찾아와 준
　　것에 감사하다, 『전집』 권17, 고율시, 63세

四月猶寒 4월인데 여전히 춥다, 『후집』 권3, 고율시, 71세

四月日聞鶯 4월 일에 꾀꼬리 소리를 듣고, 『후집』 권9, 고율시, 74세

四月六日 松廣山道者無可 因事到洛師 還山次乞詩 4월 6일에 송광산 무가 도사가
　　일 때문에 서울로 왔다가 산으로 돌아가면서 시를 요청하므로 차운하다, 『후집』
　　권9, 고율시, 74세

四月七日又吟 4월 7일에 또 읊다, 『전집』 권17, 고율시, 64세

四月十一日 興客行園中 得薔薇於叢薄間 久爲凡卉所困 生意甚微 予卽薙草封植 埋
　　以土撑以架 後數日見之 葉旣繁茂 花亦曄盛 於是因物有感 作長短句 以示全
　　履之 4월 11일에 손님과 함께 동산을 거닐다가 장미를 수풀 사이에서 찾았는
　　데, 오랫동안 잡풀에 시달려 생기가 매우 미약했다. 내가 바로 풀을 제거하여 흙
　　을 북돋아 주고 시렁으로 괴어 주었다. 며칠 뒤에 보니 잎이 벌써 무성해지고 꽃
　　도 또한 활짝 피었다. 이에 느낀 바가 있어 장단구를 지어서 전이지에게 보여 주
　　었다, 『전집』 권5, 고율시, 29세

四月十九日 聞夜雨 4월 19일에 밤비 소리를 들으며, 『후집』 권10, 고율시, 74세

四月二十四日大雨 二首 皆雙韻 4월 24일에 큰 비가 내리다—2수 모두 쌍운,『후집』권 10, 고율시, 74세

謝應禪老雨中邀飲 응 선로가 빗속에서 술을 마시자고 불러 주므로 감사하며,『전집』권7, 고율시, 30세
復和 다시 화답하다, 위와 같음

謝李侍郞送酸梨碧桃 이수 시랑이 신 배와 푸른 복숭아를 보낸 것에 감사하다,『후집』권7, 고율시, 73세

謝李樞副勳見訪 이적 추밀원부사가 찾아와 줌에 감사하다,『전집』권16, 고율시, 54세

士人女乞食 旣以與之 因作詩 사인의 딸이 먹을 것을 구걸하러 왔기에 주고 나서 짓다,『후집』권8, 고율시, 73세

謝人贈茶磨 차 가는 맷돌을 준 이에게 감사하며,『전집』권14, 고율시, 47세

謝人惠梨 배를 준 이에게 감사하다,『후집』권5, 고율시, 71세

謝人惠扇 二首 부채를 준 이에게 감사하며 2수,『전집』권5, 고율시, 28세

謝逸庵居士鄭君奮寄茶 일암거사 정분 군이 차를 보내왔기에 감사하며,『전집』권 18, 고율시, 70세

謝任相國見訪 幷序 임 상국이 찾아와 준 것에 감사하다—서문을 붙임,『후집』권9, 고율시, 74세

謝趙相國上箚子薦進啓 조영인 상국이 차자를 올려 추천하여 준 것을 감사하는 계,『전집』권27, 서, 30세

謝知奏事相公見喚 命賦千葉榴花 幷序 상공[최충헌] 지주사가 불러서 천엽유화의 시를 지으라 한 것에 감사하다—서문을 붙임,『전집』권9, 고율시, 32세

謝珍丘住老謙公惠綿 진구사 주지 겸 공이 명주솜을 주어 감사하다,『전집』권14, 고율시, 48세

謝晉陽公送龍腦及醫官理目病 幷序 진양공[최우]이 용뇌와 의관을 보내어 눈병을 치료해 준 것에 감사하다—서문을 붙임,『후집』권9, 고율시, 74세

謝崔秀才惠林檎甘瓜 二首 최 수재가 임금과 감과를 준 것에 감사하며 2수,『전집』권 14, 고율시, 47세

謝崔天院宗藩惠羊脭饋病母 최종번 천원이 염소고기 포를 보내 주어 병든 어머니께 드린 것에 감사하다,『전집』권11, 고율시, 35세

沙平江上偶吟 사평강 가에서 우연히 읊다,『전집』권10, 고율시, 34세

謝河郎中千旦送紅柿 하천단 낭중이 홍시를 보내 준 것에 감사하다,『후집』권7, 고율시, 73세

次韻河郎中見和 各成二首答之 하천단 낭중이 화답하므로 차운하여 각각 두 수를 지어 답하다, 위와 같음

次韻河郎中見和復惠之 末二章 言再惠之意 하천단 낭중이 화답하여 다시 보내 준 시에 차운하였는데, 끝의 두 수는 다시 보내라는 뜻을 말한 것이다, 위와 같음

次韻河郎中復見和 親訪贈之 하천단 낭중이 다시 화답하므로 몸소 찾아가서 주다, 위와 같음

謝河郎中惠送乾柿子 하천단 낭중이 곶감을 보내 준 것에 감사하다,『후집』권8, 고율시, 73세

謝下山狀 依所住下山 왕사가 하산을 하락해 준 것을 감사하는 장―거주하던 곳에서 하산했다,『전집』권30, 장, 50세

舍後開小池 집 뒤에 작은 연못을 파다,『전집』권18, 고율시, 69세

山寺詠月 산사에서 달을 읊다,『전집』권12, 고율시, 39세

山中 산 속에서,『전집』권12, 고율시, 38세

山中寓居 三首 산 속에 우거하면서 3수,『전집』권12, 고율시, 39세

山中春雨 산 속의 봄비,『전집』권2, 고율시, 26세

山海神合屈祭文 산과 바다의 신에게 합해서 올리는 제문,『전집』권38, 초소제문, 36세

山呼殿 訪內道場惠首座方丈 賦紫牡丹 二首 산호전으로 내도량의 혜 수좌 방장을 찾아갔다가 자모란을 두고 짓다 2수,『전집』권13, 고율시, 42세

復和 다시 화답하다, 위와 같음

三度乞退表 (정유년에) 세 번째 퇴직을 바라는 표,『전집』권31, 표, 70세

三月 又到保安縣江上課木 3월에 또 보안현 강가에 이르러 벌목을 부과하다,『전집』권10, 고율시, 33세

三月猶寒 3월인데 여전히 춥다, 『후집』 권3, 고율시, 71세

三月三日 無聊有作 3월 3일에 심심해서 짓다, 『후집』 권5, 고율시, 72세

三月八日與族人蔡郎中大醉歌唱 3월 8일에 친척인 채 낭중과 크게 취하여 노래를 부르다, 『후집』 권9, 고율시, 74세
　　明日 又作 이튿날 또 짓다, 위와 같음

三月十四日 大雨雹 二首 雙韻 3월 14일에 큰 우박이 떨어지다—2수 쌍운, 『후집』 권9, 고율시, 74세
　　又五言 雙韻 또 5언으로 짓다—쌍운, 위와 같음

三月二十日 南軒偶吟 3월 20일에 남헌에서 우연히 읊다, 『후집』 권3, 고율시, 71세

孀嫗嘆 늙은 과부의 탄식, 『전집』 권12, 고율시, 39세

相國見和 復答之 김인경 상국이 화답하므로 다시 답하다, 『전집』 권18, 고율시, 66세

相國見和 復次韻 이인식 상국이 화답하므로 다시 차운하다, 『후집』 권6, 고율시, 72세

相國見和 復次韻奉答 이인식 상국이 화답하므로 다시 차운하여 답을 올리다, 『후집』 권7, 고율시, 73세

相國及坐客見和 復次韻 상국[朴犀]과 좌객이 화답하자 다시 차운하다, 『후집』 권6, 고율시, 72세

相國嘗和示一首 予每複以二首 未知鈞鑒何如惶恐惶恐 상국[이인식]이 일찍이 시 한 수를 화답하여 보여 주면 나는 매번 두 수를 지었는데, 어떻게 감상하셨는지 알 수 없어 황공하고 또 황공하다, 『후집』 권6, 고율시, 72세
　　- 江天暮雪 강천에 내리는 저녁 눈
　　- 遠浦歸帆 먼 포구로 돌아가는 돛단배
　　- 瀟湘夜雨 소상강에 내리는 밤비
　　- 平沙落雁 모래톱에 내려앉는 기러기
　　- 山市晴嵐 산시의 이내
　　- 漁村落照 어촌의 낙조
　　- 煙寺暮鍾 연기 나는 절의 저녁 종소리
　　- 洞庭秋月 동정호의 가을 달

相國和絶句見寄 復次韻奉答 상국[崔宗峻]이 절구에 화답한 시를 보내왔으므로 다시 차운하여 받들어 답하다, 『후집』 권6, 고율시, 72세

上大金皇帝表 癸巳三月 遣司諫崔璘齎去 迷路還來 대금 황제에게 올리는 표-계사년 3월에 최린 사간이 가지고 갔으나 길이 막혀 돌아왔다, 『전집』권28, 표, 66세
  - 起居表 기거표
  - 表 표
  - 物狀 물장

上都皇帝起居表 도황제에게 올리는 기거표, 『전집』권28, 표, 65세
  - 陳情表 진정표
  - 同前狀 앞과 같은 장

相磨木 俗云磨友木也 상마목-세속에서는 마우목이라고도 한다, 『전집』권12, 고율시, 38세

上閔上侍湜書 민식 우산기상시에게 올리는 글, 『전집』권26, 서, 31세

上元燈夕 文機障子·燈籠詩 翰林奏呈 상원일 등석의 문기장자와 등롱시-한림에서 지어 올리다, 『전집』권13, 고율시, 46세
  - 文機障子 문기장자
  - 燈籠詩 등롱시

上人見和 復次韻 공공 상인[景照]이 화답하므로 다시 차운하다, 『후집』권9, 고율시, 74세

上任平章 幷序 임유 평장사에게 올림-서문을 붙임, 『전집』권7, 고율시, 30세

殤子法源壙銘 (승)이법원李法源 묘지명, 『전집』권35, 묘지명, 55세

上趙令公永仁 幷引 조영인 영공에게 올림-인문을 붙임, 『전집』권7, 고율시, 30세

上趙太尉書 조영인 태위에게 올리는 글, 『전집』권26, 서, 30세

上晉康公書 진강공[최충헌]에게 올리는 글, 『전집』권27, 서, 50세

上晉陽公 幷序 진양공[최우]에게 올리다-서문을 붙임, 『후집』권8, 고율시, 73세

上晉康侯謝直翰林啓 진강후[최충헌]에게 직한림을 제수해 줌을 감사하며 올리는 계, 『전집』권27, 서, 41세

上崔相國 幷序 晉康公嗣也 최우 상국에게 올리다-서문을 붙임. 진강공[최충헌]의 아들이다, 『전집』권15, 고율시, 52세

上崔相國 二首 幷序 今晉陽侯也 최우 상국에게 올리다-2수 서문을 붙임. 지금의 진양후이다, 『전집』권18, 고율시, 65세

- 右謝帶 띠를 준 것에 감사하며
- 右謝祿 녹을 준 것에 감사하며

上崔相國書 최우 상국에게 올리는 글, 『전집』 권27, 서, 60세

上崔相國詵書 최선 상국에게 올리는 글, 『전집』 권26, 서, 37세

上崔相國宗峻謝宴書 移都年 최종준 상국의 연회에 감사하며 올리는 글—도읍을 옮긴
　　해이다, 『후집』 권12, 서, 65세

上崔樞密詵 최선 추밀에게 올림, 『전집』 권7, 고율시, 30세

上崔平章讜 幷序 최당 평장사에게 올림—서문을 붙임, 『전집』 권7, 고율시, 30세

鼠狂 長短句 쥐가 광란하다—장단구, 『후집』 권1, 고율시, 70세

書衿州倉壁上 금주창의 벽 위에 쓰다, 『전집』 권15, 고율시, 53세

書記使名妓第一紅 奉簡乞詩 走筆贈之 서기가 명기 제일홍을 시켜 편지를 보내 시를
　　청하므로 주필로 써 주다, 『전집』 권6, 고율시, 29세

書聊城驛樓上 요성역의 누각 위에서 쓰다, 『전집』 권6, 고율시, 29세

書文長老月傾扇 혜문 장로의 월경선에 쓰다, 『전집』 권11, 고율시, 35세

書白樂天集後 『백낙천집』 뒤에 쓰다, 『후집』 권11, 기, 70세

書所感 소감을 적다, 『후집』 권3, 고율시, 71세

書崔員外宗蕃備忘錄 최종번 원외랑의 비망록에 쓰다, 『전집』 권14, 고율시, 47세

徐學錄見和 復次韻答之 서릉 학록이 화답하므로 다시 차운하여 답하다, 『전집』 권
　　12, 고율시, 38세

石竹花 석죽화, 『전집』 권1, 고율시, 26세

惜花 꽃을 애석해 하며, 『전집』 권16, 고율시, 56세

禪師見和 以二首答之 선새수기가 화답하므로 두 수로 답하다, 『후집』 권7, 고율시,
　　73세

先王制冕軒著貴賤不求美 옛날 임금은 수레와 면류관을 만들어 귀천을 나타내도록
　　하였으나, 아름다움을 구하지는 않았다, 「연보」 기유: 국자감시 시제, 22세

雪詠 눈을 읊다, 『전집』 권16, 고율시, 57세

雪中 訪友人不遇 눈 속에서 친구를 찾아갔으나 만나지 못하다,『전집』권8, 고율시, 31세

雪花吟示空空上人 눈꽃을 읊어 공공 상인[景照]에게 보이다,『후집』권9, 고율시, 74세
上人見和 復次韻 공공 상인이 화답하므로 다시 차운하다, 위와 같음

城東草堂 理瓜架 성동 초당에서 오이넝쿨을 매면서,『전집』권10, 고율시, 34세

城北楊生林園賞花吟 성북 양생재의 임원에서 꽃을 감상하며 읊다,『전집』권2, 고율시, 26세

聖皇朝享大廟頌 幷序 乙亥年 성황조가 대묘에 제사를 드린 데 대한 송―서문을 붙임. 을해년,『전집』권19, 송, 48세

梳頭自嘆 머리를 빗다가 스스로 탄식하다,『후집』권9, 고율시, 74세

小栗樹結子 작은 밤나무가 열매를 맺다,『후집』권7, 고율시, 73세

梳髮 머리를 빗다가,『후집』권7, 고율시, 73세

炤鬢有感 구렛나루를 비춰 보며 느낌이 있어,『전집』권16, 고율시, 58세

消災道場 同前詩 소재도량―앞과 같은 시,『전집』권18, 고율시, 65세

炤井戲作 우물에 비친 모습에 희롱 삼아 짓다,『전집』권18, 고율시, 69세

續夢中作 꿈속의 시를 이어 짓다,『후집』권1, 고율시, 48세

續將進酒歌 李賀將進酒日 酒不到劉伶墳上土 此誠達道之言也 故廣其辭 命之曰續將進酒云 속장진주가―이하는 장진주사에서 '술은 유영의 무덤 위 흙에 이르지는 못한다' 라고 하였는데, 이는 진실로 도에 통달한 말이다. 그러므로 이 말을 부연하여 속장진주가라고 이름한다,『전집』권16, 고율시, 56세

孫祕書冷泉亭記 손 비서의 냉천정기,『전집』권24, 기, 54세

孫玉堂得之 · 李史館允甫 · 王史館崇 · 金內翰轍 · 吳史館桂卿見和 復次韻答之 손득지 옥당 · 이윤보 사관 · 왕숭 사관 · 김철 내한 · 오주경 사관이 화답하므로 다시 차운하여 답하다,『전집』권13, 고율시, 42세
孫翰長復和 次韻寄之 손득지 한장이 다시 화답하기에 차운하여 주다, 위와 같음

孫翰長家詠春雪 用古人韻 손득지 한장의 집에서 봄눈을 읊으며 옛사람의 운을 쓰다,『전집』권13, 고율시, 42세

孫翰長得之見和 復次前韻 손득지 한장이 화답하므로 다시 앞의 운을 빌려서, 『전집』 권13, 고율시, 46세

孫翰長復和 次韻寄之 손득지 한장이 다시 화답하기에 차운하여 주다, 『전집』 권13, 고율시, 42세

送唐古官人書 당고 관인에게 보내는 서, 『전집』 권28, 71세

誦楞嚴經初卷 偶得詩 寄示其僧統 『능엄경』 첫째 권을 외우다가 우연히 시를 얻어 수기 승통에게 보이다, 『후집』 권5, 고율시, 71세
　次韻其公見和 수기 공이 화답한 것에 차운하다, 위와 같음
　僧統又和復答之 수기 승통이 또 화답하므로 다시 답하다, 위와 같음

誦楞嚴偶題 『능엄경』을 외우다가 우연히 짓다, 『후집』 권7, 고율시, 73세

誦楞嚴第六卷有作 『능엄경』을 제6권까지 외우고서 짓다, 『후집』 권6, 고율시, 72세

送同年盧生還田居序 전원의 집으로 돌아가는 동년 노생을 전송하는 서, 『전집』 권21, 서, 55세

送某官狀 아무개 관에게 보내는 장, 『전집』 권28, 장, 65세

送蒙古國元帥書 是年三月 池義深齎去 몽고국 원수를 보내는 서―이 해 3월에 지의심이 가지고 갔다, 『전집』 권28, 서, 65세

送蒙古大官人書 壬辰十二月 몽고 대관인에게 보내는 서―임진년 12월, 『전집』 권28, 서, 65세

送撒里打官人書 壬辰四月 살리타 관인을 보내는 서―임진년 4월, 『전집』 권28, 서, 65세

送宋左丞恂節制塞北 席上走筆 송순 좌승을 새북 절제사로 보내며―앉은 자리에서 주필로 쓰다, 『전집』 권17, 고율시, 60세

送友人之南田居 남전으로 살러 가는 친구를 보내며, 『전집』 권12, 고율시, 39세

送友人之尙州 得嚴字 상주로 가는 친구를 보내면서 '엄嚴' 자를 얻다, 『전집』 권6, 고율시, 29세

送晉卿承相書 진경 승상에게 보내는 서, 『전집』 권28, 서, 65세

送晉卿丞相書 진경 승상에게 보내는 서, 『전집』 권28, 서, 71세

送春 봄을 보내며, 『후집』 권3, 고율시, 71세

送春吟 봄을 보내며 읊다, 『전집』 권2, 고율시, 26세

手病有作 손에 병이 나서 짓다, 『전집』 권7, 고율시, 30세

守歲 수세, 『전집』 권13, 고율시, 45세

睡次移船 조는 사이에 배가 옮겨갔다, 『전집』 권6, 고율시, 29세

修風雨所墮簷板 비바람에 떨어진 처마 판자를 고치다, 『후집』 권8, 고율시, 73세

宿甲君臺 明日 將發有作 갑군대에서 자고 이튿날 떠나면서 짓다, 『전집』 권17, 고율시, 63세

宿乾聖寺 贈堂頭 건성사에서 자면서 당두에게 주다, 『전집』 권2, 고율시, 26세

宿廣明寺 示堂頭禪老 광명사에서 자면서 당두 선로에게 보이다, 『전집』 권16, 고율시, 57세

宿金鍾寺 明日 作 금종사에서 자고 이튿날 짓다, 『전집』 권16, 고율시, 53세

宿瀨江村舍 강가의 시골집에서 자다, 『전집』 권6, 고율시, 29세

宿沙平津 사평진에서 자다, 『전집』 권6, 고율시, 29세

宿雙嶺 쌍령에서 자다, 『전집』 권6, 고율시, 29세

僧統又和復答之 수기 승통이 또 화답하므로 다시 답하다, 『후집』 권5, 고율시 , 71세

是年九月 因備禦胡兵 以白衣守保定門 이 해 9월에 호병을 막기 위해 백의로 보정문을 지키다, 『전집』 권17, 고율시, 64세

始斷五辛有作 처음으로 오신을 끊고 짓다, 『후집』 권5, 고율시, 71세

詩癖 自知漸作痼疾 猶不能自止 故作詩傷之 시벽-점점 심해져서 고질이 된 것은 스스로 알고 있지만 그래도 시를 짓는 일을 스스로 멈출 수 없기에 시를 지어 탄식한다, 『후집』 권1, 고율시, 70세

是日 迷路 夜到脇村宿 이날 길을 잃어 밤에 협촌에 이르러 자다, 『전집』 권6, 고율시, 29세

是日 訪金洞寺堂頭枯師 이날 금동사 당두인 고 스님을 찾아가다, 『전집』 권9, 고율시, 32세

是日 三朴學士見和 復次韻 이날 세 명의 박 학사[朴棹·朴仁著·朴暉]가 화답하므로

다시 차운하다, 『후집』 권10, 고율시, 74세

是日 書記出餞新興寺 次崔伯桓首題韻 이날 서기가 나와 신흥사에서 전별연을 베풀어 주므로 최백환이 첫 머리에 쓴 운을 빌려서, 『전집』 권6, 고율시, 29세

是日 宿普光寺 用故王書記儀留題詩韻 贈堂頭 이날 보광사에서 자면서 작고한 왕의 서기가 남긴 시의 운을 써서 당두에게 주다, 『전집』 권10, 고율시, 33세

是日 李學士百全與同年李先輩見訪 飮席走筆 贈之叙舊 이날 이백전 학사가 동년인 이 선배와 함께 찾아왔으므로 술자리에서 주필로 지어 주면서 옛 정을 서술하다, 『후집』 권4, 고율시, 71세
又一絶別贈李先輩 또 한 절구를 따로 이 선배에게 주다, 위와 같음

是日 飮闌小息 唯三四人相對飮茶而已 及夜半 坐久體煩 睡暈著眼 師出金橘木瓜紅柿 餉于坐客 未及一嚼 不覺眠魔之頓去也 俄而喚沙彌 沙彌鼻鼾不應 師笑入房中 手挈美酒一壺 坐客皆盧胡大笑 於是小酌數四盃 漸引靜中之樂 噫 平生適意之遊 恐他日不復得也 因著一篇 以記一宵之事爾 이날 늦도록 마시다가 잠깐 쉬는데, 오직 서너 명만이 마주 앉아 차를 마실 뿐이었다. 한밤중이 되자 오래 앉아 있느라 몸도 피로하여 졸음이 눈가에 와 덮이는데, 스님이 금귤과 모과와 홍시를 가지고 와서 앉아 있는 손님들을 대접하니 한 번 씹자마자 깨닫지 못하는 사이에 수마가 갑자기 사라져 버렸다. 조금 뒤 사미를 불렀으나 사미는 코를 골면서 대답이 없자, 스님이 웃으면서 방으로 들어가 손수 좋은 술 한 병을 가지고 오니 좌객들은 모두 소리 없이 크게 웃었다. 이에 서너 배를 간소하게 마시니 점차 조용한 가운데 즐거움에 빠지게 되었다. 아, 평생에 이렇게 마음에 드는 즐거운 놀이는 다른 날에 다시 있을 것 같지 않다. 그래서 한 편의 글을 지어 하룻밤에 일어난 일을 기록해 둔다, 『전집』 권8, 고율시, 31세

是日 日暮 朴君文老邀予往宿漢谷別業 夜歸置酒有作 이날 날이 저물자 박문로 군이 나를 맞아 주어 한곡의 별장에 가서 잤는데 밤에 술자리를 베풀고 짓다, 『전집』 권6, 고율시, 29세

是日 入元興寺 見故人珪師贈之 이날 원흥사에 들어가 친구 규 스님을 만나서 주다, 『전집』 권6, 고율시, 29세

示子姪長短句 아들과 조카들에게 장단구를 지어 보여 주다, 『후집』 권3, 고율시, 71세

示通判鄭君 二首 통판 정 군에게 보이다 2수, 『전집』 권15, 고율시, 52세

食俗所號天子梨 속칭 천자배라고 부르는 것을 먹고, 『후집』 권5, 고율시, 71세

食松菌 송이버섯을 먹으면서, 『전집』 권14, 고율시, 48세

食朱李 붉은 오얏을 먹으며, 『전집』 권3, 고율시, 27세

食蒸蟹 찐 게를 먹으며, 『전집』 권7, 고율시, 30세

食天子梨 천자배를 먹으면서, 『후집』 권7, 고율시, 73세

神童國手詩 有姓郭小兒善棊 嘗於晉陽公前着之 신동 국수시―곽씨 성을 가진 어린아이가 바둑을 잘 두었는데, 항상 진양공(최우) 앞에서 두었다, 『후집』 권10, 고율시, 74세

辛卯正月九日記夢 신묘년 정월 9일의 꿈을 적다, 『전집』 권17, 고율시, 64세

辛卯七月 復京後有題 신묘년 7월에 서울로 돌아온 뒤 짓다, 『전집』 권17, 고율시, 64세

辛卯十二月日 君臣盟告文 신묘년 12월 일에 임금과 신하의 맹세를 고하는 글, 『전집』 권25, 잡저, 64세

辛酉五月 草堂端居無事 理園掃地之暇 讀杜詩 用成都草堂詩韻 書閑適之樂 五首 신유년 5월에 초당에서 평범하게 별일 없이 지내면서 밭을 매고 마당도 쓰는 틈틈이 두보의 시를 읽다가 '성도초당시'의 운을 써서 한적한 즐거움을 쓰다 5수, 『전집』 권10, 고율시, 34세

新集御醫撮要方序 『신집어의촬요방』 서, 『전집』 권21, 서, 59세

新晴 오랜만에 개다, 『전집』 권7, 고율시, 30세

辛丑正旦 신축년 설날에, 『후집』 권8, 고율시, 74세

辛丑三月三日 送長子涵以洪州守之任有作 신축년 3월 3일에 홍주 태수로 부임하는 맏아들 함을 보내며 짓다, 『후집』 권9, 고율시, 74세

失扇 부채를 잃고, 『전집』 권14, 고율시, 46세

尋山迷路 산을 찾았다가 길을 잃다, 『전집』 권5, 고율시, 29세

十月 大雷雹與風 10월에 크게 우레가 치고 우박이 내리고 바람이 불다, 『전집』 권12, 고율시, 35세

十月 電 10월에 번개가 치다, 『후집』 권5, 고율시, 71세

十月日 見黃菊盛開 10월 일에 황국이 만발한 것을 보고, 『후집』 권7, 고율시, 73세

十月二日 憶舊遊 10월 2일에 예전에 놀던 일을 추억하며,『전집』권7, 고율시, 30세

十月二日 自江南入洛有作 示諸友生 10월 2일에 강남으로부터 낙양에 들어와 지은 것이 있어 여러 친구들에게 보이다,『전집』권6, 고율시, 29세

十月五日 陳澕見訪 留宿置酒 用蘇軾詩各賦 10월 5일에 진화가 찾아왔다가 머물러 자면서 술자리를 차리고 소식의 시의 운을 써서 각기 짓다,『전집』권11, 고율시, 35세

後數日 陳君見和 復次韻答之 며칠 뒤에 진화 군이 화답한 것을 보고 다시 차운하여 답하다, 위와 같음

陳君復和 又次韻贈之 진화 군이 다시 화답하므로 또 차운하여 주다, 위와 같음

十月八日 遊景福寺 明日 訪飛來方丈 始謁普德聖人眞容 板上有宗聆首座李內翰仁老所題詩 堂頭老宿乞詩 依韻書于末云 10월 8일에 경복사에서 놀고 이튿날 비래방장을 찾아가 처음으로 보덕 성인의 진용을 배알했다. 현판 위에 종령 수좌와 이인로 내한이 지은 시가 있었는데, 당두인 늙은 주지가 시를 청하므로 운에 의거해서 그 끝에 쓰다,『전집』권10, 고율시, 33세

十月八日五更 大雪 10월 8일 오경에 큰 눈이 내리다,『후집』권5, 고율시, 71세

十月十四日 看楞嚴 傍置琴彈之 因有作 10월 14일에『능엄경』을 보고 곁에 있던 가야금을 타고는 인하여 짓다,『후집』권5, 고율시, 71세

十月十九日 有所訪 以雨未果 偶成 10월 19일에 찾아갈 곳이 있었으나 비 때문에 가지 못하고 우연히 짓다,『전집』권6, 고율시, 29세

十月十九日 遊雙嵓寺留題 示主老源上人 10월 19일에 쌍암사에서 놀다가 글을 지어 주지 원 상인에게 보이다,『후집』권5, 고율시, 71세

十月二十日 寫乞退表有作 10월 20일에 퇴직하기를 바라는 표를 쓰고 짓다,『후집』권2, 고율시, 70세

十二國史重彫後序『십이국사』를 중각한 뒤 서를 쓰다,『전집』권21, 서, 33세

十一月 見門前雪積有作 11월에 문 앞에 눈이 쌓인 것을 보고 짓다,『후집』권6, 고율시, 72세

十一月日 夜直內省 臥吟不覺至累首 11월 일 밤에 내성에서 숙직하다가 누워서 읊조린 것이 여러 수가 된 것을 깨닫지 못하다,『전집』권18, 고율시, 69세

十一月三日 大雪 11월 3일에 큰 눈이 내리다, 『후집』 권7, 고율시, 73세

十一月十八日 曝日 南軒欲覓題爲詩 因披書册 遂得白字 乃曰白者質也 吾方乞退 將從本質 愜吾志也 遂以詠白爲題 復探得庭字爲韻賦之 不覺多至累句 仍邀李侍郎同賦 11월 18일에 햇볕을 쬐다가 남헌에서 제목을 찾아 시를 짓고자 하여 서책을 뒤적여 마침내 '백白' 자를 얻었다. 이에 말하기를, '흰 것은 바탕이다. 내가 바야흐로 퇴직을 청하여 장차 본바탕을 좇고자 하니 내 뜻에 잘 맞는다'고 하여 마침내 '백'을 제목으로 삼고, 다시 '정庭' 자를 찾아내어 운으로 삼아 시를 지었다. 깨닫지 못하는 사이에 여러 구가 쌓였으므로 이 시랑을 맞아들여 함께 짓는다, 『후집』 권2, 고율시, 70세

十一月二十日 出宿屬郡馬靈客舍 重臺堂頭携酒來訪 以詩贈之 11월 20일에 속군인 마령 객사에서 잤는데, 중대 당두가 술을 가지고 찾아왔으므로 시를 주다, 『전집』 권9, 고율시, 32세

十二月 移寓保安縣李進士翰材家 謝鄕校諸生携酒來慰 坐上作 12월에 보안현 이한재 진사의 집으로 옮겨서 머물렀는데, 향교의 제생들이 술을 가지고 와서 위로해 준 것에 감사하며 앉은 자리에서 짓다, 『전집』 권17, 고율시, 63세

十二月朔日蝕 십이월 초하루에 일식이 일어나다, 『후집』 권2, 고율시, 70세

十二月日 因斫木初指扶寧郡邊山 馬上作 二首 12월 일에 벌목하러 가면서 처음으로 부령군 변산으로 가다가 말 위에서 짓다 2수, 『전집』 권9, 고율시, 32세

十二月十二日 馬斃 傷之有作 前所傷瘦馬也 12월 12일에 말이 죽자 가슴이 아파 짓다 —앞에서 가슴 아파했던 야윈 말이다, 『후집』 권2, 고율시, 70세

十二月十九日 被讒見替 發州日有作 12월 19일에 참소를 입고 벼슬을 그만 두게 되자, 전주를 떠나던 날 짓다, 『전집』 권10, 고율시, 33세

十二月二十六日 將入猬島泛舟 并序 12월 26일에 위도로 들어가려고 배를 띄우다—서문을 붙임, 『전집』 권17, 고율시, 63세

十二月二十九日 入廣州 贈晉書記公度 12월 29일에 광주에 들어가 진공도 서기에게 주다, 『전집』 권10, 고율시, 33세

十二月二十九日 頒政 以門下平章致仕有作 三首 12월 29일에 인사를 반포할 때에 문하평장사로 치사하고 짓다 3수, 『후집』 권2, 고율시, 70세

十日菊 십일국, 『후집』 권7, 고율시, 73세

○

兒輩以風甌掛樹 其聲可愛 以詩狀之 아이들이 풍구를 나무에 매달았는데 그 소리가
　　가히 사랑스러워 시로 그리다, 『전집』 권17, 고율시, 59세

兒三百飮酒 아들 삼백이 술을 마시다, 『전집』 권5, 고율시, 29세

兒子涵見和 復用前韻 아들 함이 화답하므로 다시 앞의 운을 써서, 『전집』 권17, 고
　　율시, 59세

兒子涵編予詩文 因題其上 아들 함이 나의 시문을 편집하였기에 그 위에 짓다, 『후
　　집』 권1, 고율시, 70세

眼病久不理 人云瞳邊有白膜 因嘆之有題 눈병이 오래 치료되지 않았는데 사람들이
　　말하기를 눈동자 가에 허연 막이 끼었다고 하므로, 이를 탄식하며 짓다, 『후집』
　　권9, 고율시, 74세

案中三詠 책상 위의 세 가지를 읊다, 『전집』 권13, 고율시, 42세
　　- 小盆石菖蒲 작은 화분에 담긴 석창포
　　- 綠瓷硯滴子 녹자 연적
　　- 竹硯匣 대나무 벼룻집

安處士墨竹贊 常自号弇庵居士 안치민 처사의 묵죽에 대한 찬―늘 스스로 호를 기암거사라
　　고 했다, 『전집』 권19, 찬, 36세

眼昏有感 贈全履之 눈이 침침해짐에 느낌이 있어 전이지에게 주다, 『전집』 권14, 고
　　율시, 44세

安和寺敦軾禪老方丈夜酌 用東坡韻 안화사의 돈식 선로의 방장에서 밤에 술을 마시
　　다가 동파의 운을 써서, 『전집』 권8, 고율시, 31세
　　復和 다시 화답하다, 위와 같음

鶯溪草堂偶題 앵계 초당에서 우연히 쓰다, 『전집』 권3, 고율시, 27세

櫻桃 앵도, 『전집』 권16, 고율시, 58세

鸚鵡 앵무새, 『전집』 권10, 고율시, 34세

鸚鵡最善導客來 公又令賦之 앵무새가 찾아오는 손님이 오는 것을 가장 잘 맞이하므로 공이 또 짓게 하다, 『전집』 권3, 고율시, 27세

夜聞汁酒聲 밤에 술 거르는 소리를 듣고, 『후집』 권8, 고율시, 73세

夜宿陳澕家 大醉書壁上 밤에 진화의 집에서 자며 크게 취하여 벽 위에 쓰다, 『전집』 권11, 고율시, 35세

　　陳君見和 復次韻答之 진화 군이 화답하므로 다시 차운하여 답하다, 위와 같음

　　陳君復和 次韻贈之 幷序 진화 군이 화답하므로 차운하여 주다─서문을 붙임, 위와 같음

野人送紅枾 야인이 홍시를 보내오다, 『전집』 권5, 고율시, 29세

夜霽 밤에 개자, 『전집』 권10, 고율시, 34세

梁閣校見和 復用前韻 양 각교가 화답하므로 다시 앞의 운을 써서, 『전집』 권3, 고율시, 27세

讓監試試員表 국자감시의 시원을 사양하는 표, 『전집』 권31, 표, 57세

　　同前謝表 앞과 같이 (국자감시의) 시원을 사은하는 표, 위와 같음

梁公見和 復用前韻 양 공이 화답하므로 다시 앞의 운을 써서, 『전집』 권5, 고율시, 28세

梁校勘見和 復用前韻 양 교감이 화답하므로 다시 앞의 운을 써서, 『전집』 권13, 고율시, 46세

兩君見和又作 두 군(공공 상인·노 동년)이 화답하기에 또 짓다, 『후집』 권5, 고율시, 71세

楊貴妃 양귀비, 『전집』 권7, 고율시, 30세

讓金紫光祿大夫知門下省事戶部尙書集賢殿大學士表 금자광록대부 지문하성사 호부상서 집현전대학사를 사양하는 표, 『전집』 권31, 표, 66세

　　同前謝表 앞과 같이 (금자광록대부 지문하성사 호부상서 집현전대학사를) 사은하는 표, 위와 같음

讓同知貢擧表 동지공거를 사양하는 표, 『전집』 권31, 표, 61세

　　同前謝表 앞과 같이 (동지공거를) 사은하는 표, 위와 같음

梁文家芍藥盛開 梁君請詩爲賦之 양문의 집에 작약이 활짝 피었는데, 양 군이 시를

청하므로 시를 짓다,『전집』권5, 고율시, 28세

讓寶文閣待制表 보문각대제를 사양하는 표,『전집』권31, 표, 54세
    同前謝表 앞과 같이 (보문각대제를) 사은하는 표, 위와 같음

讓右諫議大夫表 우간의대부를 사양하는 표,『전집』권31, 표, 58세
    同前謝表 앞과 같이 (우간의대부를) 사은하는 표, 위와 같음

讓銀靑光祿大夫樞密院副使左散騎常侍寶文閣學士表 은청광록대부 추밀원부사 좌
산기상시 보문각학사를 사양하는 표,『전집』권31, 표, 66세
    同前謝表 앞과 같이 (은청광록대부 추밀원부사 좌산기상시 보문각학사를) 사
은하는 표, 위와 같음

楊梓驛 次板上韻 양재역에서 현판 위의 운을 빌려서,『전집』권15, 고율시, 53세

讓朝議大夫國子祭酒翰林侍講學士表 조의대부 국자제주 한림시강학사를 사양하는
표,『전집』권31, 표, 57세
    同前謝表 앞과 같이 (조의대부 국자제주 한림시강학사를) 사은하는 표, 위와
같음

讓知貢擧表 甲午年 지공거를 사양하는 표-갑오년,『전집』권31, 표, 67세
    同前謝表 앞과 같이 (지공거를) 사은하는 표, 위와 같음

讓知貢擧表 丙申年 지공거를 사양하는 표-병신년,『전집』권31, 표, 69세
    同前謝表 앞과 같이 (지공거를) 사은하는 표, 위와 같음

梁學諭公老見和 次韻答之 양공로 학유가 화답하므로 차운하여 답하다,『전집』권
12, 고율시, 38세

痒和子 등긁개,『후집』권7, 고율시, 73세
    又 또, 위와 같음

漁父 四首 어부 4수,『전집』권14, 고율시, 46세

御留花 어류화,『후집』권3, 고율시, 71세

御殿春帖子 五言七言 어전의 춘첩자 5언·7언,『전집』권17, 고율시, 59세

御殿春帖子 어전의 춘첩자,『전집』권17, 고율시, 63세

憶吳德全 오덕전을 생각하며,『전집』권1, 고율시, 26세

憶二兒 二首 두 아이를 생각하며 2수, 『전집』권6, 고율시, 29세

憶長安 장안을 생각하며, 『전집』권6, 고율시, 29세

言悔 뉘우치는 말, 『전집』권18, 고율시, 70세

予年老久已除色慾 猶未去詩酒 詩酒但有時寓興而已 不宜成癖 成癖卽魔 予憂之久矣 漸欲少省 先作三魔詩以見志耳 내가 나이 들어 오랫동안 색욕色慾은 물리쳤으나 시와 술은 버리지 못했다. 시와 술도 단지 때때로 흥미를 붙여야 할 뿐이지 벽癖을 이루는 것은 마땅하지 않으니, 벽癖을 이루면 곧 마魔가 되는 것이다. 내가 이를 근심한 지 오래인데, 점차 조금씩 줄이고자 하여 먼저 세 가지 마에 대한 시를 지어 뜻을 보인다, 『후집』권10, 고율시, 74세
- 色魔 색마
- 酒魔 주마
- 詩魔 시마

與某書記書 아무개 서기에게 주는 글, 『전집』권27, 서, 34세

與朴侍御犀書 박서 시어사에게 주는 글, 『전집』권27, 서, 55세

旅舍有感 次古人韻 여사에서 느낌이 있어 옛사람의 운을 빌리다, 『전집』권6, 고율시, 29세

與兒輩行園中 아이들과 동산을 거닐며, 『전집』권11, 고율시, 35세

與梁丈國峻圍碁見輸 梁以詩誇之 次韻 양국준 장과 바둑을 두어서 졌는데 양이 시로 자랑하므로 차운하다, 『전집』권11, 고율시, 35세
　梁丈見和復答 양국준 장이 화답하므로 다시 답하다, 위와 같음

予亦別作一首 謝携三亥酒內贶 나도 또한 따로 한 수를 지어 삼해주를 가져다 준 것에 감사하다, 『후집』권6, 고율시, 73세

與寮友諸君 遊明月寺 동료 제군들과 같이 명월사에서 놀면서, 『전집』권15, 고율시, 53세

予以事到守安縣西華寺 小酌上方南榮 江山遠眺 莫有過玆者 然以境幽路僻 來遊者盖寡 故無有留題 住老請詩 爲留一篇 내가 일이 있어 수안현 서화사에 갔다가 상방 남영에서 술을 조금 마시고 강산을 멀리 바라보니 이곳보다 나은 곳이 없으나, 땅이 궁벽지고 길이 외져서 오는 이가 대개 드물기 때문에 시를 남긴 것도 없다. 주지가 시를 청하기에 한 편을 남긴다, 『전집』권15, 고율시, 53세

與李侍郎需書 이수 시랑에게 주는 글,『후집』권12, 서, 74세

與天台兩大士 讀杜牧詩 以詩贈之 천태의 두 대사와 함께 두목의 시를 읽다가 시를 주다,『전집』권10, 고율시, 34세

與崔宗裕學諭書 최종유(崔滋) 학유에게 주는 글,『전집』권27, 서, 56세

與忠原崔書記仁恭 遊紫鷰島濟物院亭 用板上諸公韻賦之 충원의 최인공 서기와 자연도 제물원정에서 놀다가 현판 위의 제공의 운을 써서 짓다,『전집』권15, 고율시, 53세

崔書記見和 復題 최인공 서기가 화답하므로 다시 짓다, 위와 같음

與鄕黨二三子 遊馬巖 고향 친척 두세 분과 함께 마암에서 놀며,『전집』권6, 고율시

與玄上人遊萬日寺 次壁上韻 현 상인과 함께 만일사에서 놀다가 벽 위의 운을 빌려서,『전집』권15, 고율시, 52세

與玄上人遊壽量寺 記所見 현 상인과 같이 수량사에서 놀면서 본 것을 적다,『전집』권15, 고율시, 52세

淵首座方丈 觀鄭得恭所畫魚蔟子 연 수좌의 방장에서 정득공이 그린 물고기 족자를 보며,『전집』권13, 고율시, 46세

硯池詩 연지시,『후집』권10, 고율시, 74세

硯破 벼루가 깨어지다,『후집』권2, 고율시, 70세

猒生吟 삶이 싫증나서 노래함,『후집』권3, 고율시, 71세

猒世偶書 세상이 싫증나서 우연히 쓰다,『후집』권3, 고율시, 71세

詠鷄 닭을 읊다,『전집』권10, 고율시, 34세

聆公見和 復次韻答之 종령 공이 화답하므로 다시 차운하여 답하다,『전집』권2, 고율시, 26세

詠菊 二首 국화를 읊다 2수,『전집』권14, 고율시, 48세

詠桐 오동을 읊다,『전집』권1, 고율시, 26세

詠忘 '잊음'을 읊다,『전집』권1, 고율시, 26세

詠黍飯花 俗名黍飯花 細如黍米 然色白未黃 未類黍米 서반화를 읊다―속명이 서반화인데 기장 쌀처럼 작으나, 꽃은 하얀데 누렇지 않아서 기장쌀과는 다르다,『후집』권3, 고율시, 71세

詠蟬 매미를 읊다, 『전집』권16, 고율시, 57세

詠雪 눈을 읊다, 『전집』권13, 고율시, 45세

詠雪 눈을 읊다, 『전집』권16, 고율시, 56세

詠雪 눈을 읊다, 『후집』권1, 고율시, 70세

詠雪 二首 以東坡漁簑句好 柳絮才高之句 衍爲詩二首 눈을 읊다—2수 동파의 '어사구호'와 '유서재고'의 구절을 넓혀서 시 두 수를 짓다, 『후집』권8, 고율시, 73세
　　- 漁簑句意 前後各韻 '어사' 구절의 뜻으로—앞뒤의 운이 다르다
　　- 柳絮語意 韻上同 '유서'의 말뜻으로—운은 앞과 같다

詠所居舍後竹笋 머물고 있는 객사 뒤의 죽순을 읊다, 『전집』권9, 고율시, 33세

詠笋 죽순을 읊다, 『전집』권16, 고율시, 57세

詠鴈 기러기를 읊다, 『전집』권11, 고율시, 35세

詠春雪得二絕 봄눈을 읊다가 절구 두 수를 짓다, 『후집』권9, 고율시, 74세

詠廁中雞冠花 一首 칙간에 있는 계관화를 읊다 1수, 『후집』권5, 고율시, 71세

靈通寺其首座方丈 次韻李郞中百順賦雨中紫牡丹 영통사의 기 수좌 방장에게 이백순 낭중이 지은 '빗속의 자모란'에 차운하여, 『전집』권17, 고율시, 60세

詠筆管 붓대를 읊다, 『전집』권1, 고율시, 26세

詠懷 회포를 읊다, 『전집』권9, 고율시, 33세

禮成江樓上 次板上諸公韻 故承宣金敦中首題 예성강 누각에 걸린 현판 위의 제공의 운을 빌려서—고 김돈중 승선의 글이 첫머리에 있었다, 『전집』권16, 고율시, 56세

禮成江上偶吟 二首 予以千牛衛參軍課漕舡 예성강에서 우연히 읊다—2수 내가 천우위 참군사로 조운 선박의 업무를 맡았다, 『전집』권13, 고율시, 45세

吳君見和 復次韻 오천유 군이 화답하므로 다시 차운하다, 『전집』권17, 고율시, 63세

吳德全東遊不來 以詩寄之 吳世才字德全 오덕전이 동경으로 떠난 뒤 돌아오지 않기에 시를 써서 부치다—오세재의 자가 덕전이다, 『전집』권1, 고율시, 26세

吳先達伯胤見和 復答之 오백윤 선달이 화답하므로 다시 답하다, 『전집』권12, 고율시, 38세

吳先生德全哀詞 幷序　오덕전 선생 애사─서문을 붙임, 『전집』 권37, 애사, 28세

五月日 文祭酒廷軾 携酒殽來訪 俄有玄源禪師 又携酒果來訪 各以詩謝之　5월 일에 문정식 제주가 술과 안주를 가지고 찾아왔는데 조금 뒤에 현원 선사가 또 술과 과일을 가지고 찾아왔으므로 각기 시로 감사하다, 『후집』 권10, 고율시, 74세
　　－ 右贈文公　이것은 문 공에게 준다
　　－ 右贈源公　이것은 원 공에게 준다
　　文公見和 復次韻　문정식 공이 화답하므로 다시 차운하다, 위와 같음

五月六日 飮雞林子家　5월 6일에 계림자의 집에서 마시며, 『전집』 권11, 고율시, 35세

五月十七日 四門生等和前詩來貺 置酒與飮 卽席復和二首贈之　5월 17일에 네 차례의 문생들이 앞에 지은 시에 화답해서 가져왔으므로 술을 차려 함께 마시고 즉석에서 다시 두 수를 화답해 주다, 『후집』 권4, 고율시, 71세

五月二十三日 題家泉 二首 幷序　5월 23일에 집의 샘을 두고 짓다─2수 서문을 붙임, 『후집』 권4, 고율시, 71세

五月晦日 走筆謝李學士百全送酒　5월 그믐에 이백전 학사가 술을 보내 주어 주필로 감사하다, 『후집』 권6, 고율시, 72세

玉梅　옥매, 『후집』 권3, 고율시, 71세

屋蕪　집이 황폐해지다, 『후집』 권6, 고율시, 73세

沃野縣客舍 次韻板上蔡學士寶文梨花詩　옥야현 객사에서 현판 위의 채보문 학사의 '이화시'에 차운하다, 『전집』 권10, 고율시, 33세

溫上人所蓄獨畫鷺鷥圖　온 상인이 소장한 '해오라기만 홀로 그린 그림'을 보고, 『전집』 권10, 고율시, 34세

兀坐自狀　우두커니 앉아 스스로에 대해 쓰다, 『후집』 권8, 고율시, 74세

擁爐　화롯불을 쬐며, 『후집』 권7, 고율시, 73세

擁爐有感　화롯불을 쬐다가 느낌이 있어, 『전집』 권11, 고율시, 35세

臥病久不療 因有作　병들어 누운 지 오래인데 낫지 않으므로 짓다, 『후집』 권7, 고율시, 73세

臥誦楞嚴有作 二首　누워서 『능엄경』을 외우며 짓다 2수, 『후집』 권5, 고율시, 71세

臥楊引風 평상에 누워 바람을 쐬며,『후집』권10, 고율시, 74세

王大后挽詞 太上皇母 受勅述 왕태후의 만사―태상의 황모로 칙명을 받고 짓다,『전집』권16, 고율시, 55세

王輪寺丈六金像靈驗收拾記 왕륜사 장육금상의 영험을 모은 기,『전집』권25, 기, 58세

王明妃 二首 왕명비 2수,『전집』권10, 고율시, 34세

王師乞下山狀 왕사가 하산하기를 비는 장,『전집』권30, 장, 50세
　謝下山狀 依所住下山 하산을 하락해 준 것을 사은하는 장―거주하던 곳에서 하산했다, 위와 같음

王師封册客主往來狀 受勅述 왕사봉책객주왕래장―칙명을 받고 지었다,『전집』권32, 장, 46세
　‒ 王師呈册使狀 왕사가 책사에게 올리는 글
　‒ 册使答狀 책사가 답하는 글
　‒ 上册使屈宴狀 책사를 잔치에 모시는 글
　‒ 贈物狀 물품을 드리는 글
　‒ 三度册使上遠狀 세 번째로 책사에게 올리는 글
　‒ 册使答狀 책사가 답하는 글
　‒ 屈宴狀 잔치에 모시는 글
　‒ 贈物狀 물품을 드리는 글
　‒ 五度册使先呈王師狀 已封崇後 册使先呈狀 다섯 번째로 책사가 먼저 왕사에게 드리는 글―이미 봉숭한 뒤이므로 책사가 먼저 글을 올렸다
　‒ 副使行同前狀 부사가 먼저 왕사에게 올리는 글
　‒ 王師答册使狀 왕사가 책사에게 답하는 글
　‒ 答副使狀 부사에게 답하는 글
　‒ 册使上屈宴狀 책사를 잔치에 모시는 글
　‒ 副使上同前狀 부사를 잔치에 모시는 글
　‒ 使上贈物狀 책사에게 물품을 드리는 글
　‒ 副使上同前狀 부사에게 물품을 드리는 글

王師册封修製 受勅述 왕사를 책봉하면서 지은 글―칙명을 받아 지었다,『전집』권30, 표, 46세

- 初度讓封王師表　왕사로 책봉됨을 사양하는 첫 번째 표
- 三度謝表　세 번째로 사은하는 표
- 五度謝封崇狀 除臣後以狀行　다섯 번째로 봉숭하는 글에 대해 사은하는 장—신이라는 칭호를 제거한 뒤 글을 지었다
- 謝物狀　물품을 내려 준 것에 사은하는 장
- 代曹溪宗賀王師牋 私請作　조계종을 대신하여 왕사에게 하례하는 전—사적인 부탁으로 지었다

王氏行謝別宣表　왕씨가 별선에 대해 사은하는 표,『전집』권30, 표, 47세

王后受冊後謝大后表　왕후가 책봉을 받은 뒤 태후에게 사은하는 표,『전집』권30, 표, 44세

矮松　키 작은 소나무,『전집』권3, 고율시, 27세

外孫孩兒學拜　외손자 아이가 절하는 것을 배우다,『후집』권8, 고율시, 73세

欲屛三物 今未爾 先以詩自激 幷序　세 가지 일을 물리치려고 하나 아직도 하지 못했기에 우선 시로 스스로를 격려한다—서문을 붙임,『후집』권5, 고율시, 71세

龍潭寺叢林會牓　용담사의 총림회에 대한 방,『전집』권25, 방, 59세

用前韻 餞尹書記儀赴東京幕府　앞의 운을 써서 동경막부로 부임하는 윤의 서기를 전별하다,『전집』권5, 고율시, 29세

寓居天龍寺有作　천룡사에 머물면서 짓다,『전집』권9, 고율시, 33세

偶見氣毬 因寓意　우연히 기구를 보고 뜻을 붙이다,『후집』권6, 고율시, 72세
　　氣毬答　기구가 답하다, 위와 같음

寓古　옛일에 부쳐,『전집』권1, 고율시, 26세

寓古　옛일에 부쳐,『전집』권12, 고율시, 38세

寓古　옛일에 부쳐,『전집』권14, 고율시, 46세

又寄安處士手書　또 안치민 처사에게 부치는 편지,『전집』권27, 서, 36세

又祈雨國師大王文　또 국사대왕에게 비를 비는 제문,『전집』권37, 제문, 52세

又祈雨城隍文 無韻　또 성황에 비를 비는 제문—운이 없다,『전집』권37, 제문, 52세

又寄題白蓮社石臺 師結白蓮社於功德山前 有石臺　또 백련사 석대에 대한 글을 보내다—

스님이 백련사를 공덕산에 지었는데 앞에 석대가 있다, 『전집』 권8, 고율시, 31세

明日 朴還古有詩 走筆和之 이튿날 박환고가 시를 지었기에 주필로 화답하다, 위와 같음

又樓上觀潮 贈同寮金君 予以公事往來數月 또 누각 위에서 조수를 바라보다 동료 김 군에게 주다—내가 공적인 일로 몇 달 동안 왕래했다, 『전집』 권16, 고율시, 56세

又丹兵祈禳帝釋道場文 또 거란 군사를 물리치기 위해 제석도량에 올리는 글, 『전집』 권41, 석도소, 50세

又大樓記 또 (최우 승제의) 대루기를 짓다, 『전집』 권24, 기, 46세

偶讀山谷集 次韻雨絲 우연히 『산곡집』을 읽다가 '빗줄기'라는 시에 차운하다, 『전집』 권18, 고율시, 69세

又聞雙琵琶口占 또 쌍비파를 들으면서 구점하다, 『전집』 권13, 고율시, 42세

又捫蚤 또 벼룩을 잡으며, 『후집』 권4, 고율시, 71세

又泛舟 또 배를 띄우다, 『전집』 권6, 고율시, 29세

又別贈門生 또 따로 문생에게 주다, 『후집』 권10, 고율시, 74세

又病中疾蠅 또 병중에 파리를 미워하며 짓다, 『후집』 권1, 고율시, 70세

又賦木如意占字 또 나무로 만든 여의에 운자를 골라 짓다, 『전집』 권8, 고율시, 31세

又謝晉陽公送白粲 幷序 또 진양공[최우]이 흰 쌀을 보내 준 것에 감사하다—서문을 붙임, 『후집』 권9, 고율시, 74세

又謝雉 또 꿩을 보낸 것에 감사하다, 『후집』 권2, 고율시, 71세

又傷目病 또 눈병을 슬퍼하다, 『후집』 권9, 고율시, 74세

偶書 우연히 쓰다, 『전집』 권10, 고율시, 33세

又詠橘 또 귤을 읊다, 『전집』 권5, 고율시, 29세

又用古人詩韻走筆書壁上 또 옛사람의 시의 운을 써서 주필로 벽 위에 쓰다, 『전집』 권7, 고율시, 30세

又用東坡詩韻 또 동파 시의 운을 써서, 『전집』 권3, 고율시

又用白公韻 賦文長老草履 또 백거이 공의 운을 써서 혜문 장로의 짚신에 짓다, 『전

집』권8, 고율시, 31세

偶遊山中 書壁上 우연히 산 속에서 놀다가 벽 위에 쓰다, 『전집』 권5, 고율시, 29세

又有黃蛾墮觴輒死 또 누런 누에나비가 술잔에 빠졌는데 금방 죽었다, 『후집』 권4, 고율시, 71세

偶吟 우연히 읊다, 『전집』 권11, 고율시, 35세

偶吟 우연히 읊다, 『후집』 권9, 고율시, 74세

偶吟示官寮 우연히 읊어서 관료에게 보이다, 『전집』 권15, 고율시, 53세

偶吟二首有感 느낌이 있어 우연히 두 수를 읊다, 『전집』 권8, 고율시, 31세

又吟廻文 또 회문으로 읊다, 『전집』 권6, 고율시, 29세

又以別韻 贈歐陽二十九 또 다른 운으로 구양 이십구에게 드리다, 『후집』 권3, 고율시, 71세

又以別韻贈之 此二詩皆和 至數四首 後忘之不錄 또 다른 운으로 주다―이 두 시는 모두 화답한 것으로 서너 수에 이르는데 뒤에 잊어버려서 기록하지 못했다, 『후집』 권6, 고율시, 72세

又以長篇二首 求墨竹與寫眞 또 장편 두 수로 묵죽과 함께 초상화를 요청하다, 『후집』 권4, 고율시, 71세
　　- 求墨竹 묵죽을 요청하다
　　- 求寫眞 초상화를 요청하다

友人家食蓴 친구네 집에서 순나물을 먹고, 『전집』 권14, 고율시, 46세

友人家飮席贈妓 친구네 집의 술자리에서 기생에게 주다, 『전집』 권16, 고율시, 53세

友人見和 復次韻 친구가 화답하므로 다시 차운하다, 『전집』 권2, 고율시, 26세

又一絶別贈李先輩 또 한 절구를 따로 이 선배에게 주다, 『후집』 권4, 고율시, 71세

又一絶重乞寫眞 또 절구 한 수로 거듭 초상화를 요청하다, 『후집』 권4, 고율시, 71세

又題不思議方丈 또 불사의방장에 짓다, 『전집』 권9, 고율시, 33세

雨中觀耕者 贈書記 빗속에서 농사짓는 이를 보고 서기에게 주다, 『전집』 권15, 고율시, 53세

雨中邀飮 又用前韻贈之 빗속에 불려가 술을 마시다가 또 앞의 운을 써서 주다, 『전

집』권16, 고율시, 56세

又贈安處士 또 안치민 처사에게 주다,『전집』권12, 고율시, 36세

又贈尹公 또 윤세유 공에게 주다,『전집』권8, 고율시, 31세

又次琴相國題壁詩韻奉呈 또 금의 상국이 벽에 쓴 시의 운을 빌려서 받들어 올리다,
『전집』권14, 고율시, 51세

又次書蒻子詩韻贈之 또 족자에 쓰여 있는 시의 운을 빌려서 주다,『전집』권13, 고율
시, 46세
復和 다시 화답하다, 위와 같음

又次新貰草屋詩韻 五首 또 (두보의) '새로 빌린 초옥의 시'에 차운하다 5수,『전집』
권10, 고율시, 34세

又次韻朴學士揔和前詩 親訪見贈 또 박인저 학사가 앞의 시에 모두 화답하여 직접
찾아와서 준 시에 차운하다,『후집』권4, 고율시, 71세
- 右二首初訪詩 이 두 수는 처음 찾아와 준 것에 대한 시의 운이다
- 右一首 乞菊詩韻 今公所述 不以菊 予亦順之 이 한 수는 국화를 구한 시의 운
인데, 지금 공이 지은 것에는 국화를 말하지 않았으므로 나 또한 그에 따랐다
- 右二首還琴詩 이 두 수는 가야금을 돌려준 시의 운이다
- 右上同 또 위와 같다

又次韻丁秘監於車君家九月二十日後泛菊 至十月見之方和 또 정이안 비서감이 차 군
의 집에서 9월 20일 뒤에 국화를 띄우고 지은 시에 차운하다—10월이 되어서야 보
고 바로 화답했다,『후집』권5, 고율시, 71세

又次渭南潯陽杜校理詩韻 또 조위남의 '심양두교리' 시의 운을 빌려서,『전집』권12,
고율시, 35세

又次渭津東望詩韻 또 (조위남의) '위진동망' 시의 운을 빌려서,『전집』권12, 고율
시, 35세

又次前韻 留別金內翰奉使蒙古 또 앞의 운을 빌려 몽고 사신으로 떠나는 김 내한과
작별하다,『후집』권6, 고율시, 72세

又次絶句六首韻 또 (두보의) 절구 6수에 차운하다,『전집』권10, 고율시, 34세

又次板上庾學士韻 贈住老比丘 또 현판 위의 유 학사의 운을 빌려서 주지 비구에게

주다,『전집』권17, 고율시, 63세

又次學士和侍郎朴絪乞菊栽詩韻 二首 또 학사 박인 시랑이 국화 화분을 청한 시에 화
답한 것에 차운하다 2수,『후집』권4, 고율시, 71세

又次漢江秋晚詩韻 또 (조위남의) '한강추만' 시의 운을 빌려서,『전집』권12, 고율
시, 35세

寓天磨山有作 予辛亥年 久寄此山 至自稱白雲居士 時有此作 천마산에 우거하면서 짓다―
나는 신해년에 이 산에 오래 머물면서 스스로 백운거사라 칭하기에 이르렀는데, 이때 이 시를
지었다,『후집』권1, 고율시, 24세

又齒痛 또 이가 아파서,『후집』권1, 고율시, 70세

寓河陰客舍西廊有作 移都後 予獨於新京未構屋 擧家借河陰客館西廊居之 累月乃去 하음 객
사의 서쪽 행랑에서 살며 짓다―도읍을 옮긴 뒤 나 혼자만 새 서울에 집을 짓지 못하여 온
식구가 하음 객사관의 서쪽 행랑을 빌려 여러 달을 지내다가 떠났다,『후집』권1, 고율시,
65세

又和假滿百日停官自喜詩 또 '병가로 100일 동안 관직을 쉬게 되어 스스로 기뻐하
다'에 화답하다,『후집』권2, 고율시, 70세

寓花開寺 贈堂頭 時以病寓居 화개사에 머물면서 당두에게 주다―이때 병으로 머무르고
있었다,『전집』권6, 고율시, 29세

又和樂天心身問答 또 백낙천의 '마음과 몸이 묻고 답하다'에 화답하다,『후집』권2,
고율시 , 70세
 - 心問身 마음이 몸에게 묻다
 - 身報心 몸이 마음에게 갚다
 - 心復答身 마음이 다시 몸에게 답하다

雨後訪友人 비 온 뒤 친구를 찾아가다,『전집』권16, 고율시, 56세

雲峯住老珪禪師 得早芽茶示之 予目爲孺茶 師請詩爲賦之 운봉의 주지인 규 선사가
조아차를 얻어 보여 주자 내가 '유차孺茶'라고 이름을 붙였는데, 스님이 시를
청하므로 짓는다,『전집』권13, 고율시, 42세
 復用前韻贈之 다시 앞의 운을 써서 주다, 위와 같음

雲上人將還山乞詩 운 상인이 산으로 돌아가면서 시를 청하기에,『전집』권10, 고율
시, 34세

蔚州戒邊城天神祭文 울주 계변성 천신에게 올리는 제문,『전집』권38, 초소제문, 36세

鬱懷有作 雙韻 마음이 울적하여 짓다—쌍운,『후집』권9, 고율시, 74세

鴛鴦戲作 원앙을 두고 희롱 삼아 짓다,『전집』권12, 고율시, 39세

元日朝會 退來有感 二首 時爲千牛叅軍 설날 조회에서 물러 나오며 느낌이 있어—2수 이 때 천우위 참군사가 되었다,『후집』권1, 고율시, 45세

園中聞蟬 동산에서 매미소리를 들으며,『전집』권2, 고율시, 26세

月師方丈畫簇二詠 월 방장스님의 그림 족자에 대한 두 노래,『전집』권2, 고율시, 26세
  – 夾竹桃花 대나무와 복숭아꽃
  – 蓼花白鷺 여뀌꽃과 백로

月夜聞子規 달밤에 소쩍새를 들으며,『전집』권6, 고율시, 29세

爲相府禳丹兵大集神衆道場疏 상부가 거란군사를 물리치기 위해 크게 신중도량을 소집하는 소,『전집』권41, 석도소, 50세

爲李侍中抗初度乞退表 이항 시중을 위해 첫 번째 퇴직하기를 청하는 표,『전집』권 29, 표, 64세
  – 二度同前表 두 번째 앞과 같은 표
  – 三度同前表 세 번째 앞과 같은 표

爲晉康公重修順天寺慶讚華嚴章疏法席疏 진강공[최충헌]을 위해 순천사를 중수하고 화엄장소를 경찬하는 법석을 여는 소,『전집』권41, 석도소, 50세

遊家君別業西郊草堂 二首 아버지의 별장인 서교 초당에서 놀며 2수,『전집』권2, 고율시, 26세

有乞退心有作 퇴직하려는 마음이 있어 짓다,『후집』권1, 고율시, 70세

諭犬 개를 타이르며,『후집』권1, 고율시, 70세

庾敬玄讓監試試員不允批答 유경현이 감시의 시원을 사양하는 것을 허락하지 않는 비답,『전집』권33, 비답, 60세

庾公見和 復次韻奉答 유경현 공이 화답하므로 다시 차운하여 답을 올리다,『전집』 권17, 고율시, 59세

柳公謝賜石斛丸表　유공권 공이 석곡환을 하사받아 사은하는 표,『전집』권29, 표, 29세

裕公以此詩三首上板 因有序寄之 幷附　돈유 공이 이 세 수를 현판에 쓰고 서문을 보내왔으므로 덧붙인다,『전집』권17, 고율시, 54세

柳光植讓金紫光祿大夫知門下省事尙書右僕射判三司事不允敎書　유광식이 금자광록대부 지문하성사 상서우복야 판삼사사를 사양한 것을 허락하지 않는 교서,『전집』권33, 교서, 49세

遊九品寺迫晩　구품사에서 노는데 갑자기 날이 저물자,『전집』권14, 고율시, 46세

遊金身寺 四月二十七日 致仕宰臣等 因事同會 凡四老　금신사에서 놀며―4월 27일에 벼슬에서 물러난 재상들이 일이 있어 함께 모였는데 모두 네 늙은이였다,『후집』권3, 고율시, 71세

庾大諫敬玄邀飮同寮 出所蓄水精杯 請予賦之 時予爲左諫議 庾爲右　유경현 대간이 동료를 불러 술을 마시다가 가지고 있는 수정배를 꺼내어 내게 글을 지어 주기를 청하기에―이때 나는 좌간의였고, 유는 우간의였다,『전집』권17, 고율시, 59세

　　庾公見和 復次韻奉答 二首　유경현 공이 화답하므로 다시 차운하여 답을 올리다 2수, 위와 같음

　　又　또, 위와 같음

劉同年冲祺見和 次韻答之　유충기 동년이 화답하므로 차운하여 답하다,『전집』권9, 고율시, 32세

遊妙巖寺 次板上洪書記題位金巖詩韻　묘암사에서 놀다가 현판 위의 홍 서기의 '위금암' 시의 운을 빌리다,『전집』권17, 고율시, 63세

遊北山　북산에서 노닐며,『전집』권3, 고율시, 27세

遊氷靖寺 示住老　빙정사에서 놀며 주지에게 보이다,『전집』권6, 고율시, 29세

庾承宣敬玄見和 復答之　유경현 승선이 화답하므로 다시 답하다,『전집』권18, 고율시, 66세

游魚　노는 물고기,『전집』권13, 고율시, 46세

遊靈通寺　영통사에서 놀며,『전집』권11, 고율시, 35세

柳怨 長句 三首　버들의 탄식―장구 3수,『전집』권1, 고율시, 26세

留題惠元寺　혜원사에 남긴 글,『전집』권11, 고율시, 35세

遊竹州萬善寺 次板上諸學士詩韻　죽주의 만선사에서 놀다가 현판 위의 여러 학사의 시에 차운하다,『전집』권10, 고율시, 34세

游塵　떠다니는 먼지,『전집』권18, 고율시, 66세

遊天磨山有作　천마산에서 놀면서 짓다,『전집』권16, 고율시, 57세

遊天和寺飮茶 用東坡詩韻　천화사에 놀러가 차를 마시다가 동파 시의 운을 써서,『전집』권3, 고율시, 27세

柳樞密公權乞辭職表　유공권 추밀이 사직을 청원하는 표,『전집』권29, 표, 28세
　　– 第二表　두 번째 표
　　– 第三表　세 번째 표

留醉閔判官光孝家 主人乞詩 走筆贈之　민광효 판관의 집에서 취하여 머무르다가 주인이 시를 청하므로 주필로 써서 주다,『전집』권3, 고율시, 27세

六無奈何　여섯 가지의 어쩔 수 없음,『전집』권3, 고율시, 27세

六月 無霖 唯兩夜小雨　유월인데 장마가 지지 않고 다만 이틀 밤에 비가 조금 내리다,『후집』권10, 고율시, 74세

六月 巡屬部監獄 答諸官遠狀　6월에 속군의 감옥을 순시하고 제관에게 답하는 원장,『전집』권32, 장, 33세

六月日 早發長安指全州 中路遇尙州持表先生 同至楊材驛 共宿贈之　6월 일에 일찍 장안을 떠나 전주로 가다가, 중도에서 상주의 하사표를 가지고 온 선생을 만나 함께 양재역에 이르러 같이 자면서 주다,『전집』권9, 고율시, 33세

六月一日 朴學士暄設華筵會客 幷邀予叅赴 酒酣 作詞一首贈之 淸平樂　6월 초하룻날에 박훤 학사가 화연을 베풀어 손님을 모으면서 나도 함께 불러 주었는데, 술이 거나해지자 시 한 수를 짓다 청평악,『후집』권10, 고율시, 74세
　又作一絶　또 절구 한 수를 짓다, 위와 같음

六月一日 遊安和寺 自尋芳門登環碧亭 毅廟遊賞處 悵然有感 夜宿幢禪老方丈 書一百四十字　6월 1일에 안화사에 놀러갔는데 심방문으로부터 환벽정에 오르니―의종이 놀던 곳이다―서글픈 느낌이 들었다. 밤에 당 선로의 방장에서 자면서 140자를 쓰다,『전집』권11, 고율시, 35세

六月三日 李侍郎需・金壯元莘鼎來訪 和家泉詩 飮席次韻　6월 3일에 이수 시랑과

김신정 장원이 찾아와 집의 샘을 읊은 시에 화답하므로 술자리에서 차운하다, 『후집』권4, 고율시, 71세

兩君見和 復次韻 두 군이 화답하므로 다시 차운하다, 위와 같음

又和 또 화답하다, 위와 같음

六月七日 **訪朴學士仁著家 以詩嘲深縮不出遊** 6월 7일에 박인저 학사의 집을 찾아가 잔뜩 움츠린 채 나와 다니지 않음을 시로 조롱하다, 『후집』권4, 고율시, 71세

六月八日 **旣得加耶琴始彈** 二首 示朴學士 6월 8일에 가야금을 얻었으므로 처음 타 보다—2수 박인저 학사에 보이다, 『후집』권4, 고율시, 71세

六月八日 **鶯谷驛 遇劉天院冲祺小酌 用小畜詩韻各賦** 6월 8일에 앵곡역에서 유충기 천원을 만나 술을 조금 마시고 '소축시'의 운을 써서 각기 짓다, 『전집』권9, 고율시, 33세

復和 다시 화답하다, 위와 같음

六月十一日 **發黃驪 將向尙州 出宿根谷村** 予田所在 6월 11일에 황려를 떠나 상주로 향하면서 근곡촌에서 자다—내 토지가 있는 곳이다, 『전집』권6, 고율시, 29세

六月十四日 **初入尙州** 6월 14일에 처음으로 상주에 들어가다, 『전집』권6, 고율시, 29세

六月十五日 **池上** 三首 6월 15일 못 가에서 3수, 『후집』권4, 고율시, 71세

六月十七日 **訪金先達轍 用白公詩韻賦之** 6월 17일에 김철 선달을 찾아갔다가 백 공[白居易] 시의 운을 써서 짓다, 『전집』권8, 고율시, 31세

六月二十日 **久雨忽晴 與客行園中記所見** 6월 20일에 오래 내리던 비가 갑자기 개자 손님과 함께 동산을 거닐며 본 것을 적다, 『전집』권13, 고율시, 45세

六月二十五日 **理南軒** 二首 6월 25일에 남헌을 수리하고 2수, 『후집』권4, 고율시, 71세

六月二十八日 **奉謝首相崔侍中惠送旨酒寒氷** 6월 28일에 수상인 최종준 시중이 보내온 술과 얼음에 감사를 올리다, 『후집』권10, 고율시, 74세

尹同年儀·陳同年湜·陳澕見訪 用劉賓客詩韻各賦 윤의 동년, 진식 동년과 진화가 찾아오자 유 빈객의 시의 운을 써서 각기 짓다, 『전집』권11, 고율시, 35세

明日 尹君復見和 次韻寄答 이튿날 윤 군이 다시 화답한 것을 보고 차운하여 답을 부치다, 위와 같음

尹同年儀見和 復次韻贈之 윤의 동년이 화답하므로 다시 차운하여 주다, 『전집』 권 11, 고율시, 35세

尹司業威安撫南原頌 윤위 사업이 남원을 안무한 데 대한 송, 『전집』 권19, 송, 33세

閏四月一日 윤4월 초하룻날, 『후집』 권3, 고율시, 71세

閏四月十一日 夢遊仙作 윤4월 11일 꿈에 신선과 놀며 짓다, 『후집』 권3, 고율시, 71세

栗詩 幷序 밤[栗]을 노래하다—서문을 붙임, 『전집』 권16, 고율시, 53세

銀靑光祿大夫尙書左僕射致仕庾公墓誌銘 유자량庾資諒 묘지명, 『전집』 권36, 묘지명, 62세

銀靑光祿大夫樞密院使御史大夫李公墓誌銘 幷序 이적李勣 묘지명, 『전집』 권36, 묘지명, 58세

乙酉年監試考閱次有作 을유년에 국자감시를 고열하던 차에 짓다, 『후집』 권1, 고율시, 58세

乙酉年大倉泥庫上樑文 誥院奉宣述 을유년의 대창니고 상량문—고원에서 명을 받들어 짓다, 『전집』 권19, 상량문, 58세

飮家園薔薇下 贈全履之 집 동산 장미 아래에서 술을 마시며 전이지에게 주다, 『전집』 권2, 고율시, 26세

飮奇尙書水亭 有妓偶來 李學士純祐作詩 予亦奉和 公以上將軍兼尙書 기홍수 상서의 수정에서 술을 마시는데 기생이 우연히 오자 이순우 학사가 시를 지으니, 나 또한 받들어 화답하다—공이 상장군으로 상서를 겸했다, 『전집』 권11, 고율시, 35세

飮白酒 前後各韻 백주를 마시면서—앞뒤가 각각의 운이다, 『후집』 권7, 고율시, 73세

吟詩自笑 시를 읊다가 혼자 웃다, 『후집』 권6, 고율시, 72세

飮兪侍郞家 明日 以詩謝之 雙韻廻文 유승단 시랑 집에서 술을 마셨는데 이튿날 시로 감사하다—쌍운회문, 『전집』 권16, 고율시, 56세

飮酒有作 示坐客 술을 마시다가 지어 좌객에게 보이다, 『전집』 권10, 고율시, 34세

飮通師所寓崇敎寺方丈 會者十餘人 及酒酣 琴瑟交作 倡戲幷呈 時有御前大倡優二人 與 師隨喜成大藏 故來赴 予舊習津湧 使坐客唱韻走筆 一人例唱四韻 兼自押傍韻 정

통 스님이 머물러 있는 숭교사 방장에서 마시는데, 모인 이가 여남은 명이었다. 술이 거나해지자 거문고와 비파를 교대로 뜯으면서 광대놀음까지 아울러 벌였다—이때 어전의 큰 광대 두 명이 스님과 함께 따라와서 큰 법회를 열었다가 달려온 것이다—. 나는 옛 버릇이 솟구쳐 올라 좌객에게 운을 부르게 하고 붓을 달리는데, 한 사람이 예에 따라 네 운을 부르자 겸하여 스스로 방운까지 붙였다,『전집』권8, 고율시, 31세

醫王寺 始創阿羅漢殿記 의왕사에 비로소 아라한전을 창건한 데 대한 기,『전집』권24, 기, 28세

依韻 奉和崔平章讜致仕閑適 벼슬에서 물러나 한적하게 지내는 최당 평장사의 운에 따라 화답하여 올리다,『전집』권11, 고율시, 35세

依韻 仰和駕幸晉康侯第亭御製 與禁內諸儒 同作進呈 임금께서 진강후[최충헌] 집의 모정에 행차하여 지은 운에 의거하여 우러러 화답하다—금내의 여러 유신들과 함께 같이 지어 바쳤다,『전집』권13, 고율시, 41세

依韻 和宋少卿緝光陪趙相國 飮城北幽人林泉 송집광 소경이 조영인 상국을 모시고 성북 유인의 임천에서 술을 마시며 지은 시의 운에 따라 화답하다,『전집』권9, 고율시, 31세

意有未足 又作一絶奉呈 마음에 만족하지 않은 것이 있어 다시 절구 한 수를 지어 (최종준 상국에게) 바치다,『후집』권6, 고율시, 72세

蟻拖蟲 雙韻 개미가 벌레를 끌다—쌍운,『후집』권10, 고율시, 74세

以公事免官閑居 李先達元冑 · 皇甫狀元琯 · 金狀元莘鼎 · 朴亞元應貴攜酒見唁 以詩謝之 공적인 일로 관직에서 파직되어 한가하게 지내는데, 이원주 선달 · 황보관 장원 · 김신정 장원 · 박응귀 아원이 술을 들고 와 위문하기에 시로 감사하다,『전집』권14, 고율시, 52세

二其見和復作 두 기 스님이 화답하므로 다시 짓다,『후집』권6, 고율시, 73세

二度乞退表 정유년에 두 번째 퇴직을 바라는 표,『전집』권31, 표, 70세

李得紹讓中大夫國子祭酒知制誥不允批答 이득소가 중대부 국자제주 지제고를 사양하는 것을 허락하지 않는 비답,『전집』권33, 비답, 49세

李郞中仁老 · 孫翰林得之見和 復用前韻 이인로 낭중과 손득지 한림이 화답하므로 다시 앞의 운을 써서,『전집』권13, 고율시, 45세

理病詩 병을 다스린 시, 『후집』 권2, 고율시, 71세

以病止酒累旬 今飮半杯有作 병으로 수십 일 간 술을 마시지 않다가 막 반 잔을 마시고 짓다, 『후집』 권7, 고율시, 73세

李史館允甫詩跋尾 이윤보 사관의 시집의 끝에 붙인 발문, 『전집』 권21, 발, 34세

李相國仁植·朴學士仁氐同訪 是七月二十五日也 時家園鳳翔花盛開 唱韻使英上人走筆賦之 予亦卽席走筆和示 이인식 상국과 박인저 학사가 함께 찾아왔는데, 바로 7월 25일로 이때 집 마당에는 봉상화가 만발했다. 운을 불러 영 상인에게 주필로 짓게 하고, 나 또한 즉석에서 주필로 화답하여 보이다, 『후집』 권7, 고율시, 73세

　相國見和 復次韻奉答 상국 이인식이 화답하므로 다시 차운하여 답을 올리다, 위와 같음

李先輩陽下第東歸 以詩慰之 이양 선배가 과거에 떨어져 동쪽으로 돌아가자 시로 위로하다, 『전집』 권1, 고율시, 26세

李讐校見和 復次韻答之 이 수교가 화답하므로 다시 차운하여 답하다, 『전집』 권5, 고율시, 28세

李侍郎眉叟和郎子囷冬日詩 命愚息涵和之 又使涵邀予同賦 故次韻奉寄 이미수 시랑이 시랑의 아들 균의 '겨울날' 시에 화답하여 내 아들 함에게 화답할 것을 명하고, 또 함을 시켜 나를 맞아오게 하여 같이 지으라고 하기에 차운하여 받들어 올리다, 『전집』 권14, 고율시, 51세

李侍郎百全見和 復次韻奉答 이백전 시랑이 화답하므로 다시 차운하여 답을 올리다, 『전집』 권18, 고율시, 65세

李侍郎百全 以夢中見子拜相 來說且賀 以詩拒之 이백전 시랑이 꿈속에서 내가 재상이 된 것을 보았다고 하여 찾아와 말하고 또 축하해 주었으나, 시로 부인하다, 『전집』 권18, 고율시, 66세

李侍郎需親受御賜鞓帶 逢帶出訪予 以詩賀之 이수 시랑이 임금이 친히 하사한 정대를 띠고 나를 찾아왔으므로 시로 축하하다, 『후집』 권5, 고율시, 72세

　復次韻李侍郎見和 二首 다시 이수 시랑이 화답한 것에 차운하다 2수, 위와 같음

　次韻復和 다시 화답한 것에 차운하다, 위와 같음

二十九日 又邀僧統守其·大禪師志素·禪師湛其及雙嵒住老·金員外設酒 卽席得

詩一首贈之 (4월) 29일에 또 수기 승통·지소 대선사·담기 선사 및 쌍암사 주지와 김 원외랑을 불러 술자리를 베풀고 즉석에서 시 한 수를 지어 주다, 『후집』 권6, 고율시, 73세

二其見和復作 二首 두 기 스님이 화답하므로 다시 짓다 2수, 위와 같음

李亞卿復和來贈 卽席次韻贈之 二首 來詩 一菜種 一任意 故順之 이수 아경이 다시 화답하여 보내온 것에 즉석에서 차운하여 주다—2수 보내온 시 하나는 채소 씨앗에 관한 것이고, 하나는 임의로 지은 것이기에 그에 따른다, 『후집』 권3, 고율시, 71세

李延壽爲守大尉門下侍郞同中書門下平章事判吏部事 金義元爲中書侍郞平章事判 兵部事 崔瑀爲金紫光祿大夫參知政事吏兵部尙書判御史臺事 史洪紀爲金紫光 祿大夫知門下省事吏部尙書判工部事 敎書·麻制 各一道 이연수를 수태위문하시랑 동중서문하평장사 판이부사로, 김의원을 중서시랑평장사 판병부사로, 최우를 금자광록대부 참지정사 이·병부상서 판어사대사로, 사홍기를 금자광록대부 지문하성사 이부상서 판공부사로 삼는 교서와 마제 각 한 통, 『전집』 권34, 교서·마제·관고, 54세

　– 교서 敎書

　– 마제 麻制

二月 苦寒 2월의 맹추위, 『전집』 권17, 고율시, 59세

二月 聞虜兵猶在南 2월에 오랑캐 군사가 여전히 남쪽에 있다는 말을 듣고, 『후집』 권5, 고율시, 72세

二月 復指扶寧郡 馬上讀小畜詩 用茶園詩韻 記所見 2월에 다시 부령군으로 가면서 말 위에서 '소축시'를 읽으며 다원 시의 운을 써서 본 바를 적다, 『전집』 권10, 고율시, 33세

二月雪 2월의 눈, 『전집』 권16, 고율시, 58세

二月日 餞太守政滿朝天 夜宿永寧寺 2월 일에 임기가 차서 서울로 가는 태수를 전별하고 밤에 영령사에서 자다, 『전집』 권9, 고율시, 33세

二月初一日 2월 초하룻날, 『후집』 권2, 고율시, 71세

二月向晚猶寒 2월도 다 가는데 여전히 춥다, 『후집』 권2, 고율시, 71세

二子見和 復答之 (혜문 장로와 박환고) 두 사람이 화답하므로 다시 답하다, 『전집』 권7, 고율시, 30세

李注書笺邀飮林園　이지 주서가 불러 주어 임원에서 술을 마시다, 『전집』 권17, 고율시, 59세

李進士大成邀飮 席上走筆贈之　이대성 진사가 불러 주어 술을 마시다가 그 자리에서 주필로 써서 주다, 『전집』 권6, 고율시, 29세

李淸卿見訪小酌 用劉禹錫詩韻同賦　이청경이 찾아왔으므로 몇 잔 마시고 유우석 시의 운을 써서 같이 짓다, 『전집』 권11, 고율시, 35세

李樞密勸讓官表　이적 추밀이 관직을 사양하는 표, 『전집』 권29, 표, 56세

李樞副仁植見和 復答之　이인식 추밀원부사가 화답하므로 다시 답하다, 『전집』 권18, 고율시, 66세

李平章仁植邀飮 醉後奉呈　이인식 평장사가 술자리에 불러 주어 취한 뒤에 바치다, 『후집』 권6, 고율시, 72세

　　相國見和 復次韻　상국이 화답하므로 다시 차운하다, 위와 같음

李學士新作溫房 十月九日 會洞中諸老落成 予亦叅赴 及酒酣 於席上賦詩一首 兼呈坐客　이 학사가 새로 온돌방을 만들고 10월 9일에 동 중의 여러 노인들을 모아 낙성식을 하자 나도 참여했는데, 술이 거나해지자 앉은 자리에서 시 한 수를 지어 겸하여 좌객들에게 바치다, 『후집』 권5, 고율시, 71세

以黃柑寄李學士百全　노란 감귤을 이백전 학사에게 보내며, 『후집』 권2, 고율시, 70세

隣妓家火　이웃 기생집에 불이 나다, 『후집』 권5, 고율시, 71세

　　又戲作　또 희롱 삼아 짓다, 위와 같음

人日受銀勝 三首　정월 7일[人日]에 은승을 받고 3수, 『후집』 권2, 고율시, 71세

日晚到寺小酌 用皮日休詩韻各賦　날이 저물어 절에 도착했는데 잠깐 마시고 피일휴 시의 운을 써서 각자 짓다, 『전집』 권7, 고율시, 30세

　　又和　또 화답하다, 위와 같음

一日不飮戲作　하루 동안 술을 마시지 않았으니 희롱 삼아 짓다, 『전집』 권3, 고율시, 27세

林君又以畫盤松屛風 請古詩走筆 復使陳君唱韻賦之　임원간 군이 또 반송이 그려진 병풍에 고시를 주필로 써 주기를 청하므로, 다시 진화 군에게 운을 부르게 하여 짓다, 『전집』 권13, 고율시, 46세

臨上闕 復與寮友遊茅亭走筆 典郡第二年季夏 以起居注見徵 대궐로 올라감에 임하여 다시 동료들과 모정에서 놀며 주필로 쓰다―군을 맡은 지 2년 만인 6월에 기거주로 부름을 받았다, 『전집』 권15, 고율시, 53세

壬戌冬十二月 從征東幕府行次天壽寺 飮中贈餞客 임술년 겨울 12월에 정동 막부에 종군하여 천수사에 행차했다가 술을 마시던 중에 손님들과 전별하며 주다, 『전집』 권12, 고율시, 35세

任永齡讓同知貢擧不允批答 임영령이 동지공거를 사양하는 것을 허락하지 않는 비답, 『전집』 권33, 비답, 49세

壬辰四月 拜判祕書兼學士知制誥 戲作 임진년 4월에 판비서 겸 학사 지제고가 되었는데 희롱삼아 짓다, 『전집』 권17, 고율시, 65세
友人見和 復次韻 친구가 화답하므로 다시 차운하다, 위와 같음

臨津沙平通行龍王祭文 임진과 사평을 오가는 용왕에게 올리는 제문, 『전집』 권38, 초소제문, 35세

入京有作 서울에 들어와 짓다, 『전집』 권15, 고율시, 53세

入闕侍宴 궁궐에 들어가 연회에 참석하여, 『전집』 권16, 고율시, 53세

入島作 섬에 들어가서 짓다, 『전집』 권17, 고율시, 63세

入東萊 見客舍壯麗異常 朴君言嘗典郡時所構 嘆息良久 因賦一篇奉呈 동래에 들어가 객사가 웅장하고 화려한 것을 보고 이상하게 여기니 박인석 군이 일찍이 이 군을 다스릴 때에 지었다고 하므로 오랫동안 감탄하다가 인하여 한 편을 지어 받들어 올리다, 『전집』 권12, 고율시, 36세

入尙州 寓東方寺 朴君文老 · 崔金兩秀才携妓酒來訪 口占一首 상주로 들어와 동방사에서 묵는데, 박문로 군과 최백환 · 김지명 두 수재가 기생과 술을 가지고 찾아왔으므로 한 수를 구점하다, 『전집』 권6, 고율시, 29세

入州日 呈大守遠狀 전주에 들어가는 날 태수에게 올린 원장, 『전집』 권32, 장, 32세

ㅈ

自古阜夜入金溝縣 書壁上 고부에서 밤에 금구현으로 들어가 벽 위에 쓰다, 『전집』 권9, 고율시, 33세

自南原到源水寺宿 還指南原 入印月驛 次壁上詩韻 남원에서 원수사에 도착하여 자고, 다시 남원으로 돌아가면서 인월역에 들려 벽에 붙은 시에 차운하다, 『전집』 권9, 고율시, 33세

自答 스스로 답하다, 『전집』 권17, 고율시, 63세

自北山入城 북산에서 성으로 들어오며, 『전집』 권2, 고율시, 26세

自淳昌郡向全州 入葛覃驛 用板上諸公韻 순창군으로부터 전주로 향하다가 갈담역에 들려 현판 위의 제공의 운을 써서, 『전집』 권9, 고율시, 33세

自安和寺醉廻 안화사에서 취해 돌아오다, 『전집』 권11, 고율시, 35세

自吳郎中世文家 訪廣明寺文長老 次韻文公 오세문 낭중의 집에서부터 광명사의 혜문 장로를 찾아갔다가 문 공의 시에 차운하다, 『전집』 권3, 고율시, 27세

自貽雜言 八首 스스로에게 주는 잡언 8수, 『전집』 권9, 고율시, 33세

自田司空元均宅 醉廻犯夜 전원균 사공댁에서 취하여 돌아오다가 야경꾼에게 걸리다, 『전집』 권14, 고율시, 47세

自嘲 入京後作 자신을 비웃으며―서울에 돌아온 뒤 지었다, 『전집』 권10, 고율시, 34세

自嘲 스스로를 비웃으며, 『후집』 권4, 고율시, 71세

自竹州舁母携姉 將赴長安 示甥壻鄭生柔 죽주에서 어머니를 가마에 모시고 누이와 함께 장안으로 가면서 조카사위 정유에게 보이다, 『전집』 권10, 고율시, 34세

自責 有所憤作 스스로를 꾸짖다―분한 일이 있어서 지었다, 『전집』 권17, 고율시, 63세

自花開到故人惠雲師所住龍潭寺 留題 화개사에서 친구 혜운스님이 머물던 용담사에 이르러 머물며 쓰다, 『전집』 권6, 고율시, 29세

斫木行次 答屬部遠狀 나무를 베는 행차 뒤에 속군에 답하는 원장, 『전집』 권32, 장, 33세

鵲巢 까치집,『전집』권10, 고율시, 34세

暫遊感佛寺 贈堂頭老比丘 잠시 감불사에서 놀다가 당두인 늙은 비구에게 주다,『전집』권17, 고율시, 63세

雜菊皆盡 見名菊至九月向晦盛開 愛而賦之 잡다한 국화가 다 졌는데 명국만 9월 그믐이 되도록 활짝 피었으므로, 사랑스러워 짓다,『후집』권5, 고율시, 71세

薔薇 장미,『후집』권3, 고율시, 71세

將發黃驪有作 황려를 떠나면서 짓다,『전집』권6, 고율시, 29세

將赴全州幕府 李中敏見贈 次韻答之 在王禪師方丈作 전주 막부에 부임하려 할 때 이중민이 보내 준 시에 차운하여 답하였는데, 선사의 방장에 있으면서 지었다,『전집』권9, 고율시, 32세

丈六毗盧遮那塑像贊 (묘향산 보현사의) 장육비로자나소상에 대한 찬,『전집』권19, 찬, 56세

墻頹不理 담이 무너졌으나 수리하지 않다,『후집』권6, 고율시, 72세

將向南原 獒樹驛樓上 次壁上詩韻 남원으로 가다가 오수역 누각 위에서 벽에 붙은 시에 차운하다, 33세

莊惠王后挽詞 장혜왕후 만사,『전집』권17, 고율시, 65세

再遊鳳頭寺 다시 봉두사에서 놀다,『전집』권6, 고율시, 29세

再遊興聖寺書壁 二首 다시 흥성사에서 놀다가 벽에 쓰다 2수,『후집』권1, 고율시, 55세

再入玉堂有作 書壁上 다시 옥당에 들어가게 되자 지어 벽 위에 쓰다,『전집』권13, 고율시, 45세

再入臨陂郡 다시 임피군에 들어가며,『전집』권10, 고율시, 33세

適意 생각나는 대로,『전집』권2, 고율시, 26세

田端公珣見和 復用前韻答之 단공 전순이 화답하므로 다시 앞의 운을 써서 답하다,『전집』권17, 고율시, 59세

全·朴兩生見和 復答之 전이지·박환고 두 친구가 화답하므로 다시 답하다,『전집』권2, 고율시, 26세

前願請說禪文 앞과 같이 (최우 상국이 거란군사를 물리치기 위해) 선을 설하기를 청하는 글,『전집』권41, 석도소, 51세

典衣有感 示崔君宗藩 옷을 전당잡히고 느낌이 있어 최종번 군에게 보이다,『전집』권12, 고율시, 39세

全履之家 大醉口唱 使履之走筆書壁 전이지의 집에서 크게 취하여 입으로 시를 부르면서 이지에게 바로 받아 벽에 쓰게 하다,『전집』권5, 고율시, 29세

全履之見訪 與飮大醉贈之 전이지가 찾아오자 함께 술을 마시고 크게 취하여 주다,『전집』권11, 고율시, 35세

全履之哀詞 전이지 애사,『전집』권37, 애사, 52세

全州客舍夜宿 書褊懷 전주 객사에서 밤에 자다가 편협한 회포를 쓰다,『전집』권9, 고율시, 33세

全州牧新雕東坡文集跋尾 전주목에서 새로 중각한『동파문집』끝에 적다,『전집』권21, 서, 69세

全州祭龍王祈雨文 전주에서 용왕에게 비를 비는 제문,『전집』권37, 제문, 33세

全州重祭保安縣馬浦大王文 전주에서 거듭 보안현 마포대왕에게 드리는 제문,『전집』권37, 제문, 33세

絶句 三首 절구 3수,『전집』권16, 고율시, 58세

接菓記 과수나무에 접붙이는 것에 대한 기,『전집』권23, 기, 32세

呈內省諸郞 내성의 여러 낭관에게 드리다,『전집』권5, 고율시, 29세
   - 左散騎常侍崔詵 최선 좌산기상시
   - 左諫議大夫閔公珪 민공규 좌간의대부
   - 給事中李公靖 이공정 급사중
   - 中書舍人王儀 왕의 중서사인
   - 起居郞房應喬 방응교 기거랑
   - 起居舍人白光臣 백광신 기서사인
   - 左司諫李淳中 이순중 좌사간

呈內省諸郞 幷敍 戊午年 내성의 제랑에게 올리다─서문을 붙임 무오년,『전집』권8, 고율시, 31세

- 上右散騎常侍閔湜 민식 우산기상시에게 올리다
- 上直門下省金迪侯 김적후 직문하성에게 올리다
- 上左諫議李桂長 이계장 좌간의에게 올리다
- 上右諫議李世長 이세장 우간의에게 올리다
- 上中書舍人高瑩忠 고영충 중서사인에게 올리다
- 上起居郎尹威 윤위 기거랑에게 올리다
- 上左司諫金沖 김충 좌사간에게 올리다
- 上右正言崔光遇 최광우 우정언에게 올리다

正旦路上逢山人 口占戲贈 설날에 길 위에서 스님을 만나 구점으로 희롱 삼아 주다,
『전집』권13, 고율시, 40세

正旦賀狀 설날을 하례하는 글,『전집』권32, 장, 33세
- 上延昌侯 연창후에게 올림
- 廣陵侯 광릉후
- 寧仁伯 영인백
- 趙平章 조영인 평장사
- 奇平章 기홍수 평장사
- 崔叅政詵 최선 참지정사

正旦行天皇醮禮文 정월 초하루에 천황에게 올리는 초례문,『전집』권38, 초소제문,
36세

正旦行天皇醮禮文 정월 초하루에 천황에게 올리는 초례문,『전집』권38, 초소제문,
37세

征東軍幕上都統尙書副使侍郞書 정동 군막의 도통 상서와 부사 시랑에게 올리는 글,
『전집』권27, 서, 36세

丁卯十二月初 入翰林夜直有作 示禁中諸公 정묘년 12월에 처음으로 한림원에 들어
가 밤에 숙직하면서 지어 금중의 제공들에게 보이다,『전집』권13, 고율시, 40세
次韻諸公見和 제공들이 화답하므로 차운하다, 위와 같음

丁巳年上元燈夕 敎坊致語·口號 정사년 정월 보름의 등석에 교방에서 올리는 치어
와 구호,『전집』권19, 구호, 30세

呈安和寺宗室王禪師 안화사의 종실 왕 선사에게 드리다,『전집』권2, 고율시, 26세

正月二日 李平章仁植和予餉柿詩三首 又和予去年秋七月題中書壁上詩一首 親訪見贈 復次韻奉答　정월 2일에 이인식 평장사가 내가 홍시를 보내면서 지은 시에 세 수를 화답하고, 또 내가 작년 7월에 중서성 벽 위에 쓴 시에 화답한 시 한 수를 직접 찾아와 주기에 다시 차운하여 답을 올리다,『후집』권2, 고율시, 71세

- 右一前意　이것은 첫 번째에 관한 뜻이다
- 右二　이것은 두 번째에 관한 것이다
- 右三謝訪　이 세 번째 것은 방문에 감사한 것이다

正月五日 謝李平章仁植見訪　정월 5일 이인식 평장사가 찾아와 주어 감사하다,『후집』권5, 고율시, 72세

正月六日 病稍愈有作　정월 6일에 병이 조금 낫기에 짓다,『후집』권2, 고율시, 71세

正月七日 受祿　정월 7일에 녹을 받고,『후집』권2, 고율시, 71세

(正月)十一日 又吟　(1월) 11일에 또 읊다,『전집』권17, 고율시, 64세

(正月)十二日夜夢 有人呼云打疊打疊 至于三 驚起有詩　(1월) 12일 밤 꿈에 어떤 이가 '타첩하라, 타첩하라'라고 하면서 세 번을 외치기에 놀라 깨어나 시를 짓다,『전집』권17, 고율시, 64세

(正月)十五日 蒙恩量移桑梓黃驪縣 一十二日 行次竹州 寓宿萬善寺 次板上諸公韻 二首 予辛酉年遊此寺所和詩也 在第十卷　(1월) 15일에 황은을 입고 고향인 황려현으로 양이되었는데, 21일에 죽주에 이르자 만선사에서 자고 현판 위의 제공의 운을 빌리다 — 2수 내가 신유년(신종 4, 1201)에 이 절에서 놀면서 화답한 시가 제10권에 있다,『전집』권17, 고율시, 64세

正月十七日 又雪　1월 17일에 또 눈이 내리다,『후집』권2, 고율시, 71세

正月十九日 復到扶寧郡有作　정월 19일에 다시 부령군에 와서 짓다,『전집』권9, 고율시, 33세

正月二十九日 有作　정월 29일에 짓다,『후집』권2, 고율시, 71세

丁酉年乞退表　정유년에 퇴직을 바라는 표,『전집』권31, 표, 70세

- 二度乞退表　두 번째 퇴직을 바라는 표
- 三度乞退表　세 번째 퇴직을 바라는 표

丁酉六月十八日大雨 漂人物家戶 自嘆爲相無狀 示同寮李相　정유년 6월 18일에 큰 비가 내려 사람과 집이 떠내려갔는데, 재상이 되어 무상함을 스스로 탄식하며

동료 이 재상에게 보이다, 『전집』권18, 고율시, 70세

丁酉十二月二十八日 乞退表蒙允可 是夜喜不得寐 因成長句二首 奉寄李學士百全
정유년 12월 28일에 '퇴직을 바라는 표'에 윤허가 내렸다. 이날 밤에 기뻐서 잠
을 이루지 못하고 장구 두 수를 지어 이백전 학사에게 보내다, 『후집』권2, 고율
시, 70세

呈柳承宣 二首 予於門下登進士 유공권 승선에게 올리다─2수 내가 문하에서 진사에 올랐다,
『전집』권2, 고율시, 26세

呈尹郎中威書 윤위 낭중에게 드리는 글, 『전집』권26, 서, 31세

丁而安寫予眞 自作贊日 정이안이 내 초상화를 그렸기에 스스로 찬을 지어 말하다,
『후집』권11, 찬, 71세

正日望路 설날에 길을 바라보며, 『후집』권2, 고율시, 71세
又作 또 짓다, 위와 같음

呈張侍郎自牧 一百韻 장자목 시랑에게 드리다─일백운, 『전집』권1, 고율시, 26세

呈崔秘監詵 최선 비서감에게 올리다, 『전집』권3, 고율시, 27세

呈崔承制正份 최정빈 승제에게 드리다, 『전집』권17, 고율시, 59세

丁學士而安掃與墨竹四幹 各作贊云 정이안 학사가 그려 준 묵죽 네 그루에 각각 찬
을 지어 이른다, 『후집』권11, 찬, 71세
 ─ 露竹 노죽
 ─ 風竹 풍죽
 ─ 老竹 노죽
 ─ 新竹 신죽

丁學士而安送酒酌飮有作 정이안 학사가 보낸 술을 마시며 짓다, 『후집』권9, 고율
시, 74세

祭康宗大王文 主上行翰林所製 강종대왕에게 올리는 제문─임금[高宗]이 한림원에서 짓도록
했다, 『전집』권37, 제문, 46세

祭公山大王文 공산대왕에게 올리는 제문, 『전집』권38, 초소제문, 35세

祭廣陵公[王沔]文 代人行 광릉공[왕면]에게 드리는 제문─다른 사람을 대신해 지었다, 『전
집』권37, 제문, 51세

題九品寺 구품사를 두고 짓다,『전집』권1, 고율시, 26세

題南山茅亭 남산의 모정에 짓다,『전집』권15, 고율시, 52세

題朴淵 昔有朴進士者 吹笛於淵上 龍女感之 殺其夫 引之爲壻 故號朴淵 박연폭포에 짓다―옛
　　날 박 진사라는 이가 연못가에서 피리를 불자 용녀가 반하여 자신의 남편을 죽이고, 박 진사를
　　데리고 가 결혼했으므로 박연이라고 불렀다,『전집』권14, 고율시, 52세

題普濟寺住老規禪師壁上畫竹 보제사 주지 현규 선사의 벽에 걸린 대나무 그림에 짓
　　다,『전집』권16, 고율시, 56세

題鳳頭寺 봉두사에서 짓다,『전집』권6, 고율시, 29세

題沙平院樓 사평원 누각에 짓다,『전집』권10, 고율시, 34세

題石泉 돌샘에 쓰다,『전집』권14, 고율시, 46세

祭蘇挺方將軍文 소정방 장군에게 올리는 제문,『전집』권38, 초소제문, 36세

祭神文 全州祭城隍致告文 無韻 신에게 바치는 제문―전주에서 성황에 제사한 치고문으로 운
　　이 없다,『전집』권37, 제문, 32세

除夜 宿匡陵有作 제야에 광릉에서 숙직하며 짓다,『전집』권10, 고율시, 34세

祭外舅大府卿晉公文 葬所行 장인 진승 대부경공에게 올리는 제문―장지에서 지었다,
　　『전집』권37, 제문, 41세

祭兪丞相文 代守其首座行 유승단 승상에게 드리는 제문―수기 수좌를 대신해 지었다,『전
　　집』권37, 제문, 65세

題劉伶李白勸酒圖 유영과 이백의 '권주도'에 쓰다,『전집』권17, 고율시, 63세

祭李平章光挺文 代希禪師行 이광정 평장사에게 드리는 제문―희 선사를 대신해 짓다,
　　『전집』권37, 제문, 27세

題李花 오얏꽃에 붙여,『전집』권14, 고율시 , 46세

祭一善津龍王文 일선진의 용왕에게 올리는 제문,『전집』권38, 초소제문, 35세

題任君景謙寢屛六詠 與尹同年等數子同賦 임경겸 군의 침실 병풍에 여섯 개의 글을
　　짓는데 윤 동년 등 몇 명과 함께 짓다,『전집』권11, 고율시, 35세
　　－ 列子御風 열자가 바람을 타다
　　－ 陶潛漉酒 도잠이 술을 거르다

- 子猷訪戴 왕자유가 대규를 찾아가다
- 右軍換鵝 왕우군이 글씨를 거위와 바꾸다
- 華亭船子和尙 화정의 선자화상
- 潘閬向三峯 반낭이 삼봉을 향해 가다

祭張學士自牧文 장자목 학사에게 드리는 제문, 『전집』 권37, 제문, 39세

題全州孝子里立石 전주 효자리 입석에 짓다, 『전집』 권9, 고율시, 32세

祭鍾義禪老文 종의 선로에게 드리는 제문, 『전집』 권37, 제문, 40세

濟州太守崔安 以洞庭橘見寄 以詩謝之 三首 최안(崔滋) 제주 태수가 동정귤을 보내
왔기에 시로 감사하다 3수, 『후집』 권2, 고율시, 70세

題晉秀才別墅 聚冠童隷肆業 진 수재의 별서에 쓰다―아이들을 모아 학업을 익히게 했다,
『전집』 권1, 고율시, 26세

題璨首座方丈 회찬懷璨 수좌의 방장에 짓다, 『전집』 권8, 고율시, 31세

題通師古笛 幷序 정통 스님의 오래된 피리에 짓다―서문을 붙임, 『전집』 권8, 고율시,
31세

題浦口小村 포구의 작은 마을에 짓다, 『전집』 권10, 고율시, 33세

題咸校勘子眞子石硯 幷序 함자진[함순] 교감의 자석연에 부치다―서문을 붙임, 『전집』
권2, 고율시, 26세

題華封院 화봉원에 쓰다, 『전집』 권6, 고율시, 29세

題華夷圖長短句 '화이도'에 장단구로 짓다, 『전집』 권17, 고율시, 63세

題畫虎 호랑이 그림에 붙이다, 『전집』 권3, 고율시, 27세

題黃驪井泉寺誼師野景樓 황려 정천사의 의誼 스님의 야경루에 짓다, 『전집』 권17,
고율시, 64세

祖江別 조강에서의 이별, 『전집』 권15, 고율시, 53세

祖江賦 조강부, 『전집』 권1, 고부, 52세

曹溪山第二世故斷俗寺住持修禪社主贈諡眞覺國師碑銘 幷序 奉宣述 刻石次以地窄請删
於此仍故 二本不同 진각국사 비명―서문을 붙임. 왕명을 받아 서술함. 돌에 새길 때 비면이
좁아 글을 줄여 줄 것을 청하였는데, 여기에는 예전 것을 썼으므로 두 본이 같지 않다, 『전집』

권35, 비명, 68세

朝闕 궁궐의 조회, 『전집』 권16, 고율시, 53세

釣名諷 명성 낚는 것을 풍자하며, 『전집』 권13, 고율시, 40세

嘲睡僧 조는 중을 조롱하다, 『전집』 권17, 고율시, 59세

嘲折足鐺 다리 부러진 솥을 조롱하며, 『전집』 권11, 고율시, 35세

趙祭酒冲謝三字表 조충 국자제주가 지제고를 사양하는 표, 『전집』 권29, 표, 44세

早春 이른 봄, 『전집』 권10, 고율시, 35세

早春臨津江上 送文禪老還本寺 江上口占 이른 봄에 임진강 가에서 본사로 돌아가는
    혜문 선로를 보내며 강가에서 구점하다, 『전집』 권13, 고율시, 46세

嘲醉僧夜起嚼氷 술 취한 중이 밤에 일어나 얼음 깨무는 것을 조롱하며, 『전집』 권14,
    고율시, 52세

宗室沔 讓守司徒廣陵侯表 왕면 종실이 수사도 광릉후를 사양하는 표, 『전집』 권29,
    표, 30세
    同前謝表 앞과 같이 (왕면 종실이 수사도 광릉후를) 사은하는 표, 위와 같음

宗室王司空綰宮中有作 奉呈 종실 왕진 사공의 궁 안에서 지어 올리다, 『전집』 권2,
    고율시, 26세

種花 꽃을 심으면서, 『전집』 권16, 고율시, 57세

坐客李學士百全·李亞卿宗冑見和 卽席復次韻 좌객인 이백전 학사와 이종주 아경
    이 화답하므로 즉석에서 다시 차운하다, 『후집』 권4, 고율시, 71세

座客崔僕射宗梓見和 復次韻奉答 좌객 최종재 복야가 화답하므로 다시 차운하여 답
    을 올리다, 『후집』 권10, 고율시, 74세

坐上走筆 謝李詹事等諸公大設筵見慰 앉은 자리에서 주필로 이 첨사 등 제공이 크게
    연회를 열어 위로해 준 것에 감사하다, 『전집』 권17, 고율시, 63세

住老賢上人 以過客諸公所賦詩釘壁 乞予次韻 二首 주지 현 상인이 머물다 간 제공이
    지은 시를 벽에 붙여 놓았는데, 나에게 차운하기를 청했다 2수, 『전집』 권17, 고
    율시, 64세

蛛網 거미줄, 『전집』 권14, 고율시, 47세

酒席答少年 술자리에서 소년에게 답하여, 『전집』 권16, 고율시, 56세

酒熟 술이 익었다, 『후집』 권3, 고율시, 71세

舟中又吟 배 안에서 또 읊다, 『전집』 권6, 고율시, 29세

走筆謝文禪老惠炭 혜문 선로가 숯을 보내 준 것을 주필로 감사하다, 『전집』 권13, 고율시, 46세

走筆謝希禪師惠米 희 선사가 쌀을 보내 준 것에 주필로 감사하다, 『전집』 권7, 고율시, 30세

走筆贈威知識 名次威 自天台宗 捨名入山 주필로 써서 위 지식에게 주다―이름은 차위인데 스스로 천태종으로 명리를 버리고 입산했다, 『전집』 권8, 고율시, 31세

走筆次韻河郎中見和 二首 하천단 낭중이 화답하므로 주필로 차운하다 2수, 『후집』 권8, 고율시, 73세

走筆賀高先生宅成 兼敍廉察命搆之意 주필로 고항중 선생의 집이 완성된 것을 축하하며, 겸하여 윤위 염찰이 집을 지어 주라고 명한 뜻을 쓰다, 『전집』 권9, 고율시, 33세

舟行 배를 타고 가다, 『전집』 권6, 고율시, 29세

舟行 배를 타고 가다, 『전집』 권17, 고율시, 63세

重九日 旣以手病未出遊 중구일에 손에 병이 나서 나가 놀지 못하자, 『전집』 권7, 고율시, 30세

重九日 無聊 有空空上人・盧同年來訪 小酌泛菊 因有感作詞一首 浪淘沙 중구일에 심심하던 차에 공공 상인[景照]과 노 동년이 찾아와 간단한 술자리를 열어 국화를 띄우면서 느낌이 있어 한 수를 짓다―낭도사, 『후집』 권5, 고율시, 71세
兩君見和又作 두 군이 화답하기에 또 짓다, 위와 같음

重九日 朴樞府相公復邀飮 卽席走筆 賦詩以呈 중구일에 다시 추부 박거 상공이 다시 불러 술을 마시면서 즉석에서 주필로 시를 지어 바치다, 『후집』 권6, 고율시, 72세

重九日 詠菊 중구일에 국화를 읊다, 『전집』 권12, 고율시, 39세

仲冬十四日 同文丈老・朴還古 訪興聖寺成禪老 路上口占 11월 14일에 혜문 장로・박환고와 함께 홍성사의 성 선로를 찾아가다가 길 위에서 구점하다, 『전집』 권7,

고율시, 30세

二子見和 復答之 두 사람이 화답하므로 다시 답하다, 위와 같음

仲冬雨 동짓달의 비,『전집』권16, 고율시, 56세

重上趙令公 다시 조영인 영공에게 올림,『전집』권7, 고율시, 30세

中書令晉康公圖形後功臣齋唱讀敎書 중서령 진강공[최충헌]을 그림으로 그리고 공
신재에서 창독하며 내리는 교서,『전집』권34, 교서, 41세

重陽後菊 중양절 뒤의 국화,『전집』권18, 고율시, 69세

重憶吳德全 거듭 오덕전을 생각하며,『전집』권3, 고율시, 27세

重遊北山 二首 거듭 북산에서 놀며 2수,『전집』권1, 고율시, 26세

重遊龍潭寺 予南行時病寓處也 다시 용담사에서 놀며―내가 남쪽으로 내려갔을 때 병들자 머
물렀던 곳이다,『전집』권12, 고율시, 36세

卽席用此韻 留別姜郞中出守春州 즉석에서 이 운을 써서 춘주의 수령으로 떠나는 강
힐姜頡 낭중과 작별하다,『후집』권6, 고율시, 72세

卽席醉贈名妓御留歡 즉석에서 취한 채 명기 어류환에게 주다,『후집』권4, 고율시,
71세

贈覺禪老 각 선로에게 주다,『전집』권1, 고율시, 26세

贈敎坊妓花羞 교방 기생 화수에게 주다,『전집』권17, 고율시, 59세

贈李道士 이 도사에게 주다,『전집』권16, 고율시, 57세

贈文長老 혜문 장로에게 주다,『전집』권11, 고율시, 35세

贈敏師 민 스님에게 주다,『전집』권1, 고율시, 26세

贈四度門生及第 幷序 네 차례의 문생 급제자들에게 주다―서문을 붙임,『후집』권4, 고
율시, 71세

贈書記 兼簡貳車 二首 서기에게 주고 겸하여 이거에게 편지를 쓰다 2수,『전집』권15,
고율시, 52세

贈禪者 선禪하는 이에게 주다,『전집』권18, 고율시, 66세

贈沈天曹允章 是日大醉作 심윤장 천조[吏部]에게 이날 크게 취하여 지은 시를 주다,

『전집』권7, 고율시, 30세

憎烏啼 까마귀가 우는 것을 미워하며, 『전집』권16, 고율시, 56세

贈任實郡宰 임실 군수에게 주다, 『전집』권9, 고율시, 33세

贈丁秘監而安求墨君 二首 六月十二日 정이안 비서감에게 주며 묵죽[墨君]을 구하다—2
　　수 6월 12일에 짓다, 『후집』권4, 고율시, 71세

拯墮酒蠅 술잔에 빠진 파리를 건져내며, 『후집』권4, 고율시, 71세

地棠 지당화, 『후집』권3, 고율시, 71세

地棠花 지당화, 『후집』권3, 고율시, 71세

池上詠月 못 가에서 달을 읊다, 『전집』권6, 고율시, 29세

之上人乞詩 지 상인이 시를 청하다, 『전집』권11, 고율시, 35세

紙有餘地 又作一絶 破南行之意 종이에 남은 곳이 있으므로 또 절구 한 수를 지어 남
　　쪽으로 놀러가자는 뜻을 거절하다, 『후집』권9, 고율시, 74세

智異山大王前願文 副使已下行 지리산대왕 앞에 올리는 축원문—부사 이하가 행했다, 『전
　　집』권38, 초소제문, 35세

止止軒記 지지헌기, 『전집』권23, 기, 40세

止止軒銘 解在止止軒記 지지헌에 대한 명—해설은 지지헌기에 있다, 『전집』권19, 명, 40세

晉康公園寢 迎神入大廟文 嗣子相國行 진강공[최충헌] 원침의 신을 맞아 대묘에 들이
　　는 글—아들인 상국[최우]을 대신해 지었다, 『전집』권37, 제문, 52세

晉康公二妃封册修製 受勅述 진강공[최충헌]의 두 비를 택주로 봉책하면서 지은 글—
　　칙명을 받고 지었다, 『전집』권30, 표, 47세
　　- 晉康公謝册二妃爲宅主表 진강공이 두 비를 택주로 봉책한 것에 사은하는 표
　　- 王氏謝大后殿表 왕씨가 태후전에 사은하는 표
　　- 任氏行同前表 임씨가 태후전에 사은하는 표
　　- 王氏行謝別宣表 왕씨가 별선에 대해 사은하는 표
　　- 任氏謝物狀 임씨가 물품을 하사한 데 대해 사은하는 장

晉康侯茅亭記 진강후[최충헌] 모정기, 『전집』권23, 기, 40세

晉康侯別第迎聖駕次 教坊呈瑞物致語 并序 各頌一首 진강후[최충헌]의 별제에서 성가

의 행차를 맞이할 때 교방에서 서물의 치어를 올림－서문을 붙이고 송 한 수를 각각 바친다, 『전집』 권19, 송, 42세

- 右神龜負圖 奉聖壽萬年 이것은 신령스러운 거북이 그림을 지고 와서 성수만년을 바친 것이다
- 右龍馬銜書 奉天壽無疆 이것은 용마가 글을 물고 와서 천수무강을 바친 것이다

晉康侯謝駕幸茅亭曲宴次 賜御製表 진강후[최충헌]가 왕이 모정의 곡연에 행차하여 어제시를 내려 준 데 대해 사은하는 표, 『전집』 권30, 표, 41세

晉康侯邸迎聖駕次 教坊致語口號 진강후[최충헌]의 저택에서 성가의 행차를 맞아들일 때의 교방의 치어와 구호, 『전집』 권19, 구호, 41세

陳君見和 復次韻答之 진화 군이 화답하므로 다시 차운하여 답하다, 『전집』 권11, 고율시, 35세

陳君復和 又次韻贈之 진화 군이 다시 화답하므로 또 차운하여 주다, 『전집』 권11, 고율시, 35세

陳君復和 次韻贈之 진화 군이 화답하므로 차운하여 주다, 『전집』 권11, 고율시, 35세

晉陽侯封冊教書 以宰相奉勅述 진양후[최우]를 봉책하는 교서－재상으로 칙명을 받들어 지었다, 『전집』 권33, 교서, 67세

晉陽侯集其日上番門客之姓爲韻 命門下詩人輩賦冬日牡丹 予亦和進 一首 傍韻自押 진양후[최우]가 그날 당번을 서는 문객의 성을 모아 운으로 삼고 문하의 시인배들에게 겨울날의 모란을 지으라고 명하자 나도 또한 한 수를 지어 바쳤는데, 방운은 스스로 부쳤다, 『전집』 권18, 고율시, 69세

脣焦 韻上同 입술이 타서－운은 앞과 같다, 『후집』 권7, 고율시, 73세

陳澕家置酒賞花 醉後走筆 진화의 집에서 술을 마시며 꽃을 감상하다가 취한 뒤에 주필로, 『전집』 권14, 고율시, 47세

疾疫祈禳般若法席文 질병을 물리치기를 비는 반야법석문, 『전집』 권38, 초소제문, 36세

執徐歲五月日 將遊黃驪 初出東門 馬上有作 黃驪 乃吾桑梓鄕也 병진년 5월 일에 장차 황려에 가서 놀려고 처음 동문을 나서면서 말 위에서 짓다－황려는 곧 내 고향이다, 『전집』 권6, 고율시, 29세

次韻金東閣冲義和此詩來贈　김충의 동각이 이 시에 화답하여 와서 준 것에 차운하다,『후집』권4, 고율시, 71세

次韻金秀才懷英　김회영 수재에게 차운하다,『전집』권2, 고율시, 26세

次韻金承宣良鏡和陳按廉湜 三首　김양경(金仁鏡) 승선이 진식 안렴에게 화답한 것을 차운하다 3수,『전집』권15, 고율시, 52세

次韻金承制仁鏡謝規禪師贈歸一上人所畫老檜屏風 二首　귀일 상인이 그린 늙은 전나무 병풍을 현규 선사가 준 것을 감사하면서 김인경 승제가 지은 시에 차운하다 2수,『전집』권16, 고율시, 53세

次韻金侍郎敞和朴拾遺文秀題公所蓄畫牡丹　김창 시랑이 박문수 습유가 공이 가지고 있는 모란 그림에 대해 지은 시를 화답한 것에 차운하다,『전집』권18, 고율시, 66세

次韻金壯元莘鼎見和菜種詩 來訪贈之　김신정 장원이 채소 씨앗 시에 화답하고 찾아왔으므로 주다,『후집』권3, 고율시, 71세

次韻金樞密仁鏡哭琴相國 二首　김인경 추밀이 금의 상국을 곡한 시에 차운하다 2수,『전집』권17, 고율시, 63세

次韻金學士敞見和夏課詩　김창 학사가 하과시에 화답하므로 차운하다,『후집』권7, 고율시, 73세

次韻盧同年携酒見訪有詩　노 동년이 술을 가지고 찾아와 지은 시에 차운하다,『전집』권10, 고율시, 34세

次韻東皐子用杜牧韻 憶德全　동고자[朴還古]가 두목의 운을 써서 오덕전을 생각하기에 차운하다,『전집』권1, 고율시, 26세

次韻東皐子還古雪中見訪　동고자 박환고가 눈 속에 찾아왔기에 차운하다,『전집』권5, 고율시, 29세

次韻同年文員外題甘露寺　동년인 문 원외랑이 감로사를 쓴 시에 차운하다,『전집』권3, 고율시, 27세

次韻洞名詩　동네 이름에 대한 시에 차운하다,『후집』권5, 고율시, 71세

次韻門生梁信成見和　양신성 문생이 화답한 것에 차운하다,『후집』권4, 고율시, 71세

次韻文禪師哭覺月首座　혜문 선사가 각월 수좌를 곡한 시에 차운하다,『전집』권16,

고율시, 53세

次韻文長老·朴還古論槿花 并序 혜문 장로와 박환고가 무궁화를 논한 시에 차운하
다—서문을 붙임, 『전집』 권14, 고율시, 46세

次韻文長老路上相逢口占 혜문 장로와 길 위에서 서로 만나 구점한 것을 차운하다,
『전집』 권3, 고율시, 27세

次韻文長老聞友人彈琴 혜문 장로의 '친구의 거문고 소리를 듣고'에 차운하다, 『전
집』 권14, 고율시, 46세

次韻文長老未開金錢花 혜문 장로의 '금전화가 아직 피지 않았다'에 차운하다, 『전
집』 권11, 고율시, 35세

次韻文長老賦橘 혜문 장로가 귤을 두고 지은 것에 차운하다, 『전집』 권5, 고율시,
29세

次韻朴起注文秀·李侍郎需 和詠白詩 박문수 기거주와 이수 시랑이 '흰 것을 읊은
시'에 화답한 것에 차운하다, 『후집』 권2, 고율시, 70세

次韻朴上人 박 상인에게 차운하다, 『전집』 권10, 고율시, 34세

次韻朴中舍文秀和予贈予壻謝加耶琴詩來訪見贈 박문수 중서사인이 내가 사위에게
준 '가야금을 감사하는 시'에 화답하여 찾아와서 준 시에 차운하다, 『후집』 권4,
고율시, 71세

次韻朴學士見和 박인저 학사가 화답하므로 차운하다, 『후집』 권9, 고율시, 74세

次韻朴學士見和寄曆詩親訪贈 박인저 학사가 역서와 시를 준 것에 화답하여 친히
찾아와서 준 시에 차운하다, 『후집』 권8, 고율시, 73세
又一首 謝訪兼敍病中不得攀話之意 또 한 수—(박인저 학사가) 찾아와 준 것에 감사하고 겸
하여 병중이라 이야기를 나누지 못한 뜻을 적다, 위와 같음
又一首 言君之免官久矣 將有久屈必舒之意 또 한 수—군(박인저)이 면직된 지 오래인데, 오
래 굽혀져 있으면 반드시 쓰이게 되리라는 뜻을 말한 것이다, 위와 같음

次韻朴學士復和寄曆詩親訪見贈 三首 박인저 학사가 다시 역서와 시를 준 것에 화답
하여 친히 찾아와서 준 시에 차운하다 3수, 『후집』 권8, 고율시, 73세

次韻朴學士又和失看花詩 박인저 학사가 또 꽃을 보지 못한 시에 화답한 것에 차운
하다, 『후집』 권9, 고율시, 74세

和絶句 雙韻 절구로 화답하다 쌍운, 위와 같음

次韻朴學士復和 박인저 학사가 다시 화답하므로 차운하다, 위와 같음

和絶句 절구로 화답하다, 위와 같음

次韻朴學士仁著 和蛙字韻詩 三首 박인저 학사가 '와蛙' 자 운으로 화답한 시에 차운하다 3수, 『후집』 권4, 고율시, 71세

次韻朴學士和籠字韻詩來贈 二首 박인저 학사가 '농籠' 자 운으로 화답한 시를 와서 주었으므로 차운하다 2수, 『후집』 권5, 고율시, 71세

又 此篇慰落職 君近因昔年所失 被劾 또─이 글은 낙직하였음을 위로한 것인데, 박인저 군이 근래에 옛날의 실수로 탄핵을 받았다, 위와 같음

次韻朴還古南遊詩 十一首 幷序 박환고의 남유시에 차운하다─11수 서문을 붙임, 『전집』 권7, 고율시, 31세

同前 二首 此二篇 朴君皆押旁韻 故依韻 앞과 같음─2수 이 두 편은 박환고 군이 모두 방운을 썼으므로 그 운을 따랐다, 위와 같음

次韻白樂天老來生計詩 백낙천의 '늙은 날의 생계' 시에 차운하다, 『후집』 권3, 고율시, 71세

次韻白樂天負春詩 백낙천의 '봄을 지고' 시에 차운하다, 『후집』 권3, 고율시, 71세

次韻白樂天在家出家詩 백낙천의 '집에 있으면서 출가하다' 시에 차운하다, 『후집』 권3, 고율시, 71세

次韻白樂天春日閑居 三月二十日作 백낙천의 '봄날 한가롭게 지내며'에 차운하다─3월 20일에 짓다, 『후집』 권3, 고율시, 71세

次韻白樂天出齋日喜皇甫十訪 欲飲故喜 백낙천의 '재를 올리는 날 황보십이 찾아온 것을 기뻐하다'에 차운하다─술을 마시려고 기뻐한 것이다, 『후집』 권2, 고율시, 70세

次韻復和朴中舍 다시 박문수 중서사인에게 차운하다, 『후집』 권4, 고율시, 71세

次韻復和李相國更和獵字韻 다시 이인식 상국이 '엽獵' 자 운으로 화답한 것에 차운하다, 『후집』 권7, 고율시, 73세

次韻復和李相國八景詩各一首 다시 이인식 상국의 '건주 8경시'에 각각 한 수씩 차운하여 화답하다, 『후집』 권6, 고율시, 73세

- 江天暮雪 강천에 내리는 저녁 눈
- 遠浦歸帆 먼 포구로 돌아가는 돛단배

- 瀟湘夜雨 소상강에 내리는 밤비
- 平沙落雁 모래톱에 내려앉는 기러기
- 山市晴嵐 산시의 이내
- 漁村落照 어촌의 낙조
- 煙寺暮鍾 연기 나는 절의 저녁 종소리
- 洞庭秋月 동정호의 가을 달

次韻謝古阜大守送薦枕及美酒生雉兼詩 二首　고부 태수[吳闡猷]가 잠자리 시녀와 좋은 술, 산 꿩과 함께 겸하여 시를 보내왔으므로 차운하다 2수, 『전집』 권17, 고율시, 63세

次韻謝皇甫管記贈扇墨　황보관 관기가 부채와 먹을 주므로 차운하다, 『전집』 권15, 고율시, 52세
復和　다시 화답하다, 위와 같음

次韻西京倅劉舍人沖祺見寄 二首　서경 수령 유충기 사인이 보내온 시를 보고 차운하다 2수, 『전집』 권14, 고율시, 50세

次韻禪師見和 二首　수기 선사가 화답하므로 차운하다 2수, 『후집』 권7, 고율시, 73세

次韻星山李先輩和前詩來贈　성산의 이 선배가 앞서의 시에 화답하여 보내 준 것에 차운하다, 『후집』 권4, 고율시, 71세
又次絶句韻　또 절구의 운을 빌려서, 위와 같음

次韻孫吏部哭趙相國冲　손 이부가 조충 상국을 곡한 것에 차운하다, 『전집』 권16, 고율시, 53세

次韻宋文學　송 문학에게 차운하다, 『전집』 권15, 고율시, 53세

次韻宋朝播禪老寄空空上人 幷序　송의 파 선로가 공공 상인[景照]에게 보낸 시에 차운하다─서문을 붙임, 『후집』 권3, 고율시, 71세
- 贈播禪老 兼簡空師　파 선로와 겸하여 공공 스님에게 드리다
- 贈歐陽二十九　구양 이십구에게 드리다
又以別韻 贈歐陽二十九　또 다른 운으로 구양 이십구에게 드리다, 위와 같음

次韻梁閣校 和潘闐春遊篇 長短一依潘體　양 각교가 반낭의 '춘유편'에 화답한 것에 차운하다─장단을 모두 반체에 의했다, 『전집』 권3, 고율시, 27세

次韻梁校勘寒食日邀飮　양 교감이 한식날에 술을 마시자고 부르기에 차운하다, 『전

집』 권1, 고율시, 26세

次韻廉按使金郞中 戱贈文學 염안사 김 낭중의 시를 차운하여 문학에게 희롱 삼아
　　주다,『전집』 권15, 고율시, 52세

次韻聆首座寄林工部 幷序 종령 수좌가 임 공부에게 보낸 시에 차운하다─서문을 붙임,
　　『전집』 권8, 고율시, 31세

次韻英上人見和 영 상인이 화답한 것에 차운하다,『후집』 권6, 고율시, 73세
　　- 江天暮雪 강천에 내리는 저녁 눈
　　- 遠浦歸帆 먼 포구로 돌아가는 돛단배
　　- 瀟湘夜雨 소상강에 내리는 밤비
　　- 平沙落雁 모래톱에 내려앉는 기러기
　　- 山市晴嵐 산시의 이내
　　- 漁村落照 어촌의 낙조
　　- 煙寺暮鍾 연기 나는 절의 저녁 종소리
　　- 洞庭秋月 동정호의 가을 달

次韻英禪者見寄 來詩意 以前年落選爲嘆 영 선사가 보낸 시에 차운하다─보내 준 시의 뜻
　　은 지난해에 낙선한 것을 한탄하는 것이다,『후집』 권8, 고율시, 74세

次韻吳東閣世文呈誥院諸學士三百韻詩 屛序 오세문 동각이 고원의 여러 학사에게
　　드린 삼백운시에 차운하다─서문을 붙임,『전집』 권5, 고율시, 28세
　　- 跋尾 끝에 붙이는 글

次韻吳拾遺夢林 以詩見唁 二首 오몽림 습유가 시로 위문하므로 차운하다 2수,『전
　　집』 권14, 고율시, 52세

次韻源禪師見和前詩 三首 현원 선사가 앞서의 시에 화답하므로 차운하다 3수,『후
　　집』 권10, 고율시, 74세

次韻月首座贈趙侍郞冲 각월 수좌가 조충 시랑에게 준 시에 차운하다,『전집』 권13,
　　고율시, 41세
　　- 右贈趙侍郞 이것은 조충 시랑에게 준 것이다
　　- 右贈月首座 이것은 각월 수좌에게 준 것이다

次韻劉大諫冲祺喜門生進士金允升 一年連捷 仍召入天院 유충기 대간이 문생인 김
　　윤승 진사가 한 해에 연달아 과거에 급제하여 천원에 불려 들어 간 것을 기뻐한

시에 차운하다, 『전집』 권16, 고율시, 56세

– 右贈劉公 이것은 유 공에게 주는 것이다

– 右贈金允升 이것은 김윤승에게 주는 것이다

次韻尹國博威見予詩文 以詩寄之 其序目予爲謫仙 予拒之 윤위 국자박사가 내 시문을 보고 시를 보내왔기에 차운하되, 그 서에 나를 가리켜 적선이라 하였기에 내가 부인하다, 『전집』 권3, 고율시, 27세

次韻尹司儀世儒見贈 坐上作 윤세유 사의가 준 시에 차운하여 앉은 자리에서 짓다, 『전집』 권1, 고율시, 26세

次韻尹學錄春曉醉眠 二首 윤세유 학록의 '봄날 새벽에 취하여 잠들다'에 차운하다 2수, 『전집』 권2, 고율시, 26세

次韻李公需·林公成幹兩學士見和前詩 伏蒙兩君閣下和予詩 親訪見贈 詞各信美 不覺絶倒 但不循織錦體耳 豈偶忽之耶 復以其體和二首奉呈 李侍郎後以迴文二首 來贈 이수·임성간 두 학사가 앞의 시에 화답한 것에 차운하다. 두 분 각하가 내 시에 화답하여 친히 찾아와서 주었는데, 글이 모두 아름다워 깨닫지 못할 사이에 쓰러질 정도이지만 단 직금체를 따르지 않았으니 대개 우연히 소홀히 한 것인가. 다시 그 체로 화답하여 두 수를 받들어 올린다—이 시랑은 뒤에 회문체 두 수를 보냈다, 『후집』 권2, 고율시, 71세

次韻李君見和 이중민 군이 화답한 것에 차운하다, 『전집』 권5, 고율시, 29세

次韻李起居郞見和雪詩 卽和成二首 兼示李侍郞·河郞中 이순목 기거랑이 눈을 읊은 시에 화답하므로 차운하여 곧 화답하는 두 수를 짓고, 겸하여 이수 시랑과 하천단 낭중에게 보이다, 『후집』 권8, 고율시, 74세
又 또, 위와 같음

次韻李同年見和來贈 二首 이 동년이 화답하여 와서 준 시에 차운하다 2수, 『후집』 권5, 고율시, 71세

次韻李百全學士復和雞冠花詩 二首 이백전 학사가 다시 계관화 시에 화답한 것에 차운하다 2수, 『후집』 권5, 고율시, 71세

次韻李百全學士復和內字韻詩見寄 이백전 학사가 다시 '내內' 자 운의 시로 화답하여 보내 준 것에 차운하다, 『후집』 권4, 고율시, 71세

次韻李相國復和慶州八景詩來贈 이인식 상국이 다시 '건주팔경시'에 화답하여 보내

준 시에 차운하다,『후집』권6, 고율시, 72세

- 江天暮雪 강천에 내리는 저녁 눈
- 遠浦歸帆 먼 포구로 돌아가는 돛단배
- 瀟湘夜雨 소상강에 내리는 밤비
- 平沙落雁 모래톱에 내려앉는 기러기
- 煙寺暮鍾 연기 나는 절의 저녁 종소리
- 山市晴嵐 산시의 이내
- 漁村落照 어촌의 낙조
- 洞庭秋月 동정호의 가을 달

次韻李相國仁植和籠字韻詩見寄 幷序 이인식 상국이 '농롱' 자 운에 화답한 시를 보내온 것에 차운하다―서문을 붙임,『후집』권5, 고율시, 71세

次韻李需侍郎饋桃 八月十三日 이수 시랑이 복숭아를 준 시에 차운하다―8월 13일에 지었다,『후집』권4, 고율시, 71세

次韻李需侍郎和加耶琴詩來贈 이수 시랑이 가야금 시에 화답하여 와서 주었으므로 차운하다,『후집』권4, 고율시, 71세

次韻李侍郎眉叟寄權博士敬仲責辟穀 三首 이미수 시랑이 권경중 박사에게 준 '벽곡을 나무라는 시'에 차운하다 3수,『전집』권14, 고율시, 51세

次韻李侍郎見和二首 이수 시랑이 화답한 두 수에 차운하다,『후집』권7, 고율시, 73세

次韻李侍郎見和桃梨詩二首 以四首和之 庚子十月 이수 시랑이 복숭아와 배에 대한 시 두 수에 화답하므로 차운하여 네 수로 화답하다―경자년 10월,『후집』권7, 고율시, 73세

次韻李侍郎見和三首以四首答之 이수 시랑이 세 수에 화답하므로 차운하여 네 수로 답하다,『후집』권7, 고율시, 73세

次韻李侍郎見和五首 予以七首答之 이수 시랑이 다섯 수로 화답하므로 내가 차운하여 일곱 수로 답하다,『후집』권7, 고율시, 73세

次韻李侍郎復見和七首 이수 시랑이 다시 화답한 일곱 수에 차운하다,『후집』권7, 고율시, 73세

次韻李侍郎復和桃梨詩四首見示 依韻和成六首 其末二章 一謝摘盡樹上餘桃見寄 一謝最後所餉金色大梨云 이수 시랑이 다시 복숭아와 배의 시의 네 수에 화답

하여 보여 주므로 차운하여 운에 따라 여섯 수를 화답하다. 끝의 두 수 중 하나는 가지 끝에 달린 나머지 복숭아를 다 따서 준 것에 감사한 것이고, 하나는 마지막으로 보내 준 금색 큰 배에 대해 감사한 것이다, 『후집』 권7, 고율시, 73세

- 此謝摘盡樹上餘桃見寄　이것은 가지 끝에 달린 나머지 복숭아를 다 따서 준 것에 감사한 것이다

- 此謝後所餉金色甘梨　이것은 마지막으로 보내 준 금색 단 배에 대해 감사한 것이다

次韻李侍郞赴省試座主慶筵 明日 以廻文謝之　이수 시랑이 성시 좌주의 경축연에 갔다가 이튿날 회문으로 감사한 시에 차운하다, 『후집』 권9, 고율시, 74세

次韻李侍郞上晉陽公女童詩呈令公 幷序　이수 시랑이 진양공[최우]에게 드린 '여동시'에 차운하여 영공에게 올리다—서문을 붙임, 『후집』 권8, 고율시, 73세

　　詩成後有作　시를 완성한 뒤에 짓다, 위와 같음

次韻李侍郞需見和　이수 시랑이 화답하므로 차운하다, 『후집』 권9, 고율시, 74세

次韻李侍郞需 翻詠白爲詠黑詩見寄 其序云 公將還質 以白爲愜志詠之 黑吾分也 故以爲詠云　이수 시랑이 '흰 것을 읊음'을 뒤집어 '검은 것을 읊은 시'를 지어 보낸 것에 차운하다 그 시의 서에 "공께서 '본질로 돌아가면서 흰 것이 뜻에 맞는다'라고 읊으셨으나, 검은 것은 저의 분수이기 때문에 읊어 봅니다"라고 했다, 『후집』 권2, 고율시, 70세

次韻李侍郞需復和鬱懷詩　이수 시랑이 다시 울적한 마음을 읊은 시에 화답한 것에 차운하다, 『후집』 권10, 고율시, 74세

　　又 君於此篇 以廻文和之　또—그가 이 시에 회문으로 화답해 왔다, 위와 같음

　　又以短篇 破酷嗜廻文之意 雙韻　또 짧은 시로 회문을 극도로 좋아하는 뜻을 깨우치다—쌍운, 위와 같음

次韻李侍郞需 又以前韻詠黃紅靑三色見寄 皆押旁韻　이수 시랑이 또 앞의 운으로 노랑, 빨강, 파랑 3색을 읊어 보내온 시에 차운하였는데, 모두 방운으로 압운했다, 『후집』 권2, 고율시, 70세

- 詠黃　노랑을 읊다

- 詠紅 此篇翻韻　빨강을 읊다—이 시에서는 운을 바꾸었다

- 詠靑　파랑을 읊다

次韻李侍郞需以廻文和長句雪詩三十韻 幷序　이수 시랑이 회문체로 화답한 장구 '눈

시' 30운에 차운하다―서문을 붙임, 『후집』 권9, 고율시, 74세

次韻李侍郎需餞庾濟州弘蓋 廻文 二首 이수 시랑이 유홍개 제주 수령을 전별한 회문 시에 차운하다 2수, 『후집』 권9, 고율시, 74세

- 右一擬贈太守 可因風寄之 이 한 수는 태수에게 주는 것처럼 지었는데, 바람 결에 부친다
- 右二敍懷贈君 이 한 수는 회포를 적어 시랑에게 준다

次韻李侍郎需 · 河郎中千旦見和 并序 이수 시랑 · 하천단 낭중이 화답하므로 차운하다―서문을 붙임, 『후집』 권8, 고율시, 74세

次韻李侍郎需和桂枝香詞見寄 二首 이수 시랑이 '계지향사'에 화답한 것을 보내왔으므로 차운하다 2수, 『후집』 권10, 고율시, 74세

次韻李侍郎需廻文長篇 二首 并序 이수 시랑의 회문 장편에 차운하다―2수 서문을 붙임, 『후집』 권10, 고율시, 74세

次韻李侍郎以詩二首送土卵 予以三首答之 이수 시랑이 시 두 수와 토란을 보내 주어 내가 세 수로 차운하여 답하다, 『후집』 권7, 고율시, 73세

次韻李亞卿需用李平章韻寄多般菜種 二首 이수 아경이 이인식 평장사의 운을 써서 부쳐 온 시와 여러 가지 채소 씨앗을 준 것에 차운하다 2수, 『후집』 권3, 고율시, 71세

次韻李亞卿需和寄地棠花詩 并序 이수 아경이 지당화 시에 화답해 보낸 시에 차운하다―서문을 붙임, 『후집』 권3, 고율시, 71세

次韻李程校書惠芹 二首 李程 是李眉叟子也 이정 교서가 미나리를 보내며 쓴 시에 차운하다―2수 이정은 바로 미수 이인로의 아들이다, 『전집』 권14, 고율시, 47세

次韻李平章復和牡丹詩見寄 四首 并序 이인식 평장사가 다시 모란 시에 화답해 보내 준 시에 차운하다―4수 서문을 붙임, 『후집』 권3, 고율시, 71세

- 右一專言公之盡情於此花 첫 번째 수는 오로지 공이 이 꽃에 정을 다하는 것을 말한 것이다
- 右二言詩人模狀之妙 두 번째 수는 시인이 모습을 본뜨는 오묘함을 말한 것이다
- 右三此篇反正 세 번째 수는 이것은 정도正道로 돌아가야 한다는 것이다
- 右四上同 네 번째 수는 위와 같다

次韻李平章復和前詩見寄 이인식 평장사가 다시 앞의 시에 화답한 것을 보내왔으므로 차운하다, 『후집』 권2, 고율시, 71세

次韻李平章仁植慶州八景詩 幷序 이인식 평장사의 '경주팔경시'에 차운하다—서문을 붙임, 『후집』 권6, 고율시, 72세
- 江天暮雪 강천에 내리는 저녁 눈
- 遠浦歸帆 먼 포구로 돌아가는 돛단배
- 瀟湘夜雨 소상강에 내리는 밤비
- 平沙落雁 모래톱에 내려앉는 기러기
- 煙寺暮鍾 연기 나는 절의 저녁 종소리
- 山市晴嵐 산시의 이내
- 漁村落照 어촌의 낙조
- 洞庭秋月 동정호의 가을 달
- 江天暮雪 강천에 내리는 저녁 눈
- 遠浦歸帆 먼 포구로 돌아가는 돛단배
- 瀟湘夜雨 소상강에 내리는 밤비
- 平沙落雁 모래톱에 내려앉는 기러기
- 煙寺暮鍾 연기 나는 절의 저녁 종소리
- 山市晴嵐 산시의 이내
- 漁村落照 어촌의 낙조
- 洞庭秋月 동정호의 가을 달

次韻李平章仁植和朴侍郎綱所贄詩 二首 이인식 평장사가 박인 시랑이 보낸 시를 화답한 것에 차운하다 2수, 『후집』 권3, 고율시, 71세

次韻李平章仁植和符字韻詩見寄 이인식 평장사가 '부符' 자 운으로 화답한 시를 보내왔으므로 차운하다, 『후집』 권3, 고율시, 71세

次韻李平章仁植和謝訪詩見寄 이인식 평장사가 찾아와 주어 감사한 시에 화답한 것을 보내왔으므로 차운하다, 『후집』 권5, 고율시, 72세

次韻李平章仁植和山呼亭牡丹見寄 이인식 평장사가 '산호정 모란'에 화답하여 보낸 시에 차운하다, 『후집』 권3, 고율시, 71세

次韻李學士百全 予未相時 李學士百全以夢見子之拜相來說 予未信 以詩拒之 學士今方見和 予復次韻 이백전 학사에게 차운하다—내가 아직 재상이 되지 않았을 때 이백전 학사가 꿈에

내가 재상이 된 것을 보았다고 와서 말해 주었다. 내가 믿지 않고 시로 부인하였으나 학사가 방금 화답하므로 내가 다시 차운한 것이다, 『후집』권2, 고율시, 70세

次韻李學士百全 幷序 이백전 학사에게 차운하다─서문을 붙임, 『후집』권6, 고율시, 73세

明日 學士又和寄 次韻奉答 이튿날 이백전 학사가 또 화답하여 보내왔으므로 차운하여 답을 올리다, 위와 같음

次韻李學士百全 · 葛侍郎南成 · 林郎中成幹和詠白詩 이백전 학사 · 갈남성 시랑 · 임성간 낭중이 '흰 것을 읊은 시'에 화답한 것에 차운하다, 『후집』권2, 고율시, 70세

次韻李學士百全見和寄曆詩 이백전 학사가 달력을 주면서 보낸 시에 화답하므로 차운하다, 『후집』권2, 고율시, 70세

次韻李學士百全 見和前篇 이백전 학사가 앞의 시에 화답하였기에 차운하다, 『후집』권2, 고율시, 71세

次韻李學士百全 復和前詩來贈 이백전 학사가 다시 앞의 시에 화답한 시를 와서 주었으므로 차운하다, 『후집』권2, 고율시, 71세

次韻李學士百全用丁公韻 亦謝冬至曆 · 柑子 이백전 학사가 정이안 공의 운을 써서 또한 동지력과 감귤에 대해 감사한 시에 차운하다, 『후집』권5, 고율시, 71세

次韻李學士百全和贈御留歡詩 二首 이백전 학사가 어류환에게 준 시에 화답하므로 차운하다 2수, 『후집』권4, 고율시, 71세

次韻李學士復和此詩 이백전 학사가 다시 이 시에 화답한 것에 차운하다, 『후집』권5, 고율시, 71세

次韻李學士再和籠字韻詩見寄 이백전 학사가 다시 '농籠' 자 운 시에 화답하여 보내준 시에 차운하다, 『후집』권5, 고율시, 71세

次韻李學士和雞冠花詩 二首 이백전 학사가 계관화 시에 화답한 것에 차운하다 2수, 『후집』권5, 고율시, 71세

次韻李學士和謝丁秘監墨竹影子詩見寄 이백전 학사가 정이안 비서감이 묵죽과 초상화를 그려 주어 감사한 시에 화답한 시를 보내왔으므로 차운하다, 『후집』권5, 고율시, 72세
 – 墨竹 묵죽
 – 影子 초상화

次韻林亞卿成幹見和菜種詩及地棠詩 임성간 아경이 채소 씨앗 시와 지당화 시에 화답해 보낸 것에 차운하다, 『후집』 권3, 고율시, 71세

次韻全履之・文長老見訪 用吾江南集中詩韻 전이지와 혜문 장로가 찾아와 나의 『강남집』 중의 시의 운을 쓴 것에 차운하다, 『전집』 권6, 고율시, 29세

次韻田祭酒甫龍 幷序 전보룡 제주에게 차운하다—서문을 붙임, 『후집』 권1, 고율시, 70세

次韻丁秘監復和謝曆柑二詩 정이안 비서감이 다시 화답하여 동지력과 감귤을 보내준 것에 감사하는 두 시에 차운하다, 『후집』 권5, 고율시, 71세
  - 右曆 동지력
  - 右柑 감귤

次韻丁秘監寫墨竹四幹 兼和前詩來贈 幷序 정이안 비서감이 묵죽 네 줄기를 그리고 겸하여 전번 시에 화답하여 가지고 와서 주므로 차운하다—서문을 붙임, 『후집』 권4, 고율시, 71세

次韻丁秘監而安以詩二首 謝予所寄冬至曆黃柑子見贈 兼携酒來慰 정이안 비서감이 시 두 수로 내가 동지력과 누런 감귤을 보내면서 준 시에 감사를 하고, 겸하여 술을 가지고 와서 찾아와 위로하므로 차운하다, 『후집』 권5, 고율시, 71세
  - 和謝曆 동지력에 대한 감사에 화답하다
  - 和謝柑 予以謝酒代之 감귤에 대한 감사에 화답하다—내가 술에 대한 감사를 대신했다

次韻丁秘監而安和前所寄詩 以墨竹影子親訪見贈 幷序 정이안 비서감이 전에 보낸 시에 화답하고 묵죽과 초상화를 가지고 친히 찾아와 준 것에 차운하다—서문을 붙임, 『후집』 권5, 고율시, 71세
  - 謝墨竹 묵죽에 감사하다
  - 謝寫眞 초상화에 감사하다
  又和二絶 此其時重乞寫眞詩也 또 두 절구로 화답하다—이것은 그때에 다시 초상화를 그려 주기를 요청한 시이다, 위와 같음

次韻丁秘監和籠字詩來贈 정이안 비서감이 '농籠' 자 시에 화답한 시를 찾아와 주므로 차운하다, 『후집』 권5, 고율시, 71세

次韻鄭秀才公賁賀文長老對御談論 정공분 수재가 혜문 장로가 임금을 대하여 담론한 것을 축하하는 시에 차운하다, 『전집』 권5, 고율시, 29세

次韻丁學士復和寄曆詩 二首 정이안 학사가 다시 역서와 시를 준 것에 화답하므로 차
　　운하다 2수,『후집』권8, 고율시, 73세

次韻諸君所賦山呼亭牡丹 并序 제군이 지은 '산호정의 모란'에 차운하다―서문을 붙
　　임,『후집』권3, 고율시, 71세

次韻濟州守崔安 以前所寄詩寅問訊 兼贶靑橘 三首 최안(최자) 제주 수령이 전에 보
　　낸 시의 운으로 안부를 물으면서, 겸하여 푸른 귤을 보내 준 것에 차운하다 3수,
　　『후집』권3, 고율시, 71세

次韻趙廉右復和 조염우가 다시 화답한 것에 차운하다,『후집』권4, 고율시, 71세

次韻趙亞卿沖見和 亞卿 趙相國季珣 조충 아경이 화답한 것을 보고 차운하다―아경은 조
　　영인 상국의 막내아들이다,『전집』권9, 고율시, 31세

次韻趙留院和前詩來呈 조염우 유원이 앞서의 시에 화답하여 와서 준 것에 차운하
　　다,『후집』권4, 고율시, 71세

次韻陳少卿和權員外謝人寄躑躅杖詩 修文殿扈駕次口占 철쭉 지팡이를 보내 준 이에게
　　감사하는 권 원외랑의 시에 화답한 진 소경에게 차운하다―수문전에서 왕의 행차를
　　호종하면서 구점하다,『전집』권16, 고율시, 53세

　　明日 復以四首寄之 皆代權君 이튿날 다시 네 수를 주다―모두 권 군을 대신한 것이
　　다, 위와 같음

次韻陳學正澕聞琴 二首 진화 학정의 '거문고를 듣고'에 차운하다 2수,『전집』권13,
　　고율시, 42세

次韻陳翰林題苗正字大隱樓 在市邊 진화 한림이 지은 '시장가에 있는 묘정자의 대
　　은루'에 차운하다,『전집』권13, 고율시, 45세

次韻璨師 회찬懷璨 스님에게 차운하다,『전집』권1, 고율시, 26세

次韻天壽寺鍾義禪師以詩見招 천수사의 종의 선사가 시로 초대한 것을 보고 차운하
　　다,『전집』권9, 고율시, 31세

次韻崔老育才見寄 최육재 노장이 부쳐 준 시에 차운하다,『전집』권1, 고율시, 26세

次韻崔相國詵謝奇平章贈熨石 최선 상국이 기홍수 평장사가 울석을 준 것에 감사한
　　시에 차운하다,『전집』권10, 고율시, 34세

次韻崔相國洪胤和琴相國題中書壁上之什 奉呈兩相 최홍윤 상국이 금의 상국이 중

서의 벽 위에 쓴 시에 화답한 것을 차운하여 두 재상에게 받들어 올리다,『전집』 권14, 고율시, 51세

次韻崔書記正份 최정빈 서기에게 차운하다,『전집』권6, 고율시, 29세

次韻崔樞府公衍見訪 自言路上得詩寫贈 최공연 추부가 찾아와 스스로 길 위에서 지었다고 하며 써 준 시에 차운하다,『후집』권6, 고율시, 73세

次韻春州守和前詩二首見寄 춘주 수령[강힐]이 앞서의 시 두 수에 화답하여 보낸 것에 차운하다,『후집』권7, 고율시, 73세

次韻河郎中見和 各成二首答之 하천단 낭중이 화답하므로 차운하여 각각 두 수를 지어 답하다,『후집』권7, 고율시, 73세

次韻河郎中見和復惠之 末二章 言再惠之意 하천단 낭중이 화답하여 다시 보내 준 시에 차운하였는데, 끝의 두 수는 다시 보내라는 뜻을 말한 것이다,『후집』권7, 고율시, 73세

次韻河郎中復見和 親訪贈之 하천단 낭중이 다시 화답하므로 몸소 찾아가서 주다,『후집』권7, 고율시, 73세

次韻河郎中復和寄曆詩 三首 하천단 낭중이 다시 역서와 시를 준 것에 화답한 시에 차운하다 3수,『후집』권8, 고율시, 73세

次韻河郎中千旦見和 하천단 낭중이 화답하므로 차운하다,『후집』권7, 고율시, 73세
- 右一順和 이 한 수는 제목을 그대로 따른 것이다
- 右一憶舊陳懷 이 한 수는 옛날을 추억하며 회포를 푼 것이다

次韻咸子眞拜右軍判官有作 함자진[함순]이 우군판관이 되어 지은 시에 차운하다,『전집』권13, 고율시, 41세

次韻惠文長老水多寺八詠 혜문 장로의 '수다사 8영'에 차운하다,『전집』권2, 고율시, 26세
- 柏軒 백헌
- 竹閣 죽각
- 石井 석정
- 荷池 하지
- 盆池 분지
- 松徑 송경

- 南澗 남간
- 西臺 서대

次韻和白樂天病中十五首 并序 백낙천의 '병중 15수'에 화답하여 차운하다―서문을 붙임, 『후집』권2, 고율시, 70세
- 初病風 順和 처음 풍을 앓으며―제목 그대로 화답하다
- 枕上作 順和 침상에서 짓다―제목 그대로 화답하다
- 答閑上人問病 以答客問病代之 '한 상인의 문병에 답하다'를 '문병 온 손님들에게 답하다'로 바꾸다
- 病中五絶 順和 병중의 다섯 절구―제목 그대로 화답하다
- 送嵩客 以送族僧之南代之 '숭산 손님을 보내며'를 '친척 스님이 남쪽으로 가는 것을 보내며'로 바꾸다
- 罷灸 以退藥與食代之 '뜸을 그만 두며'를 '약과 음식을 물리치며'로 바꾸다
- 賣駱 以傷瘦馬代之 '검은 갈기의 흰 말을 팔며'를 '여윈 말을 가슴 아파하다'로 바꾸다
- 放柳枝 以憶舊妓代之 '(기생) 유지를 놓아 주며'를 '옛날의 기생을 추억하며'로 바꾸다
- 就暖偶酌 以睡起酌酒代之 '햇볕을 쬐다가 우연히 술을 마시다'를 '잠자다 일어나 술을 마시다'로 바꾸다
- 歲暮呈思黯 以曉贈來客代之 '세모에 사암에게 드리다'를 '새벽에 온 손님에게 드리다'로 바꾸다
- 自解 順和 스스로 해명하다―제목 그대로 화답하다

次韻和西伯寺住老敦裕師見寄 二首 使者立門督促 走筆和寄 서백사 주지 돈유 스님이 보내온 시에 차운하여 화답하다―2수 심부름꾼이 문에 서서 독촉하므로 주필로 화답을 써 보냈다, 『전집』권17, 고율시, 54세
又別成一首 謝惠燭 또 따로 한 수를 지어 초를 보내 준 것에 감사하다, 위와 같음

次韻和崔相國詵和黃郞中題朴內園家盆中六詠 황 낭중이 박 내원의 가분 중 여섯 개를 두고 짓자 최선 상국이 화답한 것에 차운하다, 『전집』권7, 고율시, 30세
- 四季花 사계화
- 菊花 국화
- 瑞祥花 상서화
- 石榴花 석류화

- 竹 죽
- 石菖蒲 석창포

次韻黃驪縣宰柳卿老見寄 황려현의 유경로 수령이 보낸 시에 차운하다, 『전집』권
18, 고율시, 67세

次韻黃驪縣宰和前詩見寄賀官 황려현의 (유경로) 수령이 앞의 시에 화답하는 시를
보내왔으므로 차운하고, 관직을 축하해 주다, 『후집』권2, 고율시, 71세

次韻皇甫書記用東坡哭任遵聖詩韻 哭李大諫眉叟 황보관 서기가 소동파의 '임준성
을 곡하는 시'의 운을 써서 이미수 대간을 곡한 것에 차운하다, 『전집』권15, 고
율시, 53세

次韻皇甫書記雨中獨詠 황보관 서기의 '빗속에 홀로 읊다'를 차운하다, 『전집』권15,
고율시, 52세

次前所寄絶句韻 贈歐陽二十九伯虎 幷序 앞서 부친 절구에 차운하여 구양 이십구 백
호에게 주다―서문을 붙임, 『후집』권4, 고율시, 71세

次板上資玄居士韻 二首 현판 위의 자현거사의 운에 차운하다 2수, 『전집』권9, 고율
시, 33세

璨首座 方丈所蓄畫老松屛風 使予賦之 회찬懷璨 수좌가 방장에 간직한 노송이 그려
진 병풍에 나더러 글을 지어 달라고 하다, 『전집』권7, 고율시, 30세

昌福寺談禪榜 창복사에서 담선을 하는 데 대한 방, 『전집』권25, 방, 47세

蔡靖讓樞密院副使左散騎常侍翰林學士丞旨不允敎書 채정이 추밀원부사 좌산기상
시 한림학사승지를 사양하는 것을 허락하지 않는 교서, 『전집』권33, 교서, 49세

責猫 고양이를 꾸짖다, 『후집』권8, 고율시, 73세

天開洞記 천개동기, 『전집』권24, 기, 56세

泉枯 샘도 마르다, 『후집』권7, 고율시, 73세

泉涸酒乾 샘도 막히고 술도 말랐다, 『후집』권6, 고율시, 72세

天壽寺門 천수사 문, 『전집』권1, 고율시, 26세

天壽寺門外吟 천수사 문밖에서 읊다, 『전집』권14, 고율시, 46세

天壽寺偶書廻文二首 천수사에서 우연히 회문으로 두 수를 쓰다, 『전집』권3, 고율

시, 27세

天壽寺鍾義師方丈夜宿 二首 천수사의 종의 대사 방장에서 밤에 자면서 2수, 『전집』 권10, 고율시, 34세

泉出四面有作 샘이 사면에서 나와 짓다, 『전집』 권18, 고율시, 69세

天台玄師聞予訪覺公留飮 携酒來慰 用前韻贈之 천태종의 현 스님이 내가 각 공을 찾아가 머무르면서 술을 마신다는 것을 듣고 술을 가지고 와서 위로하기에 앞의 운을 써서 주다, 『전집』 권8, 고율시, 31세

天皇別醮文 천황에게 따로 올리는 초례문, 『전집』 권38, 초소제문, 36세

天皇前別醮文 천황 전에 따로 올리는 초례문, 『전집』 권38, 초소제문, 35세

天皇醮禮文 천황에게 초례를 올리는 글, 『전집』 권38, 초소제문, 35세

草堂三詠 초당의 세 가지를 읊다, 『전집』 권3, 고율시, 27세
  - 素琴 소금
  - 素屛 소병
  - 竹夫人 죽부인

草堂與諸友生置酒 取王荊公詩韻各賦之 초당에서 여러 친구들과 술을 마시면서 왕형공 시의 운을 따서 각기 짓다, 『전집』 권10, 고율시, 34세
  又和 또 화답하다, 위와 같음

草堂詠雨 二首 초당에서 비를 노래하다 2수, 『전집』 권3, 고율시, 27세

草堂邀咸子眞 以詩先之 초당에서 함자진[함순]을 맞이하여 먼저 시를 주다, 『전집』 권13, 고율시, 41세

草堂雨中睡 초당에서의 빗속의 낮잠, 『전집』 권8, 고율시, 31세

草堂理小園記 초당의 작은 동산을 가꾸며 적은 기, 『전집』 권23, 기, 27세

草堂日暮 値琴客置酒 초당에 해가 저물자 거문고를 타는 손님을 맞이하여 술자리를 베풀다, 『전집』 권13, 고율시, 45세

初帶犀作 처음으로 서대를 두르고 짓다, 『후집』 권1, 고율시, 48세

初到官上按察使狀 처음 (계양에) 부임하여 안찰사에게 올리는 장, 『전집』 권32, 52세

初冬江上 초겨울 강가에서, 『전집』 권16, 고율시, 56세

草沒 풀이 우거지다,『후집』권3, 고율시, 71세

初拜正言有作 처음으로 정언이 되어 짓다,『전집』권14, 고율시, 48세

初食朱李 처음으로 붉은 오얏을 먹으면서,『후집』권4, 고율시, 71세

初入龍宮郡 처음으로 용궁군에 들어가다,『전집』권6, 고율시, 29세

初入黃驪 二首 처음으로 황려에 들어가다 2수,『전집』권6, 고율시, 29세

初除司諫 兼受金紫 戲贈金正言 처음으로 사간이 되고 겸하여 금자를 받으면서 희롱
삼아 김 정언에게 주다,『전집』권14, 고율시, 50세

初秋 又與文長老訪金轍 用白公詩韻 各賦早秋詩 초가을에 혜문 장로와 함께 김철을
찾아갔다가 백 공 시의 운을 써서 각기 '초가을의 시'를 짓다,『전집』권8, 고율
시, 31세
又贈金君 또 김철 군에게 주다, 위와 같음

初秋池上 초가을에 연못가에서,『전집』권18, 고율시, 69세

囑諸子 여러 자식에게 당부하다,『후집』권6, 고율시, 72세

促織歎 귀뚜라미의 탄식,『전집』권7, 고율시, 30세

村家 三首 시골집 3수,『전집』권2, 고율시, 26세

崔大博宗連和贈徐學錄 徐君傳示於予 詩中有及意 不可孤負 復次韻贈崔君 최종련
태학박사가 서릉 학록에게 화답하여 준 것을 서 군이 나에게 보여 주었는데, 시
가운데에 언급한 뜻을 저버릴 수 없어서 다시 차운하여 최 군에게 주다,『전집』
권12, 고율시, 38세
崔大博復和 依韻奉答 최종련 태학박사가 다시 화답하므로 운에 의하여 답을
올리다, 위와 같음
復答崔大博 다시 최종련 태학박사에게 답하다, 위와 같음

崔甫淳讓金紫光祿大夫叅知政事集賢殿大學士同修國史判禮部事不允敎書 최보순
이 금자광록대부 참지정사 집현전대학사 동수국사 판예부사를 사양한 것을 허
락하지 않는 교서,『전집』권33, 교서, 53세

崔相國攘丹兵畫觀音點眼疏 晉康公元嗣也 此下 十九首 皆相國所請代作 최우 상국이 거란
군사를 물리치기 위해 관음상을 그려 점안하는 소―진강공[최충헌]의 맏아들인데, 이
하 19수는 모두 상국의 요청에 따라 대신 지은 것이다,『전집』권41, 석도소, 51세

崔書記見和 復題 四首 최인공 서기가 화답하므로 다시 짓다 4수,『전집』권15, 고율시, 53세

崔承制十字閣記 晉康侯元嗣 최우 승제의 십자각에 대한 기―진강후(최충헌)의 맏아들이다,『전집』권24, 기, 46세

又大樓記 또 (최우 승제의) 대루기를 짓다, 위와 같음

崔正華爲銀靑光祿大夫樞密使戶部尙書致仕敎書官誥各一道 최정화를 은청광록대부 추밀사 호부상서로 삼아 치사하게 하는 교서와 관고 각 1통,『전집』권34, 교서·관고, 61세

- 敎書 교서
- 官誥 관고

崔宗蕃讓監試試員不允批答 최종번이 감시의 시원을 사양한 것을 허락하지 않는 비답,『전집』권33, 비답, 59세

追哭故承宣崔宗蕃 幷序 고 최종번 승선을 뒤늦게 곡하며―서문을 붙임,『전집』권17, 고율시, 65세

秋送金先輩上第還鄕 과거에 급제하고 고향으로 돌아가는 김 선배를 가을에 보내면서,『전집』권1, 고율시, 26세

春感 二首 봄의 감흥 2수,『전집』권16, 고율시, 56세

春日 入豪俠家飮有作 봄날 호협의 집에 들러 술을 마시며 짓다,『전집』권13, 고율시, 42세

春日內省有作 봄날 내성에서 짓다,『전집』권14, 고율시, 50세

春日同俠客遊 봄날 협객과 함께 노닐며,『전집』권2, 고율시, 26세

春日訪山寺 봄날 산사를 찾아,『전집』권14, 고율시, 46세

春日寓興 봄날의 흥에 붙이다,『전집』권17, 고율시, 60세

春日雜言 三首 봄날의 잡언 3수,『후집』권3, 고율시, 71세

出山吟 산을 나오며 읊다,『전집』권16, 고율시, 56세

出遊不如閑居 나가 다니는 것이 한가하게 들어앉아 있느니만 못하여,『후집』권4, 고율시, 71세

醉歌行 走筆 술에 취해 부르는 노래—주필로 짓다,『전집』권17, 고율시, 58세

醉歌行 贈全履之 '술에 취해 부르는 노래'를 지어 전이지에게 주다,『전집』권1, 고율시, 26세

醉書示文長老 취한 채 써서 혜문 장로에게 보이다,『전집』권2, 고율시, 26세

醉遊下寧寺 취한 채 하령사에서 놀며,『전집』권6, 고율시, 29세

醉題山寺壁 취한 채 산사의 벽에 쓰다,『전집』권11, 고율시, 35세

醉中走筆 贈李淸卿 취중에 주필로 이청경에게 주다,『전집』권2, 고율시, 26세

醉贈金君瑗 幷序 취하여 김원 군에게 주다—서문을 붙임,『전집』권5, 고율시, 29세

醉樵人 취한 나무꾼,『전집』권16, 고율시, 56세

醉後亂導大言 示文長老 취한 뒤 큰 소리로 어지럽게 지어 혜문 장로에게 보이다,
　　『전집』권14, 고율시, 46세

七鬼五温神醮禮文 칠귀·오온신에게 올리는 초례문,『전집』권38, 초소제문, 36세

七夕詠雨 칠석날 비를 읊다,『후집』권4, 고율시, 71세

七夕飮友人家 칠석에 친구네 집에서 술을 마시며,『전집』권13, 고율시, 46세

七月初二日 浴家池 7월 초이튿날 집의 못에서 멱을 감다,『후집』권6, 고율시, 73세

七月三日 聞雲梯縣爲大水所漂 幷序 7월 3일에 운제현에 큰물이 나서 범람했다는 말
　　을 듣고—서문을 붙임,『전집』권11, 고율시, 35세

七月三日 食林檎 7월 3일에 능금을 먹고,『후집』권4, 고율시, 71세

七月三日作 7월 3일에 짓다,『전집』권10, 고율시, 34세

七月五日 寄家園後小庵 寫經閣 予往遊 居僧皆不知來 作詩寄之 7월 5일에 우리 집 동산
　　뒤의 작은 암자에서 불경을 베끼고 있는 중들에게 주다—내가 그곳에 놀러갔는데 거처
　　하는 중들이 모두 내가 온 것을 모르고 있어서 시를 지어 보낸다,『후집』권4, 고율시, 71세
　　其僧見和 復次韻戲贈 그 중들이 화답하므로 다시 차운하여 장난삼아 주다, 위
　　와 같음

七月七日雨 7월 7일에 내리는 비,『전집』권2, 고율시, 26세

七月八月 因患眼不作詩 八月二十九日作 九月初二日卽世 7월과 8월에는 안질 때문에 시

를 짓지 못하다—8월 29일에 지었는데, 9월 초이튿날에 별세했다, 『후집』 권10, 고율시, 74세

七月九日 直內省書壁上 7월 9일에 내성에서 숙직하며 벽 위에 쓰다, 『전집』 권18, 고율시, 70세

七月十日 遊大安寺留題 7월 10일에 대안사에서 놀며 남긴 시, 『전집』 권13, 고율시, 45세

七月十日曉吟有感 示東皐子 7월 10일 새벽에 느낌을 읊어 동고자[朴還古]에게 보이다, 『전집』 권2, 고율시, 26세

七月二十五日 善法寺堂頭設餞見邀 乞詩 7월 25일에 선법사 당두가 전별연을 열어 나를 부르고 시를 청하다, 『전집』 권15, 고율시, 53세

ㅌ

啄木鳥　딱다구리, 『전집』 권16, 고율시, 57세

彈鋏歌　칼을 두드리며 부르는 노래, 『전집』 권9, 고율시, 31세

太守示父老　태수가 어르신들에게 보이다, 『전집』 권15, 고율시, 52세

太一醮禮文　태일에 올리는 초례문, 『전집』 권38, 초소제문, 35세

太一醮禮文 三軍都行　태일에 올리는 초례문－삼군이 모두 행했다, 『전집』 권38, 초소제
　　문, 36세

太子嘉禮敎書 以宰相奉勅述　태자의 가례를 치르면서 내린 교서－재상으로 칙명을 받들어
　　지었다, 『전집』 권33, 교서, 68세

太子封册敎書 以宰相奉勅述　태자를 책봉하는 교서－재상으로 칙명을 받들어 지었다, 『전
　　집』 권33, 교서, 68세

太祖前別祭文　태조 전에 따로 올리는 제문, 『전집』 권38, 초소제문, 36세

統軍尙書幕 觀金上人草書 公命予走筆賦　통군 상서의 막에서 김 상인의 초서를 관람
　　하다－공이 내게 명하여 주필로 지었다, 『전집』 권12, 고율시, 35세

通首座方丈酒酣 使智潛上人唱杜牧詩韻 走筆　정통 수좌의 방장에서 술이 거나하여
　　지잠 상인에게 두목 시의 운을 부르게 하고 주필로 짓다, 『전집』 권12, 고율시,
　　38세

通齋記　통재기, 『전집』 권23, 기, 26세

痛左目累旬 痛隙有作 口吟　왼쪽 눈이 수십 일이나 쑤셨는데 통증이 덜해지기에 구
　　음으로 짓다, 『후집』 권8, 고율시, 73세
　　又吟　또 읊다, 위와 같음

退公無一事　공무를 마치고 퇴근하니 할 일이 하나도 없다, 『전집』 권15, 고율시, 52세

投李吏部　이 이부에게 주다, 『전집』 권8, 고율시, 31세

投趙郞中冲書　조충 낭중에게 주는 글, 『전집』 권26, 서, 37세

投崔吏部洪胤 최홍윤 이부에게 줌, 『전집』 권7, 고율시, 30세

妬花風 꽃샘바람, 『전집』 권14, 고율시, 47세

八月 內省夜直有作 8월에 내성에서 밤에 숙직하며 짓다,『전집』권18, 고율시, 67세

八月 見梨花忽開 二首 8월에 배꽃이 갑자기 핀 것을 보고 2수,『전집』권13, 고율시, 45세

八月一日 示堂頭 二首 8월 1일에 당두에게 보여 주다 2수,『전집』권6, 고율시, 29세

八月二日 8월 2일,『전집』권6, 고율시, 29세

八月三日 8월 3일,『전집』권6, 고율시, 29세

八月五日 聞羣盜漸熾 8월 5일에 도둑떼가 점차 치열해진다는 소식을 듣고,『전집』권6, 고율시, 29세

八月七日黎明 發龍潭寺 明日 泛舟龍浦 過洛東江泊犬灘 時夜深月明 迅湍激石 靑山蘸波 水極淸澈 跳魚走蟹 俯可數也 倚船長嘯 肌髮淸快 洒然有蓬瀛之想 不覺沈痾頓釋 江上有龍源寺 寺僧聞之 出迎於江上 固請入寺 予辭之 邀僧至船上相對略話 因題二首 8월 7일 새벽에 용담사를 떠나서 이튿날 용포에서 배를 띄웠는데 낙동강을 지나 견탄에 정박했다. 이때 밤은 깊어 달은 밝은데 빠른 물결은 돌에 부딪히고 청산은 물결에 잠겼으나, 물은 극도로 맑아서 뛰는 물고기와 달아나는 게가 굽어보면 가히 수를 셀 정도였다. 배에 기대어 길게 휘파람을 부니 피부와 머리털이 맑고 상쾌하여 쇄연히 봉래와 영주의 생각이 떠올라 깨닫지 못하는 중에 묵은 병이 갑자기 나은 듯했다. 강 위에 용원사가 있는데 절의 중이 듣고 강가로 마중을 나와 굳이 절에 들어가기를 청하였으나, 내가 사양하고 중을 맞아 배 위로 오르게 하여 마주하고 대략 몇 마디를 나눈 다음 인하여 두 수를 지었다,『전집』권6, 고율시, 29세

八月十日 珪公請題其院 爲賦一首 8월 10일에 규 공이 그 절의 글을 청하므로 한 수를 짓다,『전집』권6, 고율시, 29세

八月十一日 早發元興 到靈山部曲 探韻得人字 8월 11일에 일찍 원흥사를 떠나 영산부곡에 도착하다—운을 찾다가 '인人' 자를 얻었다,『전집』권6, 고율시, 29세

八月十四日 拜先壙後題巖泉 示李補闕百順 8월 14일에 조상의 무덤에 절한 뒤 '바

위에서 솟는 샘'을 지어 이백순 보궐에게 보이다,『전집』권16, 고율시, 56세

八月十四日 翫月問客 8월 14일에 달구경을 가자고 객에게 물어보다,『전집』권10, 고율시, 35세

八月十五日 彈琴有作 8월 15일에 가야금을 뜯으며 짓다,『후집』권4, 고율시, 71세

八月十六日 次中庸子詩韻 8월 16일에 중용자의 시의 운을 빌리다,『전집』권6, 고율시, 29세

八月十七日 入大谷寺 8월 17일에 대곡사에 들어가다,『전집』권6, 고율시, 29세

八月十九日 寓長安寺有作 8월 19일에 장안사에 묵으면서 짓다,『전집』권6, 고율시, 29세

八月二十日 題楞迦山元曉房 8월 20일에 능가산 원효방에서 짓다,『전집』권9, 고율시, 33세

八月二十一日 泛舟河豐江 8월 21일에 하풍강에 배를 띄우다,『전집』권6, 고율시, 29세

八月二十九日 走筆謝李學士百全惠生魚 8월 29일에 주필로 이백전 학사가 생선을 보내 준 것에 감사하다,『후집』권6, 고율시, 72세

遍閱院宇 還讀石碑 復用前韻 感舊記事 원우를 둘러보고 돌아와 석비를 읽었는데 다시 앞의 운을 써서 옛날의 일을 느껴보다,『전집』권7, 고율시, 30세
　　復和 二首 다시 화답하다 2수, 위와 같음
　　又分韻得岳字 또 운을 나누어 '악岳' 자를 얻다, 위와 같음

平契丹頌 거란을 평정한 데 대한 송,『전집』권19, 송, 52세

諷百詩 온 사람을 풍간하는 시,『전집』권12, 고율시, 39세

ㅎ

賀奇樞密入相 기홍수 추밀이 정승이 된 것을 축하하며, 『전집』 권3, 고율시, 27세

賀同年兪侍郎升旦初侍燈夕宴 동년 유승단 시랑이 처음으로 등석연에 시종함을 축하하다, 『전집』 권16, 고율시, 56세

　兪君見和 復答之 유승단 군이 화답하므로 다시 답하다, 위와 같음

賀文長老得寺 혜문 장로가 절을 얻은 것을 축하하며, 『전집』 권10, 고율시, 34세

賀聖節日表 代曹溪宗行 성절일을 하례하는 표―조계종을 대신해 지었다, 『전집』 권30, 표, 47세

賀新登寶位後 三萬僧齋表 代曹溪宗行 새로 보위에 오르신 뒤에 3만 명의 중에게 공양한 것에 하례하는 표―조계종을 대신해 지었다, 『전집』 권30, 표, 46세

河源伯謝東宮牋 하원백이 동궁에게 사은하는 전, 『전집』 권30, 전, 45세

賀裕師拜首座 돈유 스님이 수좌에 제수된 것을 축하하며, 『전집』 권17, 고율시, 59세

夏日 開國寺尋僧不遇 池上作 여름날 개국사에 스님을 찾아갔다가 만나지 못하고 못가에서 짓다, 『전집』 권14, 고율시, 46세

夏日即事 二首 여름날 즉흥적으로 2수, 『전집』 권2, 고율시, 26세

夏日即事 三首 여름날 즉흥적으로 3수, 『후집』 권10, 고율시, 74세

賀正廉察使 염찰사에게 설날을 하례함, 『전집』 권32, 장, 33세

賀崔相國宗峻拜侍中 최종준 상국이 시중이 된 것을 축하하며, 『후집』 권2, 고율시, 71세

學士見和 親訪見贈 復次韻奉答 이백전 학사가 화답한 것을 친히 찾아와서 주기에 다시 차운하여 답을 올리다, 『후집』 권2, 고율시, 70세

韓生韶赴禮部試不捷 以詩慰之 한소가 예부시에 응시했으나 합격하지 못했으므로 시로 위로하다, 『전집』 권11, 고율시, 35세

寒食 한식, 『전집』 권3, 고율시, 27세

寒食感子推事 한식날 자추의 고사를 한탄하며,『전집』권1, 고율시, 26세

寒食日待人不至 한식날 사람을 기다렸는데 오지 않아서,『전집』권3, 고율시, 27세

寒食日有風無雨 戊戌年 한식날 바람만 불고 비는 내리지 않다―무술년,『후집』권3, 고율시, 71세

旱雲 마른 구름,『전집』권16, 고율시, 58세

旱天見灌田 가뭄에 밭에 물대는 것을 보며,『전집』권10, 고율시, 35세

海棠 해당화,『전집』권16, 고율시, 57세

行過洛東江 낙동강을 지나며,『전집』권6, 고율시, 29세

行園中有感 二首 동산을 거닐다 느낌이 있어 2수,『전집』권18, 고율시, 69세

獻馬公山大王文 공산대왕에게 말을 바치는 제문,『전집』권38, 초소제문, 36세

赫上人凌波亭記 종혁 상인의 능파정기,『전집』권24, 기, 56세

玄上人見和復用前韻 현 상인이 화답하므로 다시 앞의 운을 써서,『전집』권15, 고율시, 52세

玄上人饋桃 以詩謝之 현 상인이 복숭아를 보내왔으므로 시로 감사하다,『전집』권15, 고율시, 52세

縣宰邀宴 口占一首 현의 수령이 맞아들여 연회를 베푸니 구점으로 한 수를 짓다,『전집』권6, 고율시, 29세

縣宰邀宴江樓 明日 奉贈 현의 수령이 강의 누정에 초대하여 연회를 베풀어 주었으므로 이튿날 바치다,『전집』권6, 고율시, 29세

懸鐘院重刱記 현종원 중창기,『전집』권24, 기, 31세

螢 반딧불이,『전집』권12, 고율시, 39세

　　又 또, 위와 같음

形瘦有感 야윈 모습에 느낌이 있어,『후집』권5, 고율시, 72세

慧陰院 次林學士羲曳詩韻 혜음원에서 임희수 학사의 시에 차운하다,『전집』권10, 고율시, 34세

扈駕靈通寺 借某天院紫衣 以詩奉還 영통사에서 임금의 행차를 호종하며 아무개 한

림원[天院] 관리에게서 자주색 관복을 빌려 입었다가 시와 함께 돌려주다, 『전집』 권13, 고율시, 41세

紅榴始熟 珪公乞詩 붉은 석류가 익기 시작했는데 규 공이 시를 청하다, 『전집』 권6, 고율시, 29세

紅芍藥 붉은 작약, 『전집』 권16, 고율시, 57세

紅柿寄同寮李相國仁植 홍시를 동료 이인식 상국에게 보내다, 『후집』 권2, 고율시, 70세

和塊居空館 홀로 빈 관에 있으면서 화답하다, 『전집』 권7, 고율시, 31세

畫老松贊 幷序 늙은 소나무 그림에 대한 찬—서문을 붙임, 『전집』 권19, 찬, 56세

畫鯉魚行 鄭得恭所畫 잉어 그림을 보고 지은 노래—정득공이 그린 것이다, 『전집』 권3, 고율시, 27세

和朴拾遺 二首 박문수 습유에게 화답하다 2수, 『전집』 권18, 고율시, 66세

花報主人 效樂天體 꽃이 주인에게 알리다—백낙천체를 본받아서, 『후집』 권3, 고율시, 71세
  - 主人答花 주인이 꽃에게 답하다
  - 花復答 꽃이 다시 답하다
  - 主人復答 주인이 다시 답하다

和送客湖上 호숫가에서 손님을 보내면서 화답하다, 『전집』 권7, 고율시, 31세

花羞以飮量之句 頗不悅 復以一絶贈之 화수가 주량이 뛰어나다는 구절을 자못 기꺼워하지 않으므로 다시 절구 한 수를 주다, 『전집』 권17, 고율시, 59세

和宿德淵院 二首 덕연원에서 자면서 화답하다 2수, 『전집』 권7, 고율시, 31세

和宿峰城 봉성에서 자면서 화답하다, 『전집』 권7, 고율시, 31세

和宿天壽寺 천수사에서 자면서 화답하다, 『전집』 권7, 고율시, 31세

和友人詠橘 친구가 귤을 읊은 것에 화답하다, 『전집』 권14, 고율시, 46세

和友人黃蜀葵 친구의 '닥풀[黃蜀葵]'에 화답하다, 『전집』 권14, 고율시, 46세

和州答對境鎭州牒 화주가 국경을 마주하는 진주에게 보내는 첩, 『전집』 권28, 서, 65세

和卽事 즉사에 화답하다, 『전집』권7, 고율시, 31세

和湖上偶遊 호숫가에서 우연히 놀면서 화답하다, 『전집』권7, 고율시, 31세

還琴詩 贈崔巨龍 거문고를 돌려주며 시를 최거룡에게 주다, 『전집』권9, 고율시, 33세

幻上人竹齋記 요환了幻 상인의 죽재기, 『후집』권11, 기, 71세

幻長老以墨畵観音像 求予贊 요환了幻 장로가 먹으로 그린 관음상으로 나에게 찬을 구하다, 『후집』권11, 찬, 81세

黃驪旅舍有作 황려의 여사에서 짓다, 『전집』권17, 고율시, 64세

黃驪鄕校諸生 爲予具船檝 乘月泛江 至五更方罷 時大醉 不能作長篇以答厚意 明日 將向尙州 出宿根谷村 以記昨日遊賞之樂 以謝鄕黨二三子云 황려 향교의 제생 들이 나를 위해 배를 마련해서 달밤에 강에 배를 띄워 주었는데, 5경이 되어서야 파했다. 이때 크게 취하여 긴 시를 지어 후의에 답을 하지 못한지라, 이튿날 상주 로 떠나 근곡촌에서 자다가 어제의 놀던 즐거움을 적어서 고향 친척 두세 분에 게 감사를 드린다, 『전집』권6, 고율시, 29세

黃驪縣宰柳卿老寄書 標籤爲四宰 予時爲三宰 初疑不受 及發見 實寄予書也 戱以一絶 奉寄 유경로 황려현 수령이 편지를 보냈는데, 곁에 4재四宰―나는 당시 3재였다― 라고 적혀 있어서 처음에는 의심하여 받지 않았으나, 보니까 실로 나에게 부친 글이었으므로 희롱 삼아 절구 한 수를 지어 부친다, 『후집』권2, 고율시, 70세

皇甫書記見和 壽量寺留題 復用前韻 황보관 서기가 수량사에 남긴 글에 화답하므로, 다시 앞의 운을 써서, 『전집』권15, 고율시, 52세

黃池院法華會文 황지원의 법화회에서 올리는 글, 『전집』권38, 초소제문, 35세

黃池院龍王祭文 황지원에서 용왕에게 올리는 제문, 『전집』권38, 초소제문, 35세

淮安公答同前元帥狀 회안공이 앞과 같이 (아거) 원수에게 답하는 장, 『전집』권28, 장, 65세

淮安公答河西元帥書 회안공이 하서 원수에게 답하는 서, 『전집』권28, 서, 65세

迴安處士置民詩卷 在軍幕作 안치민 처사의 시집을 되돌려 주면서―군막에 있을 때 지었 다, 『전집』권12, 고율시, 36세

曉登旅舍樓 새벽에 여사의 누각에 올라, 『전집』권17, 고율시, 63세

後數日 復遊登石臺翫月 며칠 뒤 다시 가서 놀면서 석대에 올라 달을 감상하다, 『전집』 권2, 고율시, 26세

後數日 陳君見和 復次韻答之 며칠 뒤에 진화 군이 화답한 것을 보고 다시 차운하여 답하다, 『전집』 권11, 고율시, 35세

後五日 又飮 닷새 뒤에 또 마시다가, 『후집』 권7, 고율시, 73세

訓長老乞詩 又用前韻 훈 장로가 시를 달라기에 또 앞의 운을 쓰다, 『전집』 권8, 고율시, 31세

又分韻得動字 贈覺公 兼簡玄公 또 운을 나누어 '동動' 자를 얻어 각 공에게 주고 겸하여 현 공에게도 쓰다, 위와 같음

興王寺 見李內翰眉叟子年可十二 通詩書 又能屬文 使之賦詩 嘆賞不已 以贈之 흥왕사에서 이미수 내한의 아들이 열두 살에 시와 서에 통하고 또 글을 능히 잘 짓는 것을 보고, 시를 짓게 하고는 칭찬하기를 마다하지 않다가 주다, 『전집』 권2, 고율시, 26세

興天寺江上偶吟 二首 흥천사 강가에서 우연히 읊다 2수, 『전집』 권13, 고율시, 46세

戲金懷英 김회영에게 희롱 삼아, 『전집』 권9, 고율시, 33세

戲路上醉臥僧 길 위에 취해서 누운 중에게 희롱 삼아, 『전집』 권7, 고율시, 30세

希禪師方丈觀碁 臨江僉 희 선사의 방장에서 바둑 두는 것을 보며—임강선, 『전집』 권8, 고율시, 31세

喜雨 반가운 비, 『전집』 권18, 고율시, 65세

喜雨 二首 四月十七日 비를 기뻐하며—2수 4월 17일에 짓다, 『후집』 권3, 고율시, 71세

戲友人病酒未起 친구가 술로 병이 들어 일어나지 못하기에 희롱 삼아서, 『전집』 권2, 고율시, 26세

戲友人製冠 친구가 갓을 만들자 희롱 삼아, 『전집』 권7, 고율시, 30세

戲李君中敏縫裙 이중민 군이 치마 꿰맨 것을 희롱하다, 『전집』 권5, 고율시, 29세

戲作雨中小牡丹歌 빗속의 작은 모란의 노래를 희롱 삼아 짓다, 『전집』 권10, 고율시, 35세

戲呈太守 희롱 삼아 태수에게 올리다, 『전집』 권9, 고율시, 32세

戲題舊筆　낡은 붓에 희롱 삼아 짓다,『후집』권2, 고율시, 70세

戲題法師津　희롱 삼아 법사진에 짓다,『전집』권10, 고율시, 33세

戲贈妓　희롱 삼아 기생에게 주다,『후집』권6, 고율시, 72세

戲贈美人　희롱 삼아 미인에게 주다,『전집』권5, 고율시, 29세

戲贈美人　희롱 삼아 미인에게 주다,『전집』권12, 고율시, 39세

戲贈春州守姜壯元頡乞炭　춘주 수령 강힐 장원에게 숯을 빌면서 희롱 삼아 주다,『후집』권7, 고율시, 73세

찾아보기

지은이_ **김용선** 金龍善

서강대학교 사학과 및 동 대학원(문학박사)을 졸업했다. 경남대학교·전북대학교 사학과를 거쳐 현재 한림대학교 인문대학 사학과 교수로 재직 중이다.
주요 저서 및 편저로는 『고려음서제도연구』(일조각, 1991), 『고려묘지명집성』(한림대학교 출판부, 1993; 제5판, 2012), 『역주 고려묘지명집성』(한림대학교 출판부, 2001; 개정중판, 2012), 『고려 금석문 연구』(일조각, 2004), 『궁예의 나라 태봉: 그 역사와 문화』(일조각, 2009), 『일본에 있는 한국 금석문자료』(한림대학교 출판부, 2010), 『고려사 병지 역주』(공저, 일조각, 2011) 등이 있다.

이규보 연보

1판 1쇄 펴낸날 2013년 11월 22일

지은이 | 김용선
펴낸이 | 김시연

펴낸곳 | (주)일조각
등록 | 1953년 9월 3일 제300-1953-1호(구 : 제1-298호)
주소 | 110-062 서울시 종로구 경희궁길 39
전화 | 734-3545 / 733-8811(편집부)
　　　　 733-5430 / 733-5431(영업부)
팩스 | 735-9994(편집부) / 738-5857(영업부)
이메일 | ilchokak@hanmail.net
홈페이지 | www.ilchokak.co.kr

ISBN 978-89-337-0668-8 93910
값 35,000원

* 지은이와 협의하여 인지를 생략합니다.

* 이 도서의 국립중앙도서관 출판시도서목록(CIP)은 서지정보유통지원시스템
  홈페이지(http://seoji.nl.go.kr)와 국가자료공동목록시스템(http://www.nl.go.kr/kolisnet)에서
  이용하실 수 있습니다.(CIP제어번호: CIP2013023368)